都市養生

李淳一／著

Urban Health

推薦序一

伴隨21世紀人口都市化，都市問題越趨嚴重。

本書將都市問題：城市的細胞、住宅（房本草、社宅）、都市靜脈（垃圾）、地下管線、城市水患、城市噪音惡臭、城市色彩、城市能源、城市心理、城市治安、城市建築物管理、新北市之治理、城市風水（卦象）、城市交通、居民之養生（固精、休息、意念、養終）、城市難經、城市氣候、民眾參與、城市規劃、城市道德、城市卦象等21種運用比喻法（Metaphor），對應中醫21種病脈：浮脈、沉脈、弦脈、緊脈、促脈、細脈（小脈）、濡脈、洪脈、結脈、代脈、滑脈、遲脈、澀脈、數脈、虛脈、實脈、散脈，緩脈，動脈、伏脈、大脈等作為診治城市的方法，實屬首創。

城市有機論由來已久，本書能以此型態作為管理模式供城市管理與規劃人員參考，與中醫學者進一步將中醫理論擴大啓發運用範疇，也不失為好的方式。李博士也是我好友董延齡中醫師的高徒。拜讀之餘，樂之為序。

慈濟大學學士後中醫學系主任　**林宜信** 教授

2023.7.4

推薦序二

中醫是我中華民族寶貴資產，其理論更是博大精深，幾千年來照顧我人民身體，廣受民眾喜愛。本書《都市養生 Urban Health》，將中醫原理運用於城市管理，是把中醫與都市管理結合的創作。其主要論述是將城市視爲一個有機體，如同人體一樣。城市也有生病的時候，對應於人體，將治療人體之法運用於都市。隨著世界人口70%集中於都市，城市問題日益繁多，本書是把中醫病症對應城市問題，並提出解決之方法，可供城市管理規劃者作爲運用工具。中醫不僅可治個人，也可治理廣大的人群——城市。

李淳一博士從事都市計畫工作多年，服務於立法院，利用公餘時間研究中醫，具有中醫之底蘊，今日完成其作，本人拜讀之餘，樂之爲序。

台大城鄉所副教授　黃麗玲

2023.7.4

前言

人類最大的幸福是居住在有名的「城市」——它是最古老也是最現代化潮流的人口分布形式。眾多的專業者以及市民關心它，希望它繁榮昌盛。

本書是繼 2018.9《都市發展與策略：運用中醫理論解決都市問題》一書後之創作。大多為參加研討會論文予以編撰。作者試圖以中醫理論建構一個城市管理體系。才疏學淺，並望先進給予指教。

目錄

輯一　有機論

第一章　細胞城市的治理

The Governance of the Cell Cities

摘要

（本文發表於 2019.4.20.天津第 15 屆海峽兩岸公共行政會議）
城市有機論是從 17 世紀生物學的發展所引起，把城市當作有機體，探討其成長管理過程。本章研究目的即探討城市有機論起源、發展，以供城市規劃與城市管理者參考之依據。研究方法採用比對法，探討人體解剖與城市之對應關係，從而提出治理方法。
本章共分六節：第一節前言，理論介紹。第二節城市細胞，提出對應人體細胞之城市細胞（本文新創）。第三節細胞城市，說明 5 種不同的細胞城市。第四節細胞城市的公共治理，說明台灣地區 4 種城市公共治理的方式與成果。第五節天年，說明城市何以比人享有永續時間之原因（本文新創）。第六節結論。
關鍵字：細胞城市、城市細胞、細胞凋零、細胞壞死、細胞再生、公共治理、耐用經濟學

第一節　前言：城市有機理論

一、緣起

本篇研究目的即探討城市有機論起源，以供城市規劃與城市管理者參考之依據。研究方法採用比對法，探討人體解剖與城市之對應關係，從而提出治理方法。

把城市看做一個生物有機體，大概從17世紀才開始[1]。之所以產生這樣的理論，首先是由於解剖學的發展。把城市視爲人體一樣，也是有機形狀的。把廣場和公園視爲城市的肺，市中心是心臟，而交通是血液迴圈，動脈爲市街道，小巷是靜脈等等[2]。另外有一個與此相關的理論稱爲「有機自我調節理論」，具有物種自我調節成長的規律。

二、有機疏散理論

芬蘭學者埃列爾・薩里寧（Eliel Saarinen）在20世紀初期針對大城市過分膨脹所帶來的各種弊病，提出的都市計畫中疏導大城市的理念，是城市分散發展理論的一種。他在 1943 年出版的著作《城市：它的發展、衰敗與未來》（The City-Its Growth, Its Decay, Its Future）中對其進行了詳細的闡述，並從土地產權、土地價格、城

[1] 王受之《有機城市》，藝術家出版社，2003年，頁134。

[2] 筆者在另一篇都市之診治論文中，將公園視為肺，交通視為大小腸，土地視為胃，能源視為脾，市長視為心，廢棄物視為膀胱，警察消防視為腎，財政視為心包，上下水視為三焦，市府視為肝，議會視為膽。參見《都市發展診斷與策略》，五南圖書，台北，2018年8月。

市立法等方面論述了有機疏散理論的必要性和可能性[3]。

三、城市有機更新理論[4]

理論的概念內涵、發展演化及學術成果，並結合具有典型江南水鄉特色的國家級歷史文化名城——浙江省嘉興市近年來推進城市有機更新的實踐，探討老城區、周邊城區，以及城鎮不同地域特徵的城市有機更新重點解決模式，總結出了明確更新「地」、安排更新「時」、把握更新「度」的城市有機更新方法。書中彙集了嘉興市推進城市有機更新的主要工作，包括規劃研究、規劃編制、城市設計、政策引導等內容，實踐應用性強。

第二節　城市細胞

城市是一個有機體，像人體一樣有細胞。(圖 1、表 1)

---

[3] 有機疏散理論，維基百科：https://zh.wikipedia.org/wiki/%E6%9C%89%E6%9C%BA%E7%96%8F%E6%95%A3%E7%90%86%E8%AE%BA

[4] 《城市有機更新理論探索與規劃實踐：以浙江省嘉興市為例》（簡體書），清華大學出版社，2015 年 05 月 1 日。

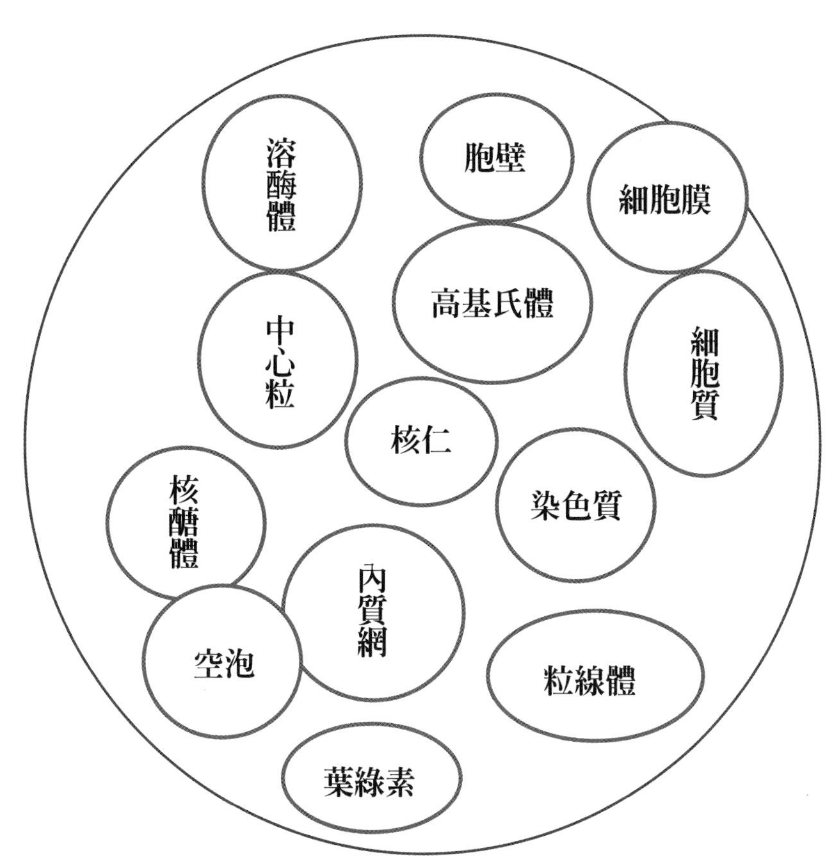

圖 1：人體細胞組織/資料來源：本研究

表 1：人體細胞與城市對照表

細胞 cell	城市	中醫臟腑（12 經絡）
細胞核 nucleus	市府	肝
細胞仁 nucleolus	市長	心
中心粒 the centrosome	議會	膽
內質網 Endoplasmic reticulum, ER（1）光滑 Smooth Endoplasmic Reticulum, sER（2）粗糙 Rough Endoplasmic Reticulum, rER	運輸系統 （1）收費站 （2）郵局	大腸

細胞質 plasmid	空氣	肺
核醣體 ribosomal	住商區	胃
溶酶體 lysosome	垃圾處理廠	膀胱
粒線體 mitochondrion	電廠	脾
高基氏體 Golgi apparatus	郵局	小腸
空泡 vacuolum	水塔	三焦
葉綠素 chloroplast	公園	肺
胞壁 cell wall	河岸	腎
胞膜 cell membrane	收費站	心胞
染色質 Chromatin	農場	胃

一、細胞健康之路

表 2、3 說明細胞與城市關係與保健之方法。

表 2：細胞與城市健康表

細胞	健康城市
環境：內外液體與環境健康	規劃
有益細胞食物：均衡	協調公共設施
有益細胞運動：拉伸與有氧訓練	運作順暢
有益細胞防護：抗氧化劑、免疫劑	定期保養與監督
有益細胞態度：笑聲愉悅	居民互助自理
避穀：用蔬果汁	休息：公共設施需有定期休息保養

說明：參考楊定一〈眞原醫〉，天下雜誌，2012 年 7 月，頁 157–158。

表 3：有益細胞的食物表

人體細胞	對人體細胞有益食物	城市對應人體之細胞	對城市細胞的要求
細胞仁 細胞核	堅果種籽	市長（心）市府（肝）	廉能效率
內質網	漿果	運輸系統（大小腸）	便捷
核醣體	薑	住商區（胃）	條理
中心粒	蘑菇	議會（膽）	負責
粒線體	魚類及海鮮	電廠（脾）	足夠
葉綠素	西蘭花	公園（肺）	寬廣

資料來源：
http://www.epochtimes.com/b5/17/5/9/n9121257.htm，文/貝爾瑪拉健康網（Bel Marra Health），陳潔雲譯

二、細胞凋亡與再生（regenration）

人體有 32.7 兆細胞，人體細胞每天都在凋亡[5]。

細胞凋亡（apoptosis）是一個主動的，按部就班的過程，它涉及到一系列基因的表達、酶促反應，以及亞細胞水平的變化。也就是說，細胞凋亡是一種程序性死亡（programmed cell death）。

然而，這裡的死只是細胞的死亡，而不是生物體的死亡。就像樹葉凋亡，樹木卻未死亡同理。因此，能夠控制身體細胞的死亡對於多細胞生物來說是至關重要的。

相反經歷壞死（necrosis）的細胞，細胞膜會破裂，細胞內容物洩漏，進而會引起炎症反應，表現爲局部腫脹、發熱、疼痛，並對身體造成一定的傷害。

[5] https://kuaibao.qq.com/s/20180803A1Z02O00?refer=spider。

對細胞凋亡進行調節，比如利用自體免疫細胞殺滅腫瘤及變異細胞。在體外用一些細胞因子復甦和增殖，使它變成一種殺傷細胞，再回輸到血液，這種殺傷細胞可以識別腫瘤細胞進行殺滅。

又比如補充新鮮細胞替換衰老細胞。醫學界的「萬用細胞」幹細胞即及時補充替代壞死細胞，改善細胞的新陳代謝；發揮其多項分化的潛能，增加功能細胞的數量、增強細胞活性，達到治療疾病、修復亞健康、延緩衰老的目的。

第三節　細胞城市

細胞由於過於強調功能區域劃分而忽略重疊或交叉關係。例如新市鎮。因城市功能可兼顧重疊，如住商區。不像人體各器官功能單一[6]。因此，對城市的研究與其說是型態，不如說是內容。Robin Renner：《城市現狀：城市的剖析和特性》（Urban Being: Anatomy & Identity of the City）：包含塊狀、線性、中央、住宅、工業以及未來城市。

其特色：

1. 有機生物。
2. 可持續性。
3. 自發性。
4. 節省能源。

[6] 林祺（Kevin Lench）指出，城市改變的動力是人，她不會自我成長改變。

第四節　細胞城市的公共治理

把城市當作一個人的微觀看，城市細胞是各種部門組成；若從宏觀看，各種公共設施不變，把芸芸眾生當作是細胞。那麼細胞必須好好治理，這是細胞城市未來的目標，可區分兩種途徑：第一種是管理者制定管理法規，第二種是使用者自治或參與管理。

一、城市治理法規

從憲法層次而言，城市是地方政府，有些是憲法保留，有些是法律保留。無論如何，首先，城市擁有在不違背中央政府所釋出的權力下自我管控的空間，如地方制度法所訂自治條例。就其內容非常廣泛、專業，舉凡民、財、建、教、觀光、文化等，食（市場）、衣（百貨公司）、住（售屋公司）、行（機汽車行）、育（幼稚園）、樂（遊樂場）等幾乎皆有所涉，難怪古代地方官稱父母官，良有宜也。

其次是市民自治或參與管理，最明顯的是各地區社區發展中心或公寓大廈管理委員會。台灣地區晚近更有：

（一）參與式預算的作法

參與式預算（participatory bugeting）[7]是由人民來決定一部分公共預算的支出。自從 1989 年從巴西愉港實施以來，全世界已經有 1,500 個城市居民參與預算、分配優先順序。台灣首例是新北市土城大安市民活動中心於 2018 年 10 月 22 日正式啓用。

---

[7] 萬毓澤《台灣當前的參與式預算概況》，巷仔社會學，2015 年。

（二）公民審議方式

台北市政府就以此方式擬定台北市公共住宅特殊身分保障戶分配機制[8]：台北市政府於 2016 年首創以公民審議方式，費時半年邀請不同利害關係人進行實質討論，最後擬定出普遍認同的機制（圖 2），往後則會視公宅量體增加，讓低收入戶、近貧者支付房屋租金後，還能支應其他提升生活品質（如教育、娛樂等）的開銷。居住正義需要透過實際行動才得以實踐，從 10%提高到 30%，在公共住宅資源有限情形下，這只是一個開始，突破 30%到適量才是目標。弱勢居住需求變動，持續滾動式修正，以提供最符合市民需求的入住方案。

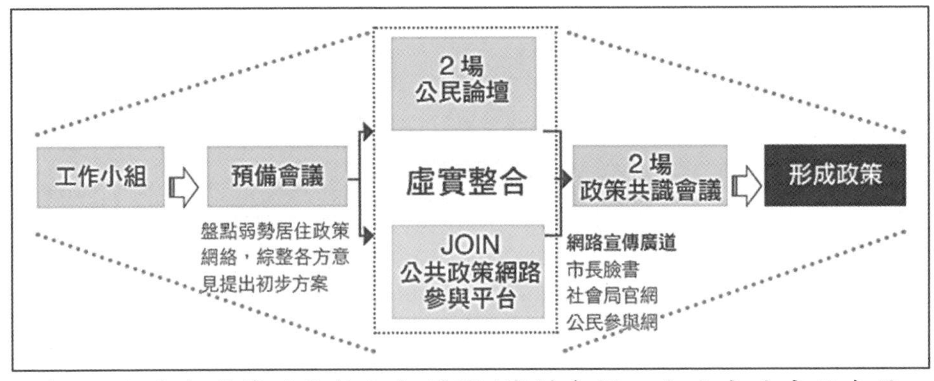

圖 2：公民審議菱形式執行架構圖/資料來源：台北市政府社會局

[8] 許立民，北市政府社會局局長。林淑娥，台北市政府社會局綜合企劃科長。許韶芹，台北市政府綜合企劃科股長。居住正義，以公民審議方式擬定台北市公共住宅特殊身分保障戶分配機制之過程。〈國土與公共治理季刊〉104 第四卷第四期，2016 年 12 月。

（三）公民參與委員會

「台北市政府公民參與委員會」置委員 21 人至 25 人，主任委員由市長兼任；副主任委員 2 人，一人由市長指派之副市長兼任，另一人則由外聘委員互推一人擔任；府內委員由民政、教育、交通、社會、都市發展、資訊、法務局及主計處等局處首長派兼，外聘委員則除公開遴選 12 名外，市府並指派專家學者或社會公正人士 3 人，委員任期一年，皆爲無給職；委員任務爲依公民參政、開放資料與探勘、參與預算三個工作組每月以工作會議及每季大會之方式，協助推動落實公民參與制度之相關業務。已進入第三屆，現爲擴大招募更多優秀人才[9]。

（四）地方性公民投票

2008 年 11 月 16 日台灣首次地方性公投「25 人小班公投」投票率僅 5.35%未通過公投門檻而宣告無效[10]。高雄市「25 人小班公投」是 2003 年「公投法」[11]通過以來，首次由民間發起的地方性公投[12]。

---

[9] 自 2018 年 12 月起至 2019 年 1 月 4 日上午 9 點止開放網路報名，希望徵求年滿 18 歲，具有相關專業知識及實戰經驗並對公共事務議題有參與興趣的台北市民，上網報名參加公民參與委員會委員的遴選；未來，並將遴選出 8 至 12 名府外公民參與委員。
https://www.gov.taipei/News_Content.aspx?n=F0DDAF49B89E9413&s=607332999408FC0F。

[10] 〈How do you think the results of the referendum will turn out?〉，Referendum on class size was hasty: Tsai Ching-hwa，TAIPEI TIMES 報紙，刊登日期：2008 年 11 月 16 日。

[11] 公投法第 2 條，地方性公民投票適用事項如下：一、地方自治條例之複決。二、地方自治條例立法原則之創制。三、地方自治事項重大政策之創制或複決。預算、租稅、薪俸及人事事項不得作為公民投票之提案。

[12] 2017 年 12 月，立法院通過修正公投法部分條文大幅降低公投限制，提案門檻從總統副總統選舉人總數 5/1000，調降到 1/10000；連署門檻則從 5%降到 1.5%；通過門檻則從選舉人總數 1/2 降為 1/4，且有效同意票超過不同意票。

選民普遍覺得公投議題與自身關係不大，而且在宣導上嚴重不足，甚至有人不知道該議題爲何。而投開票所的設置與過去公職人員選舉的分配不同，皆是低投票率的重要因素。受訪選民多贊成此公投，認爲小班制有其教學上的優點，且重視這次民主自決的過程。而反對該提案的選民，則認爲少子化爲趨勢，班級人數本來就低，小班制反而是圖利教師，且會排擠其他市政預算。過去台灣地區地方公民投票：

1. 澎湖縣共舉辦 2 次（2009、2016）公民投票，皆與博弈政策有關。否決。

2. 金門縣（2017）與博弈政策有關。否決。

3. 連江縣馬祖（2012）與博弈政策有關。通過。

第五節　夭年[13]

一、人之夭年

皇帝曰：「人之壽夭各不同，或夭壽，或猝死，或病久，願聞其道。」

岐伯曰：「五臟堅固，血脈和調，肌肉解利，皮膚緻密，營衛之行，不失其常，呼吸微徐，氣以度行，六腑化穀，津液布揚，各如其常，故能長久。」

---

[13] 吳國定《內經解剖生理學》，中國醫藥研究所，1987 年 12 月，頁 514，說明遺傳、發育、壯健、衰老，以致死亡各階段生理變化。

岐伯曰：「使道隧以長，基牆高以方，通調營衛，三部三里起[14]，骨高肉滿，百歲乃得終。」

二、城市夭年

城市夭年不斷，城市雖如人，但其年百歲呼？非也。蓋城市之細胞綿延不斷。誠如都市經濟學所言，某部分機能壞了可以不斷的更替之耐用經濟學[15]。細胞城市有數百年者。此乃吾人建構細胞城市之緣由。

第六節　結論

1. 把城市看做一個生物有機體，大概從 17 世紀才開始，是由於生物學的發展。

2. 人體細胞與城市對照：

表 4：人體細胞與城市對照

人體細胞	城市對照	人體細胞	城市對照
細胞核 nucleus	市府	粒線體 mitochondrion	電廠
細胞仁 nucleolus	市長	高基氏體 Golgi apparatus	郵局

[14] 寸關尺三部，足三里穴起始。
[15]〈城市經濟學的五個公理是什麼〉，http://wenda.tianya.cn/question/13e82f17c35ab706。

中心粒 the centrosome	議會	空泡 vacuolum	水塔
內質網 Endoplasmic reticulum, ER（1）光滑 Smooth Endoplasmic Reticulum, sER（2）粗糙 Rough Endoplasmic Reticulum, rER	運輸系統 （1）收費站 （2）郵局	葉綠素 chloroplast	公園
細胞質 plasmid	空氣	胞壁 cell wall	河岸
核醣體 ribosomal	住商區	胞膜 cell membrane	收費站
溶酶體 lysosome	垃圾處理廠	染色質 Chromatin	農場

資料來源：本研究

3. 形式細胞城市：根據 Robin Renner 在他的新書《城市現狀：城市的剖析和特性》（Urban Being: Anatomy & Identity of the City）有塊狀型細胞、線型細胞、中央型細胞、住宅型細胞與工業型細胞。

4. 細胞城市——未來城市概念：是指打造具有可持續性的城市系統，同時將城市空間與天然綠色空間融合。每一個城市社區的運轉立基於居民的自發性，每一個人都要對所在社區的水、能源和垃圾管理負責。

5. 細胞城市的公共治理：可區分兩種途徑：第一種是管理者制定管理法規。第二種是使用者自治或參與管理：（1）參與式預算。（2）公民審議方式。（3）公民參與委員會。（4）地方性公民投票。

6. 城市夭年：城市夭年不斷，城市雖如人，但其年百歲呼？非也。蓋城市之細胞綿延不斷。細胞城市有數百年者。因此，城市細胞健全，細胞城市仍能長久。

參考文獻

1. 曹若曦譯〈從細胞結構出發，多個案例分析居住區的分布對城市規劃的影響〉，原作者 Robin Renner《城市現狀：城市的剖析和特性》（Urban Being: Anatomy & Identity of the City），2017 年 8 月 25 日。
2. 城市「細胞」的布局如何影響街區的功能與成功（How the Layout of Urban "Cells" Affects The Function and Success of Neighborhoods）朱王倩、李韌編譯。
3. 細胞城市，百度百科：https://baike.baidu.com/item/%E7%BB%86%E8%83%9E%E5%9F%8E%E5%B8%82。
4. 《城市有機更新理論探索與規劃實踐：以浙江省嘉興市爲例》（簡體書），清華大學出版社，2015 年 5 月 1 日。
5. 徐仁輝《參與式預算的理論與實踐》，https://www.mof.gov.tw/File/Attach/73586/File_10803.pdf。
6. 張紀文《未來城市是一個能持續發展、體系完整的細胞城市》，一個完整的細胞城市，將由底盤、核心、場景、虛擬城市構成。

7. 許立民——台北市政府社會局局長、林淑娥——台北市政府社會局綜合企劃科長、許韶芹——台北市政府綜合企劃科股長〈居住正義——以公民審議方式擬定台北市公共住宅特殊身分保障戶分配機制之過程〉，《國土與公共治理季刊：104 第四卷 第四期》，2016 年 12 月。
8. 吳國定《內經解剖生理學》，中國醫藥研究所，1987 年 12 月。
9. Susan Black and Tom Cusbert: Bulletin September Quarter 2010.11. Durable Goods and the Business Cycle.

第二章　城市道德

City Morality

摘要

城市若無道德就像動物一般，有了道德就像人一樣。道德經是我國寶貴的文化遺產，2000 年來以自然之道，在陰陽相通；處世之道，在不爭；治國之道，在無爲。博大精深。對傳統思想、科學、政治、文學、藝術等領域產生了深刻影響。本文係運用其理來闡述城市管理之道。全文共九節，第一節說明道德經由來，第二節說明城市架構，第三節說明城市道德表，包括自然環境、社會制度、市民、市長、國家以及史前社會，第四節說明道德論，第五節說明都市環境，第六節說明都市社會制度，第七節說明都市市民，第八節說明市長，第九節結論（實證研究）。
關鍵詞：道德經、城市管理、都市環境

Abstract

A city without morality is like an animal ,and a city with morality is like human being. Tao Te Ching is the important heritage of Chinese Culture.2000 years, It is "The way of nature lies in the connection of yin and yang; the way of living in the world lies in non-contention; the way of governing a country lies in inaction." Broad and profound. The inference of tradition thoughts, science, politics, culture, and arts. This paper is use the theory to using the city management. There are 9 sections: 1.explain the Tao Te Ching. 2.explain the city structure. 3.explain the table of city Tao Te. Including: urban environment, city social systems, citizens ,mayor, country, and the time of prehistoric. 4.explain the Tao Te. 5.explain the urban environment. 6.explain the city social systems. 7.explain the citizens. 8.explain the city mayor. 9. conclusion(real sduty).

Key words: Tao Te Ching, city management.

一、前言

《老子》，又名《道德經》，是先秦時期的古籍，相傳爲春秋末期思想家老子所著。《老子》爲春秋戰國時期道家學派的代表性經典，亦是道教尊奉的經典。至唐代，唐太宗命人將《道德經》譯爲梵語；唐玄宗時，尊此經爲《道德眞經》。「老子言道德之意，著書上下篇」，據帛書本爲上篇〈德〉、下篇〈道〉。

《道德經》以哲學意義之「道」與「德」爲綱，論述修身、治國、用兵、養生之理，而多以政治爲旨歸，對傳統思想、科學、政治、文學、藝術等領域產生了深刻影響。後世通行的註解本，以王弼《老子道德經注》、河上公《老子章句》流傳最廣。[16]

本文借助道德經爲城市管理之圭臬。

[16] https://zh.m.wikipedia.org/zh-tw/%E8%80%81%E5%AD%90_(%E6%9B%B8) 維基百科。

二、城市架構

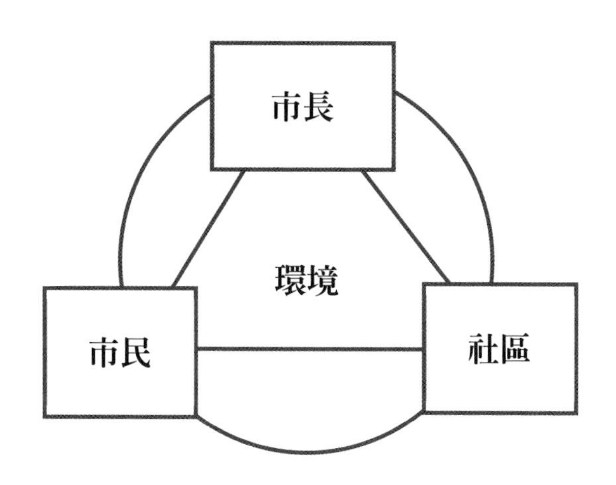

圖 1：城市架構/資料來源：本研究

城市最基本是其環境，中有社區和組織，其上有市長下有市民。

三、城市道德表

表 1：城市　道德經

章次	城市環境	社會制度	居民	市長	國家	史前社會
1		以人爲本				
2			全民支持			
3		與民不爭				
4		自由平等				

5			與自然同		
6	永不斷絕				
7	互利共生				
8			上善若水		
9			持而盈之		
10			身體力行		
11			造福社會		
12			不爲權蒙		
13			天下己任		
14			開闢思維		
15			創新發明		
16			天下爲公		
17					違反公意
18					帝制不公
19					賣弄乖巧
20					學做奴才
21					大眾需知
22			曲則全		
23			與民同樂		
24	與之和協				
25			不應自誇		
26			不應高傲		
27			不言之教		
28			雌性領袖		
29	自然爲大				
30				禁武吞併	
31				兵戎危害	
32		小民不屈			
33			自省爲強		
34		民樂由生			

35 了解下層
36 反思以對
37 新思解難
38 上德不德
39 平才和諧
40 消除極化
41 耐心平等
42 貧富貴賤
43 如水之柔
44 知足常樂
45 開拓新思
46 知足富足
47 得道多助
48 除惡復然
49 以民爲心
50 道昌逆亡
51 協助自然
52 和諧相傳
53 斷好惡逸
54 以身作則
55 和諧明理
56 人人平等
57 以正治國
58 檢討時政
59 去奢富民
60 大國小鮮
61 大國尊小
62 民存無罪
63 化解民怨
64 治於未亂

65		自然民從				
66				載量無爭		
67				慈檢不爭		
68				自發用人		
69					以靜制動	
70				推動新知		
71			擴闊思維			
72			安居樂業			
73			保障歸心			
74			平等社會			
75			鋌險爲生			
76				去強順道		
77			解富保社			
78			除難民樂			
79			公平不責			
80					小國寡民	
81				爲民創富		
小計	6	8	15	36	8	8

資料來源：本研究

四、道德論

（一）道德

道德（英語：moral，源自拉丁語：moralitas，文學上舉止，品質，適當的行爲）是依據一定社會或階級（生活形態）的價值觀、社會輿論、傳統習俗和人的內心信念的力量（生產能力）來調整對他人和自己之間的行爲進行善惡、榮辱、正當或不正當等的相互關係（生產關係）的評價和斷定的行爲規範標準。有著通過確立一定的善惡標準和行爲準則，來約束人們的相互關係和個人行爲，調節社會關係，並與法一起對社會生活的正常秩序起保障作用。貫串於社會生活的各個方面，如社會公德、婚姻家庭道德、職業道德等。

在英語，Moral 是指那些傑出的人之間的意圖、決定和行動的區分，即是正確的還是不正確的及其相關的觀念準則。道德可以是源自於特定哲學、宗教或文化的行爲準則中衍生出來的一系列標准或原則，也可以源於一個人所相信的普遍價值。道德是一種「非正式公共機制」，非正式即指無法律或權威能判定其正確與否，而公共機制指所有場合都能套用的準則。

一些研究認爲，對道德情操的注重，存在於所有的人類社會當中，道德情操是普世文化通則的一部分；而一些研究更認爲，像是誠實、助人、寬容、忠誠、責任、社會公正、平等、家庭與國家安全、社會秩序的穩定、報恩等等和道德相關的行爲，是普世價值的一部分，也就是說，這些行爲可能是所有社會普遍認可的德行，提倡此種原則的倫理學立場稱爲道德普遍主義。

不過道德相對主義的哲學則與道德普遍原則對立，道德相對主義認爲不存在普遍的道德原則。[17]

（二）「道」在老子的概念中

「道」不再單純地是人們行走的道路，也不僅僅是我們如今所理解的萬物運行的規律，而是在天地誕生之前就存在的某種事物，或者稱爲某種具有氤氳、混沌屬性的狀態，是在人類對其有認識之前就已經亙古存在的。在道家的思想觀念中，只有一切事物都按照自我的規則運行，才是世界「周行而不殆」地運轉的內在驅動力。「道」雖然並不是一種有形有相的事物，但萬物所具有的道性是共通的。如果在塵世的範圍內來闡述的話就會發現，萬物在同一道性的生化作用下，則會表現了出了萬千種不同的情態。而萬物所具有的各自不同的表現或存在方式，即是道家所謂的「德」。「道」是「德」的內在屬性，「德」是「道」的外在體現。但同時，「道」與「德」又是不可分離的，二者共同構成了我們所能夠觸及的物質世界。所以蘇子在那篇著名的《赤壁賦》中寫道：「耳得之而爲聲，目遇之而成色，取之無禁，用之不竭，是造物者之無盡藏也。」此「造物者」，即是「道」也；此聲色之屬，即是「德」也。從「道」的虛空到「德」的實有，中間起到連接作用的便是道家中兩個非常重要的概念，陰陽與五行。「道」的存在，是以陰陽的方式來運化萬物。

[17] https://zh.wikipedia.org/zh-tw/%E9%81%93%E5%BE%B7 維基百科。

五、城市環境

（一）問題

聯合國人居署指出，全球所有的城市都受到氣候變遷的影響，其中 80%的城市在面對地震時顯得脆弱，60%則面臨著風災水患與海嘯等威脅。當這個世界的氣候變得愈來愈「任性」，我們的城市是否也具備足夠的「韌性」來因應？[18]師範大學地理學系助理教授盧沛文則進一步將韌性分爲兩種面相來探討：

城市在面對不確定衝擊時（例如天災、經濟衰退、恐攻事件及能源危機）具有的「容受力」及「回復力」——容受力指的是城市在面對衝擊時，讓災情最小化的能力，回復力則代表城市受到衝擊後恢復生活秩序、達到新平衡的能力。

在 2021 年 6 月 5 日世界環境日，幾位聯合國人權專家表示，聯合國現在應正式承認生活在安全、清潔、健康和可持續的環境中是一項人權。

人權專家們在一份紀念世界環境日的聯合聲明中指出，全世界越來越多的人認識到，生活在健康的環境中確實是一項人權。

他們表示，在聯合國 193 個成員國中，有 156 個已經將這一權利寫入憲法、立法和區域條約，現在是聯合國發揮領導作用並承認每個人都有權生活在清潔環境中的時候了。

人權專家表示，如果這項權利得到承認、尊重、保護和實現，地球上數十億人的生活將得到改善。

[18] https://www.seinsights.asia/specialfeature/5065/5109 社企流/金靖恩 2017.10.11 我們的城市夠韌性嗎?

他們指出，在《斯德哥爾摩人類環境宣言》發表近 50 年後，聯合國會員國宣佈人人有享受「能使人過上有尊嚴和幸福生活的環境」的基本權利，採取具體行動的時機已經成熟。人權專家們呼籲人權理事會和聯合國大會就此採取行動。[19]

（二）環境解方

1. 永不斷絕：自然綿綿。
2. 互利共生：才能長久。
3. 與之和協：希望長久。
4. 自然爲大：無法獨占。
5. 協助自然：自然運作。
6. 和諧相傳：和諧長久。

六、城市社會制度

（一）以人爲本：民主共和。
（二）與民不爭：務實生活。
（三）自由平等：帝制前的模式。
（四）消除極化：玉石俱焚。
（五）耐心平等：不可過急。
（六）檢討時政：配合時宜。

[19] https://news.un.org/zh/story/2021/06/1085432【專題報導】世界環境日：恢復生態系統 未來十年是「最後機會」全球視野 常人故事。

（七）去奢富民：藏富於民。
（八）自然民從：不可限制。

七、城市居民

（一）全民支持：好的社會制度。
（二）小民不屈：受屈辱。
（三）民樂由生：萬民樂意自由生活。
（四）斷好惡逸：斷絕不勞而獲。
（五）人人平等：不可親疏。
（六）民存無罪：求生存。
（七）化解民怨：從小著手。
（八）擴闊思維：知不知。
（九）安居樂業：現實要求。
（十）保障歸心：刑戮不佳。
（十一）平等社會：廢除死刑。
（十二）鋌險爲生：只爲生存。
（十三）解富保社：弱勢保障。
（十四）除難民樂：尊敬領導。
（十五）公平不責：並無遺怨。

八、市長職責

（一）與自然同：領袖與大自然相同。
（二）上善若水：如同水一般。
（三）持而盈之：功成身退。
（四）身體力行：照顧萬民。
（五）造福社會：擁有權利。
（六）不受權蒙：擁有權利。
（七）天下己任：寵辱若驚。
（八）開闢思維：尋找弊端。
（九）創新發明：邏輯思考。
（十）天下爲公：開放思維。
（十一）曲則全：放棄特權。
（十二）與民同樂：與民同得失。
（十三）不應自誇：不應勉強。
（十四）不應高傲：身在權位。
（十五）不言之教：深思熟慮。
（十六）雌性領袖：養活萬民。
（十七）自省爲強：有自省能力。
（十八）了解下層：安然生活。
（十九）反思以對：需要生活。
（二十）新思解難：早期解危。
（二十一）如水之柔：領袖不占。
（二十二）知足常樂：權位之人。
（二十三）開拓新思：服務社會。
（二十四）知足富足：天下有道。
（二十五）得道多助：政通人和。
（二十六）除惡復然：平等原則。

（二十七）以民爲心：聖人無常心。
（二十八）道昌逆亡：出生入死。
（二十九）以身作則：善於感染。
（三十）和諧明理：社會祥泰。
（三十一）載量無爭：江海之所以爲。
（三十二）慈檢不爭：母姓三寶。
（三十三）自發用人：誘導自主。
（三十四）推動新知：去除舊習。
（三十五）去強順道：人之生也柔弱。
（三十六）爲民創富：創造良機。

九、結論

（一）老子道德經提供中華民族 2500 年道德行爲的圭臬。

（二）就城市管理立場觀之，可以運用 1. 城市環境；2. 城市制度；3. 居民態度；4. 市長作爲等來執行以達到最佳的道德城市。

（三）實證研究：

陳建安：

犯罪少年與一般少年道德認知發展之比較研究/陳建安撰。（2001 中正大學碩士論文）

結果：有道德犯罪率減低。

附錄：

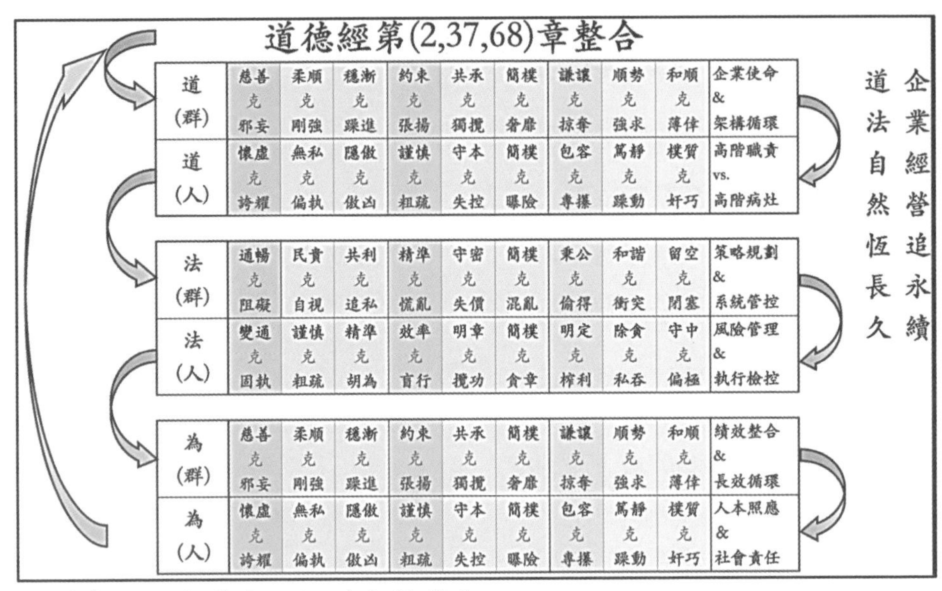

道德經第(2,37,68)章整合

道 (群)	慈善 克 邪妄	柔順 克 剛強	穩漸 克 躁進	約束 克 張揚	共承 克 獨攬	簡樸 克 奢靡	謙讓 克 掠奪	順勢 克 強求	和順 克 薄倖	企業使命 & 架構循環
道 (人)	懷虛 克 誇耀	無私 克 偏執	隱傲 克 傲凶	謹慎 克 粗疏	守本 克 失控	簡樸 克 曝險	包容 克 專攥	篤靜 克 躁動	樸質 克 奸巧	高階職責 vs. 高階病灶
法 (群)	通暢 克 阻礙	民貴 克 自視	共利 克 追私	精準 克 慌亂	守密 克 失價	簡樸 克 混亂	秉公 克 倫得	和諧 克 衝突	留空 克 閉塞	策略規劃 & 系統管控
法 (人)	變通 克 固執	謹慎 克 粗疏	精準 克 胡為	效率 克 盲行	明章 克 攬功	簡樸 克 貪章	明定 克 榨利	除貪 克 私吞	守中 克 偏極	風險管理 & 執行檢控
為 (群)	慈善 克 邪妄	柔順 克 剛強	穩漸 克 躁進	約束 克 張揚	共承 克 獨攬	簡樸 克 奢靡	謙讓 克 掠奪	順勢 克 強求	和順 克 薄倖	績效整合 & 長效循環
為 (人)	懷虛 克 誇耀	無私 克 偏執	隱傲 克 傲凶	謹慎 克 粗疏	守本 克 失控	簡樸 克 曝險	包容 克 專攥	篤靜 克 躁動	樸質 克 奸巧	人本照應 & 社會責任

企業經營追永續

道法自然恆長久

資料來源：台灣老子恆道文教學會 2022.11.17

十、參考文獻

1. 老子著，司馬治編著（2013.8.6）道德經全書：華治文化。
2. 道德經：維基文庫
   https://zh.wikisource.org/wiki/%E9%81%93%E5%BE%B7%E7%B6%93。
3. 王蘭軍，「在城市化進程中重視文化精神的培育」《光明日報》（2011 年 11 月 18 日 16 版）。
4. 東方老道編著（2004）：道德經活學活用，正展出版公司。
5. 陳建安（2001）：犯罪少年與一般少年道德認知發展之比較研究（中正大學碩士論文）。

第三章　城市卦象

City Hexagram

摘要

易經[20]是我國文化遺產。它蘊藏先人智慧。作爲一個研究城市的學者，試圖運用其道理來管理城市。因爲城市實在太複雜了。如何化繁爲簡。正如易經所言：簡易、變易、不易。因此，本文共八節首先介紹易經，其次說明城市如同人體有五俞穴；3. 介紹八卦與五俞穴關係；4. 介紹子午流注；5. 城市五俞流注；6. 城市卦象；7. 結論與建議。言簡意賅。尚請先進指正。

關鍵詞：易經、城市管理、五俞穴、子午流住、城市卦象

Abstract

”Book of changes” is the heritage of China.It contains traditinal wisdons. As a scolar of urban, I try to use the methods to manage city. Because the city is so complex. How to simplify instate of the complex is like the book say: simple,change,and constant.

This paper contains 8 sections: firstly is introduction the Book of changes, Secondly is explain the city as human organization has 5 points.Thirdly to

[20] 維基百科
https://zh.wikipedia.org/zh-tw/%E6%98%93%E7%BB%8F#%E5%90%8D%E5%AD%97%E7%9A%84%E7%94%B1%E4%BE%86。

explain the relationship of 5 points and gossip.Forthly to explain meridian stream.Fifth to explain the city 5 points.Sixthly to explain city hexagram. Finally: conclutions and Suggestions.Concise. Please correct me in advance.

Key words: Book of Changes, Urbn Management, Five Points, Meridian Stream, city hexagram

一、前言

城市爲一有機體，如同人體一樣。有五臟六腑，分別如下：肺即公園，大腸爲交通路線，胃爲土地利用，脾爲能源，心爲市長，小腸爲交通廠站，膀胱爲廢棄物處理場，左腎爲警局，右腎爲消防，心包爲財政，三焦爲上下水道，肝爲議會，膽爲市政府。此 12 經絡有五俞穴。運用中醫時間醫學：子午流注[21]，在某一天干日某一時辰，下針治療最有效。於是此五俞穴之陰陽五行即構成易經八卦之素材。以本經爲下卦以五行經爲上卦，集合爲 25 卦。分別表示該時間與地點，城市之卦象，以作爲城市管理者，管理之參考。

二、易經與 64 卦

《易經》是中國最爲古老的古典文獻之一，爲古代中國巫師運用六十四卦以預知未來吉凶禍福的卜筮書，自漢代開始尊奉爲「五經」之一；《易經》用一套符號形式系統描述事物的變化，表現了中

[21] 明朝徐鳳在西元 1439 年編印針灸大全所提出。按時辰取穴效果較佳。

國古典文化的哲學和宇宙觀。它的中心思想，是用陰陽符號構成的卦象代表世間萬物的運行狀態。

三、城市中醫五俞

表 1：五輸穴表（表參考《中醫大辭典》）與城市五輸[22]

<table>
<tr><th colspan="2" rowspan="2">五臟</th><th colspan="5">五兪</th></tr>
<tr><th>井
（木）</th><th>滎
（火）</th><th>俞
（土）</th><th>經
（金）</th><th>合
（水）</th></tr>
<tr><td rowspan="3">手三陰</td><td>肺</td><td>少商（鄰里公園）</td><td>魚際（社區公園）</td><td>太淵（水岸發展區）</td><td>經渠（保護區）</td><td>尺澤（大公園</td></tr>
<tr><td>心包</td><td>中沖（收費站）</td><td>勞宮（銀行）</td><td>大陵稅捐處）</td><td>間使（產業局）</td><td>曲澤（財政局）</td></tr>
<tr><td>心</td><td>少沖（鄰長）</td><td>少府（里長）</td><td>神門（區長）</td><td>靈道（副市長）</td><td>少海（市長）</td></tr>
<tr><td rowspan="3">足三陰</td><td>脾</td><td>隱白（變電所）</td><td>大都（加壓站）</td><td>太白（瓦斯儲存槽）</td><td>商丘（發電廠）</td><td>陰陵泉（電力公司）</td></tr>
<tr><td>肝</td><td>大敦（里幹事）</td><td>行間（里辦公室）</td><td>太沖（區公所）</td><td>中封（秘書長）</td><td>曲泉（市政府</td></tr>
<tr><td>腎</td><td>涌泉（派出所）</td><td>然谷（消防局）</td><td>太溪（警分局）</td><td>復溜（督察）</td><td>陰谷（警察局）</td></tr>
</table>

[22] 本文是庚續「台灣五大都市之診治－以中醫理論為基礎」而發展的研究。

六腑		井（金）	滎（水）	俞（木）	原（木）	經（火）	合（土）
手	大腸	商陽（巷道）	二間（街道）	三間（廣場）	合谷（運動場）	陽溪（街口）	曲池（主要幹道）
三	三焦	關沖（水溝）	液門（排水管）	中渚（雨水管）	陽池（防洪池）	支溝（大圳）	天井（水庫）
陽	小腸	少澤（巴士站）	前谷（捷運站）	后溪（總站）	腕骨（轉運站）	陽谷（港口）	小海（車航站）
足	胃	厲兌（停車場）	內庭（公共設施）	陷谷（學校）	衝陽（工業區）	解溪（農業區）	足三里（住商區
三	膽	足竅陰（議員服務處）	俠溪（活動中心）	臨泣（市場）	丘墟（販賣場）	陽輔（里民大會場）	陽陵泉（市議會）
陽	膀胱	至陰（垃圾收集站）	通谷（垃圾車）	束骨（分類場）	京骨（修理廠）	昆侖（回收廠）	委中（焚化廠）

四、八卦與 12 經絡

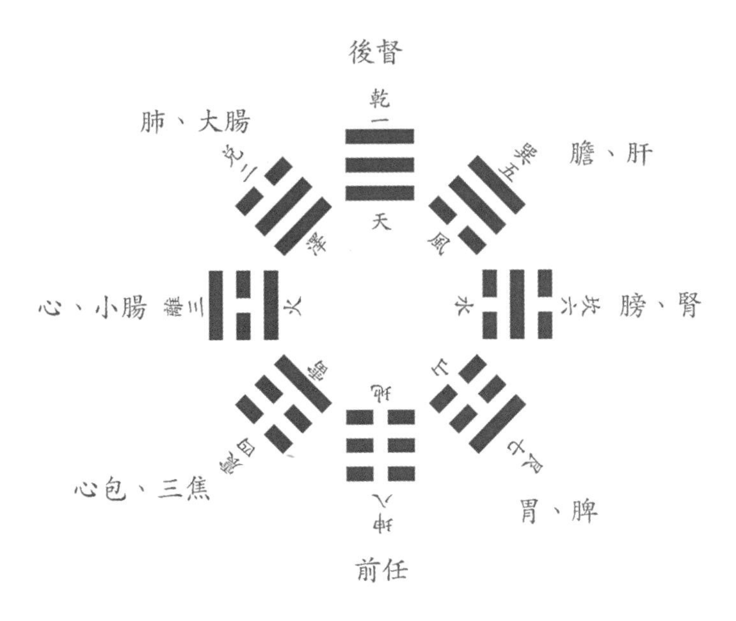

圖 1：八卦與 12 經絡

資料來源：東海易學講堂

https://blog.udn.com/secretofname/131799325

五、子午流注[23]

子午流注（Meridian Stream），意即根據中醫學說，一日的十二個時辰，和人體的十二條主要經絡互相對應，如下表 2 所列。中醫認爲，在每一個時辰內，其所對應之經絡上之血氣會特別興盛，而該經絡所管之臟腑亦較活躍。各經絡以五俞穴代表。

---

23 維基百科 about：blank。

表 2：一日十二個時辰和人體十二條主要經絡互相對應

時辰	時段	經絡	臟腑
子	23：00–01：00	足少陽膽經	膽
丑	01：00–03：00	足厥陰肝經	肝
寅	03：00–05：00	手太陰肺經	肺
卯	05：00–07：00	手陽明大腸經	大腸
辰	07：00–09：00	足陽明胃經	胃
巳	09：00–11：00	足太陰脾經	脾
午	11：00–13：00	手少陰心經	心
未	13：00–15：00	手太陽小腸經	小腸
申	15：00–17：00	足太陽膀胱經	膀胱
酉	17：00–19：00	足少陰腎經	腎
戌	19：00–21：00	手厥陰心包經	心包
亥	21：00–23：00	手少陽三焦經	三焦

六、城市五俞與流注

表 3：子流注按時間開穴及合日互用開穴總表

日／時	甲膽	乙肝	丙小	丁心	戊胃	己脾	庚大	辛胃	壬焦膀	癸包腎
子膽	陽輔	前谷	三里	三間腕骨	關衝	陽輔	前谷	三里	三間	關衝
丑肝	行間	少海	太白太衝	曲澤	復溜	行間	少海	太白	曲澤	復溜
寅肺	小海	陷谷丘墟	天井	崑崙		小海	陷谷	天井	至陰	
卯大	神門太谿大陵	間使	經曲		曲泉	神門	間使	少商		曲泉
辰胃	支溝	陽谿		陽陵泉		支溝	商陽		俠谿	
巳脾	商丘		陰谷		大陵	隱白		然谷		大陵

午心		委中		中渚	厲兌		通谷		後谿京骨陰池	厲兌
未小	尺澤		勞宮	少衝		魚際		太衝太淵	少衝	
申膀		液門	少澤	解谿	二間		臨泣合谷	少澤	解谿	二間
酉腎	中衝	大墩	靈道	大都		太谿太白	大墩	靈道	大都	
戌包	竅陰	陽谷	內庭	曲澤	束骨衝陽	竅陰	陽谷	內庭	曲池	束骨
亥焦	中封	少府	陰陵泉	太淵神瞞	湧泉	中封	少府	陰陵權	太淵	湧泉

資料來源：黃維三《針灸科學》，正中書局 2006 年版 P.622

七、城市卦象

（一）卦號方法

本經爲下卦。五俞爲上卦。陽經原穴仍以俞穴爲木。

例如：甲日子時陽輔穴：本經爲膽，膽爲木。五俞爲經穴爲火。下木上火爲第五十卦鼎.火風鼎。又如乙日子時前谷穴：本經爲小腸，小腸爲火。五俞爲滎（水）。下火上水爲第六十三卦。既濟卦。

表 4：子流注按時間開穴及合日互用開穴卦號

	城市	子午流注逐日按時間開穴及合日互用開穴總表				卦號				
	甲	乙	丙	丁	戊	己	庚	辛	壬	癸
子	50	63	2	57-37	49	50	63	2	57	49
丑	50	63	2-46	63	47	50	63	2	63	47
寅	36	20-57	36	64		36	20	36	47	
卯	36-7-36	49	58		48	36	49	61		48
辰	30	38		46		30	58		48	
巳	45		29		36	20		64		36
午		7		37	45		29		37-59-37	45
未	60		30	37		38		46-19	37	

申		63	37	35	60		57-61	37	35	60
酉	37	57	47	35		7&2	57	49	35	
戌	57	30	8	19	59-20	57	30	8	19	59
亥	28	30	8	19-36	59	28	30	8	19	59

資料來源：本研究。共 25 卦 108 穴。○10 禁針

（二）卦象[24]

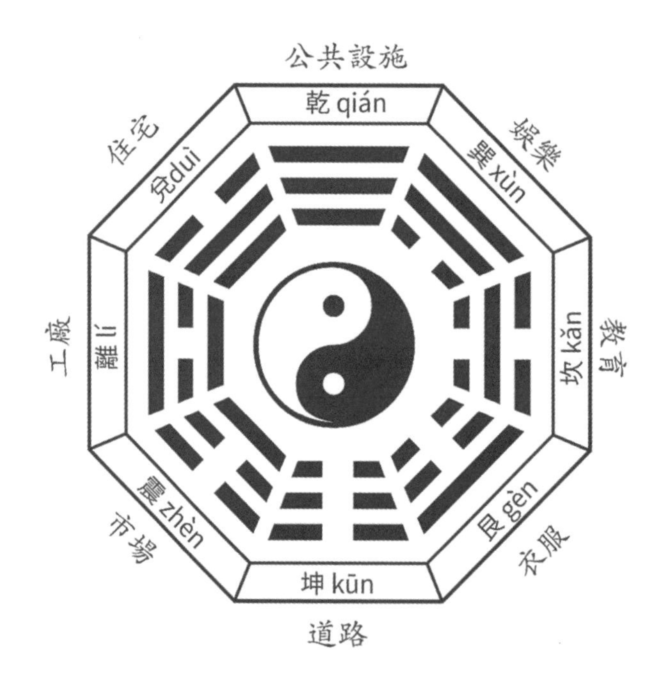

圖 2：城市八卦與卦象/資料來源：本研究

說明：以城市衣食住行育樂公共設施工廠作爲城市的變項。

---

[24] http://www.ifuun.com/a2018110216883290/易經六十四卦詳解白話文解釋(圖解)-易經 64 卦全解。

表 5：城市卦象

	乾 （公）	兌 （住）	離 （工）	震 （市）	巽 （娛）	坎 （學）	艮 （商）	坤 （道）
☰ 天 1	1.䷀ 乾 疫情 急切 隨機 應變	43.䷪ 夬 果決 委婉 施恩 得人	14.䷍ 大有 作事 低調 不要 炫耀	34.䷡ 大壯 理直 氣壯 仔細 審查	9.䷈ 小畜 大目 標退 選擇 小的	5.䷄ 需 不宜 妄動 靜待 佳績	26.䷙ 大畜 養精 蓄銳 大膽 前進	11.䷊ 泰 人無 遠慮 必有 近憂
☱ 澤 2	10.䷉ 履 戒愼 恐懼 嚴守 應對	58.䷹ 兌 喜悅 用人 講習 切磋	38.䷥ 睽 同中 求異 合而 不同	54.䷵ 歸妹 注重 法律 合作 可成	61.䷼ 中孚 需心 誠實 渡過 危險	60.䷻ 節 建立 制度 適當 節制	41.䷨ 損 犧牲 一下 放眼 未來	19.䷒ 臨 作事 持續 可達 境界
☲ 火 3	13.䷌ 同人 與人 結盟 注意 誠心	49.䷰ 革 治歷 明時 不可 守舊	30.䷝ 離 繼明 光照 圓融 中庸	55.䷶ 豐 盛大 舉行 順勢 推舟	37.䷤ 家人 反躬 自省 迎刃 而解	63.䷾ 既濟 先吉 後凶 防走 下坡	22.䷕ 賁 宜作 小事 不可 矜持	36.䷣ 明夷 明哲 保身 求取 生存
☳ 雷 4	25.䷘ 无妄 凡事 守靜 循規 踏矩	17.䷐ 隨 順其 自然 清靜 無爲	21.䷔ 噬嗑 明察 秋毫 明辨 是非	51.䷲ 震 愼戒 恐懼 積極 處事	42.䷩ 益 見善 則遷 積極 進取	2.䷂ 屯 艱難 時刻 努力 進取	27.䷚ 頤 守靜 不動 愼口 話物	24.䷗ 復 閉關 修養 待春 來到
☴ 風 5	44.䷫ 姤 女子 卦施 命誥	28.䷛ 大過 穩固 根本 另謀	50.䷱ 鼎 創新 凝命 不可	32.䷟ 恒 穩定 則是 不宜	57.䷸ 巽 柔順 以對 緩慢	48.䷯ 井 反躬 自省 修德	18.䷑ 蠱 沉痾 解決 奮發	46.䷭ 升 事緩 勇前 貴人

	四方	良策	守舊	挑戰	進行	內涵	未來	相助
☵ 水 6	6.䷅ 訟 堅持 危險 放棄 爭訟	47.䷮ 困 堅持 節操 多做 少說	64.䷿ 未濟 小心 觀察 避免 受騙	40.䷧ 解 積極 主動 迎刃 而解	59.䷺ 渙 人心 渙散 化險 爲夷	29.䷜ 坎 求通 達變 化險 爲夷	3.䷃ 蒙 沒有 經驗 求教 專家	7.䷆ 師 出師 有名 運用 老練
☶ 山 7	33.䷠ 遯 功城 不拘 急流 勇退	31.䷞ 咸 事有 所感 虛心 傾聽	56.䷷ 旅 情事 不穩 守靜 爲宜	62.䷽ 小過 用過 乎險 以靜 制動	53.䷴ 漸 循序 漸進 不能 躁進	39.䷦ 蹇 諸事 不宜 知難 而退	52.䷳ 艮 不要 輕舉 守靜 爲宜	15.䷎ 謙 修養 自己 以德 服人
☷ 地 8	12.䷋ 否 靜待 時機 注意 溝通	45.䷬ 萃 聚眾 謀事 有利 遠行	35.䷢ 晉 肯定 才智 無往 不利	16.䷏ 豫 傾聽 民意 節制 而止	20.䷓ 觀 用心 觀摩 市民 之需	8.䷇ 比 積極 表現 努力 經營	23.䷖ 剝 靜待 時機 再重 新啓	2.䷁ 坤 謙卑 退讓 持之 有恆

說明：公：公共設施。住：住宅區。工：工業區。市：市場。娛：娛樂。學：學校。商：商業區。道：道路。/資料來源：本研究

八、結論與建議

（一）卦象出現頻率

1. 64 卦中出現 25 卦共 108 穴。（圖 3）

2. 出現較多者爲 30.36.37.57.63 等卦其中 30.57.63 較優。

（二）依孫思邈千金異方：甲子、丙子、壬子、甲寅、乙卯、辛卯、癸卯、巳巳、乙酉、乙亥等十時辰禁針。

（三）選擇城市作試驗。

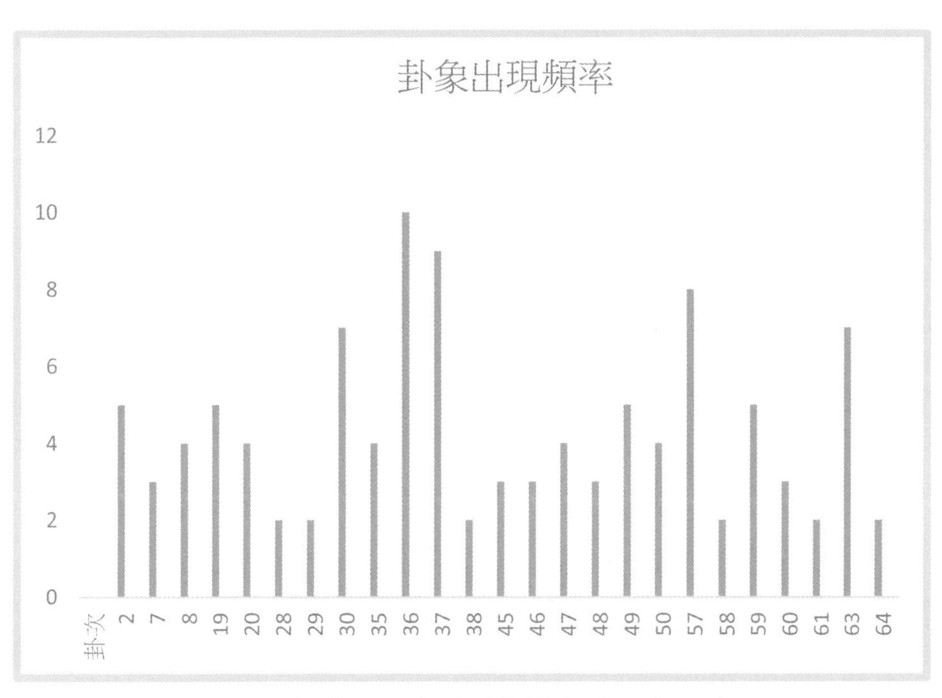

圖 3：卦象出現頻率/資料來原：本研究

九、參考文獻

1. 明 孫思邈（682，清同治戊辰 7 年）：千金異方：掃葉山房藏板（香港中文大學圖書館掃描本）
https://jicheng.tw/tcm/book/%E5%8D%83%E9%87%91%E7%BF%BC%E6%96%B9/index.html。
2. 吳國定（1987 再版）：內經診斷學，台中國際書局。
3. 明 楊繼洲（1990 三版）：針灸大成，（李坤成新編）台北志遠書局。
4. 黃維三（2006 八版）：針灸科學，台北正中書局。
5. 南懷瑾（2021 四版）：中醫醫理與道家易經，台北南懷瑾文化。
6. 易經六十四卦詳解白話文解釋（圖解）-易經 64 卦全解
http://www.ifuun.com/a2018110216883290/。

第四章　城市風水初探——台北市與北京市爲例

The Study of Urban Feng Shui-Taipei and Beijing Case Studies

摘要

風水是我國的傳統，是環境科學。對中國古代建築，尤其對墳墓和住宅與城市建築影響深遠。但在學術界較少探究。本文共分四節，第一節前言說明風水之由來，以及本研究目的，方法與步驟。第二節說明引用玄空風水方法的素材。第三節以台北市與北京市爲例，評估九宮飛星盤之城市風水。第四節結論。這一理論如果被城市規劃部門的專家所應用，就能有效地提高重點企業的經濟效益，進一步促進城市的發展。台北市與北京市人口下降，因此鼓勵生育。北京市城市規模無法容納 2,100 萬人口，因此建議建立新市鎮。北京市空氣汙染，因此，建議在 72 公頃紫禁城多種居家植物。本文初探並乞專家學者多與指教。

關鍵詞：城市風水、環境科學、玄空風水、九宮飛星盤

Abstract

Feng Shui is chinese tradition. It is enviromental science. There are deep impact to grave, housing and cities architectures in the ancient Chinese Time. But scarsely study in academic. This paper have four Sections: First:

Introduction: to explain the original of Feng Shui and purpose, method, step. Second: explain Quote Xuan empty feng shui method materials. Third: Compare with Taipei and Beijing Case Studies . Evaluate the Feng shui of Jiugong Feixing. Four: conclution: If this theory is applied by the experts of the urban planning department, It can effectively improve the economic benefits of key enterprises and further promote the development of the city. The population of Taipei City and Beijing is falling, so it encourages birth. The city of Beijing cannot accommodate a population of 21 million. Therefore, it is recommended to establish a new town. The air pollution in Beijing therefore suggests a variety of home plants in the 72-hectare Forbidden City. Finally, I hope Experts and Scholars give more advices.
Key words: Urban Feng Shui. Enviroment Science. Xuan Kong Feng Shui. Jiugong Meteor.

一、前言

風水，爲五術[25]之一的相術中的相地之術，即臨場校察地理的方法，叫地相，古代稱勘輿術，目的是用來選擇宮殿，村落選址，墓地建設等方法及原則。原意是選擇合適的地方的一門學問。相傳風水的創始人是九天玄女，比較完善的風水學問起源於戰國時代，是中國歷史悠久的一門玄術，也稱青烏，青囊，較爲學術性的說法叫做堪輿。千百年來，堪輿學同中醫學一樣對於保障人民身體健康，繁衍中華民族作出了巨大貢獻。在長達幾千載的發展過程中，它逐漸形成了完整的理論體系和各種流派，對中國古代建築，尤其

[25] 山醫命卜相。

對墳墓和住宅建築影響深遠。三元地理大玄空挨星理論，實爲建築規劃學之經典理論，在堪輿系統中大玄空理論更具有指導，這一理論如果被城市規劃部門的專家所應用，就能有效地提高重點企業的經濟效益，進一步促進城市的發展。家庭住宅的設計若能與周圍環境協調統一，就可保家庭人員健康少災、子嗣有繼、經濟富裕甚或擁有大量的財產。

中、西醫學的作用僅在治療疾病，確保人的健康，而風水規劃學說能夠指導人們主動地去避免災難，除此之外，還能有效地利用古代規劃理論去開發財源，發展經濟。因此，對於風水學說的歷史文化背景和哲學思想根源，以及具體運作方法，我們應從科學的角度來分析它的功過是非，力求挖掘風水中的科學成分，使古代合乎自然的建築規劃理念展現于世人面前，讓建築風水理論永遠爲人類造福。冀此術能爲民族之強大，經濟之振興而發揮其積極的作用。

（一）本研究目的

1. 探討風水學對都市計畫之功能。

2. 驗證風水方法之實證。研究方法：採用中洲派玄空風水三元九運法評估二座城市的風水。

3. 研究步驟

（1）確定城市興建日（如陽宅）。

（2）計算九宮飛星盤。

（3）解釋。

（4）評析。

4. 八卦城：南宋嘉定三年（公元 1220 年）道教長春眞人丘處機勘定 700 多年後又經伊犁屯墾使丘宗浚修建。

5. 中國十大風水城市：西安、洛陽、曲阜、成都、紹興、開封、北京、南陽、杭州、南京。

（二）文獻回顧

1. 城市卦象小考

據統計，北半球的各大中城市有七成左右位於河右地區。地球自西向東逆時針轉動時[26]（堪輿學認爲這是陰氣的根源），北半球內部因「慣性作用」，產生一股「右向」的偏移力，這股力量使北半球所有河流的右岸被水流擠壓得較嚴重，產生堆積，進而集結了大量對生物有益的微量元素和礦物質，使得右岸地區「生氣」聚集，草木茂繁，形成適宜人類生存繁衍的宜居環境。

2. 城市發展的五行結構

根據卦象六爻結構：內卦三爻表示事物的內在特性；外卦三爻表示事物的外在特性。卦爻從下面的初爻開始，一直到上面的上爻，表示事物的層次和發展過程。其中初爻是基礎，初始狀態；二爻是宅，穩定狀態；三爻、四爻是進出的門戶，變易狀態；五爻是人，也表示道路；六爻是整個系統的實現。

在此六爻框架中，我們把五行分列其中，於是產生新的六爻結構：初爻是基礎，配土（土是五行的基礎和本源）；二爻是宅屋（支撐和庇護），配金（金是古代與武器、工具關聯，有保護、自立的意象）；三爻是內卦的門戶，處於臨界點，有變化、變異的特性，配水

[26] 地球自轉（earth rotation）從天球的北極點鳥瞰。

（水性易變）；四爻是外卦或上卦的進口，也是臨界點，屬於事物發生的起點，即幾微的生髮，配木（木，母也，生育生命）；五爻是全卦的核心和目的，具有統攝性，與二爻的宅相對應，其道路之謂，表示發展和進步，配火（火，活也，生命的展開）；上爻是卦的頂端，表示歸宿，配土，與初爻之土呼應，即出於土，歸於土。

二、玄空風水基本素材

（一）先天河圖與五行生剋圖

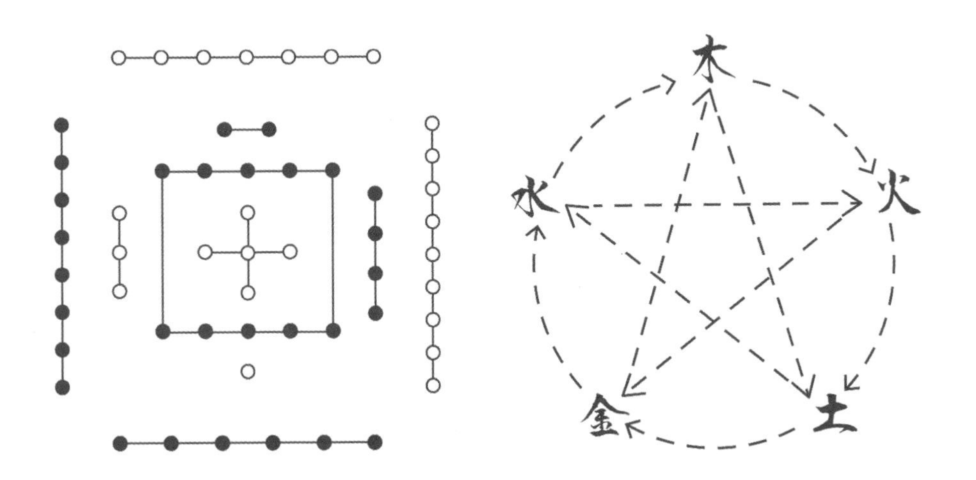

圖 1：先天河圖與五行生剋圖

資料來源：陽宅風水圖解：第二章空風水運用

（二）後天洛書與九宮

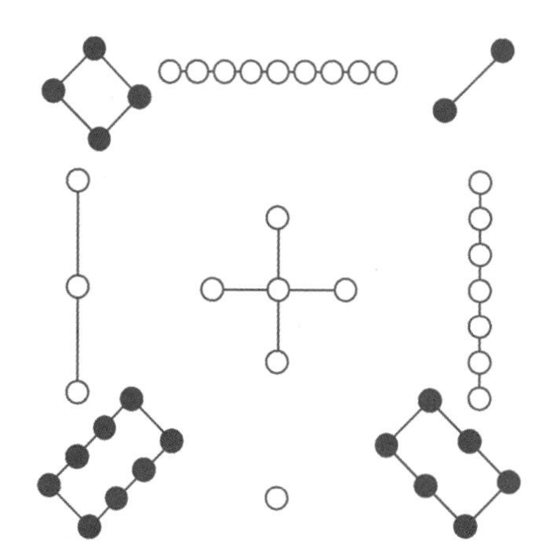

4	9	2
3	5	7
8	1	6

圖 2：後天洛書與九宮

資料來源：先天八卦來自河圖，後天八卦來自洛書

（三）先、後天八卦

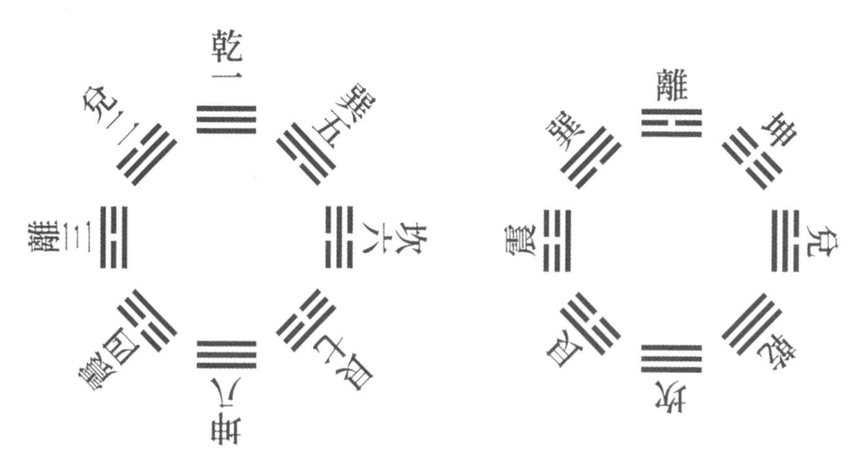

圖 3：八卦圖

資料來源：先天八卦來自河圖，後天八卦來自洛書

表 1：八卦表

八卦名及方位、五行屬性、六親

卦名	☰ 乾 三連	☱ 兌 上缺	☲ 離 中虛	☳ 震 仰盂	☴ 巽 下斷	☵ 坎 中滿	☶ 艮 覆碗	☷ 坤 六斷
五行	金	金	火	木	木	水	土	土
象	天	澤	火	雷	風	水	山	地
數	1	2	3	4	5	6	7	8
六親	老爸	少女	中女	長男	長女	中男	少男	老母
方位	西北	西方	南方	東方	東南	北方	東北	西南
	東　四　卦				西　四　卦			

資料來源：八卦–卦名及方位、五行屬性、六親

（四）二十四山分陰陽

天元龍：寅申巳亥爲陽，癸丁辛乙爲陽
人元龍：乾坤巽艮爲陽，子午卯酉爲陽
地元龍：甲庚丙壬爲陽，辰戌丑未爲陽

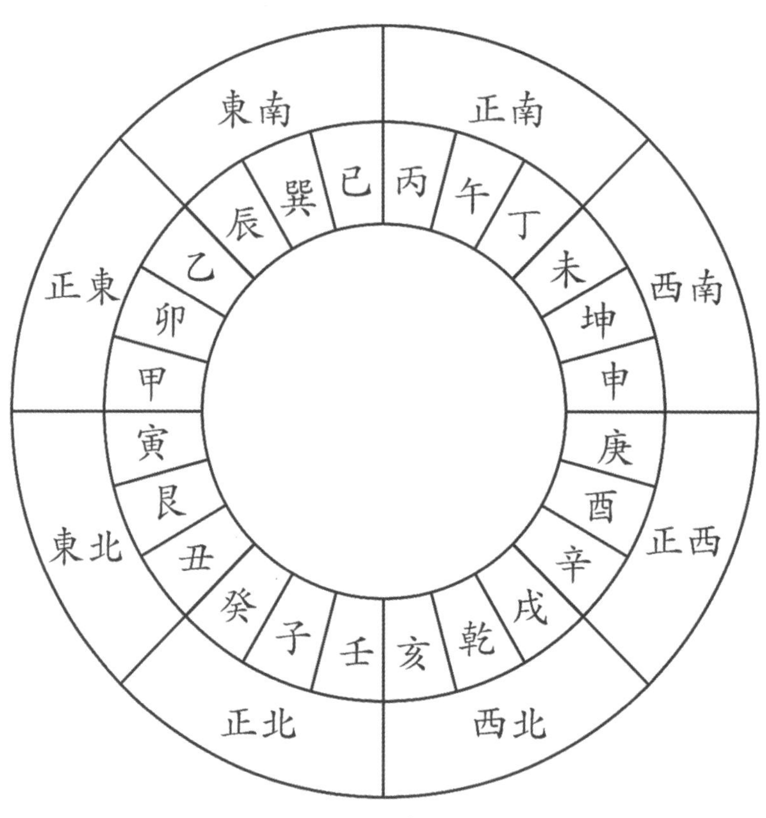

圖 4：二十四山

資料來源：風水中二十四山的陰陽屬性

（五）玄空學以五入中宮「元旦盤」

表 2：元旦盤

辰　巽　巳 四　東　巽 　　南	丙　午　丁 九　南　離	未　坤　申 二　西　坤 　　南
甲　卯　乙 三　東　震	戊　己　♓ 五　中　皇 　　央　極	庚　酉　辛 七　西　兌
丑　艮　寅 八　東　艮 　　北	壬　子　癸 一　北　坎	戌　乾　亥 六　西　乾 　　北

資料來源：風水-元旦盤

（六）河洛生剋吉凶斷

表 3：河洛表

洛數	九星	六親	吉象	凶象	九星當令	12經絡
一白水	貪狼	中男	少年科甲、名播四海、生聰明智慧男子。(遇3/4/9/科名)	刑妻、瞎眼、夭亡飄蕩	1 白到坎雙 1 同宮旺丁財.14/16/17/18/19 財祿. 1 白剋 9 紫 1 運主富 9 運主禍. 17 受剋.	
二黑	巨門	老母	發田財旺人丁、武貴、陰謀鄙	出寡、產難、刑耗、惡疾、腹病	發武貴旺丁財.二黑到坤艮.雙黑同	大腸

土			吝、婦女掌權。（遇 6/7/9 發財）		宮.12/32/62/82/92（商不宜）26/86 主財利.2 黑受 9 紫剋生主財.失出尼.25 主疾/27 剋金	/胃
三碧木	祿存	長男	財祿豐盈、興家創業、貢監成名、長房大旺。（遇 1/6/7 發財）遇 9 主科名	瘋魔哮喘、殘疾、刑妻、官訟是非	富貴.雙宮富.37/73/83 .3 碧剋 2 黑主官非. 3 碧受 7 赤剋主退財.39 主生聰 37 刻薄兒主盜	膽
四綠木	文曲	長女	文章名世、科甲聯芳、女美而貴。（遇 1/6/7/發財）遇 9 主科名	瘋哮、自縊、淫蕩、破家、漂流絕滅	雙四入同宮 14/34/41/64/84/94 4 綠受 7 赤剋出聰明女子	小腸/肝
五黃土	廉貞		驟發、旺丁、極富、極貴。（遇 6/7 發財）	災病、仲孟官訟、淫亂、季子昏迷痴獃	宜靜不宜動	
六白金	武曲	老父	威權震世、武職勳貴、巨富多丁。（遇 8.5 發財）	刑妻孤獨、寡母守家	豪富.雙 6 入宮.46/56/64/65/67/68/ 6 白 9 紫主功名	膀胱/三焦
七赤金	破軍	少女	發財旺丁、武途仕宦、小房發福。（遇 8.5 發財）	盜賊離鄉、投軍橫死、牢獄、口舌、火災、損丁	發利刑名.7 入兌/雙 7 同宮 72/73/75/57/78/87	肺
八白	左輔	少男	孝義忠良、富貴綿遠、小房發	小口損傷、瘟黃、膨脹	田宅興旺.到艮.雙白同宮	脾/

土			福。（遇 6.7 發財）		82/83/86/89/98	腎
九紫火	右弼	中女	文章科第、驟至榮顯、中房受蔭。（遇 5/8 發財）	吐血、瘋癲、目疾、產死、回祿、官災	丁財.9 到離.雙 9 同宮.93/94 發財.9 紫剋 7 赤主火災.9 紫爲 2 黑所洩丁旺但愚.9 紫剋 6 白.見 8 白有聲名	心/心包

資料來源：易經風水-玄空地理基礎篇

說明：

1．五行：木火/水木主科名.金木/火土/土金發富生財。

2． 1/3/6/8 陽性 2/4/7/9 陰性 3.生旺衰死；本運爲旺次 2 運爲生.再次四運爲死.再次 2 運爲衰。

三、台北市與北京市為例

（一）台北市

1. 台北市政府於 1994 年興建完成，按照玄空三元九運列爲下元七運（1984-2003）。七運卯山酉向（坐東向西），七入中宮，向星 5 入右上，向星卯，陰，逆飛；坐星酉，陰，逆飛。上震下兌歸妹卦，動而相悅，比喻少女出嫁，愼之於始。

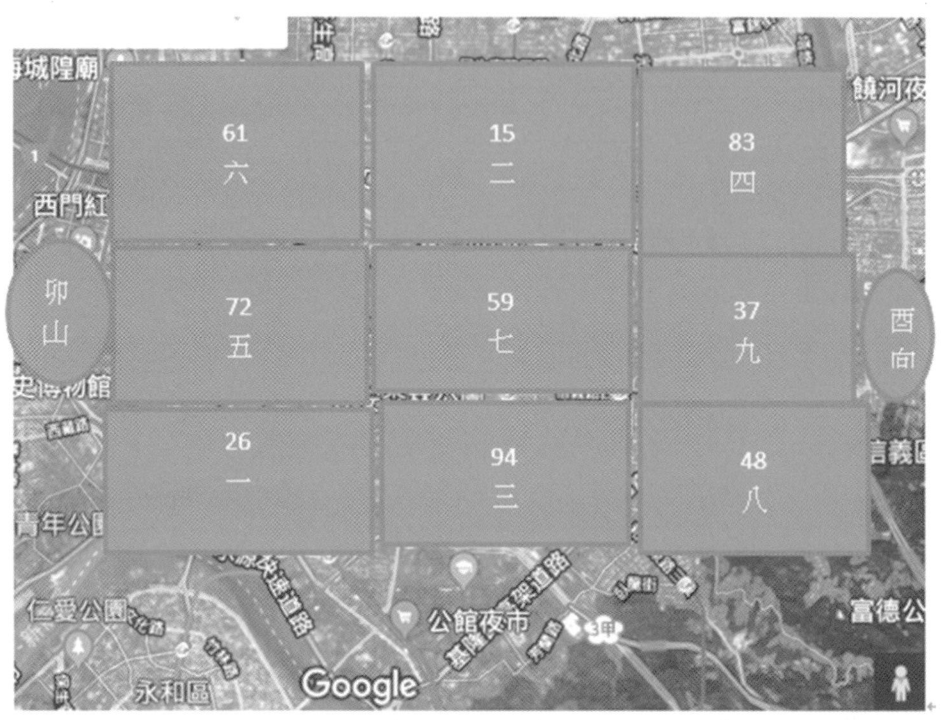

圖 5：台北市玄空飛星九宮圖/資料來源：本研究參考 google

2. 台北市玄空飛星九宮解釋

表 4：台北市九宮飛星表（卯山酉向）（坐東向西）

東南：晨巽巳（巽） 1 水：圓亮之玄出貴 6 山：進官來龍出貴宜文筆山	南：丙午丁（離） 5 水：山高逼壓穴損壯丁明見水光不孕水腫怪胎 1 催丁：宜金形之山	西南：未坤申（坤） 3 水：未水來遭雷殛 8 山：右秀山出賢明之人
東：乙卯申（震） 2 水：疾病癌症出婦脾胃病 7 山：旺丁出醫卜武職		西：辛酉庚（兌） 7 水：當元進財武市大利 3 山：肝病足病刑殺
東北：寅庚丑（艮） 6 水：長房退財迷信有功名 2 山：白虎砂忌高逼壓主出寡婦	北：癸子壬（坎） 4 水：貪圖往返少成多敗 9 山：九運科甲連芳兄弟齊發	西北：亥乾戌（乾） 8 水：直出不值入主三房發財 4 山：小口損傷多女

資料來源：本研究

3. 依玄空風水解釋

（1）下元七運卯山酉向山盤之七赤令星到震，向盤之七赤令星到兌，東方有高樓，西方有來路者，當運旺財丁（到山到向）。

（2）山盤之八白生氣到坤，西南有高樓者，八運旺人丁。向盤之八白到乾，西北有來路爲生氣，交八運旺財。山盤之九紫到坎，北方有高地，入九運，主發貴。

（3）西北、東北、西方、南方爲山盤之死氣方，不宜有高地、大樓。西南、東南、東方、北方爲向盤之死氣方，不宜有來路來水、池塘、游泳池等。

（4）此宅之門，宜開在西方，內門、房門、灶門開在乾巽兩宮者，旺丁發財，兌宮旺氣亦吉。坤、震、離三宮，本土死氣，避之爲吉。本宅不利艮命人。

（5）東方有山，當運旺丁。有水，主腹病、胃病、盲腸病。

東南方有山，肺病、刑殺、大腸病。有水，腎病、耳病、水厄、自縊。

南方有山，水厄、腎病、耳病。有水，服毒、煙毒、胃炎、藥池。

西南方有山，入八運旺人丁。有水，足病、肝病、剋八宮命。

西方有山，肝病、足病、刑殺。有水，當運旺財到。

西北方有山，股膽病、剋八宮命。有水，交八運，大旺財利。

北方有山，火災、目疾、心臟病。有水，股、膽病。

東北有山，腹病、胃病、盲腸病。有水，肺病、刑殺、大腸病。

（二）北京市

1. 以 1949 年爲設立年（元 1402 立），天安門坐北朝南（午山子向）。五運入中不變，19 入中逆飛，得 63 既濟卦：思患預防。厚下安宅。

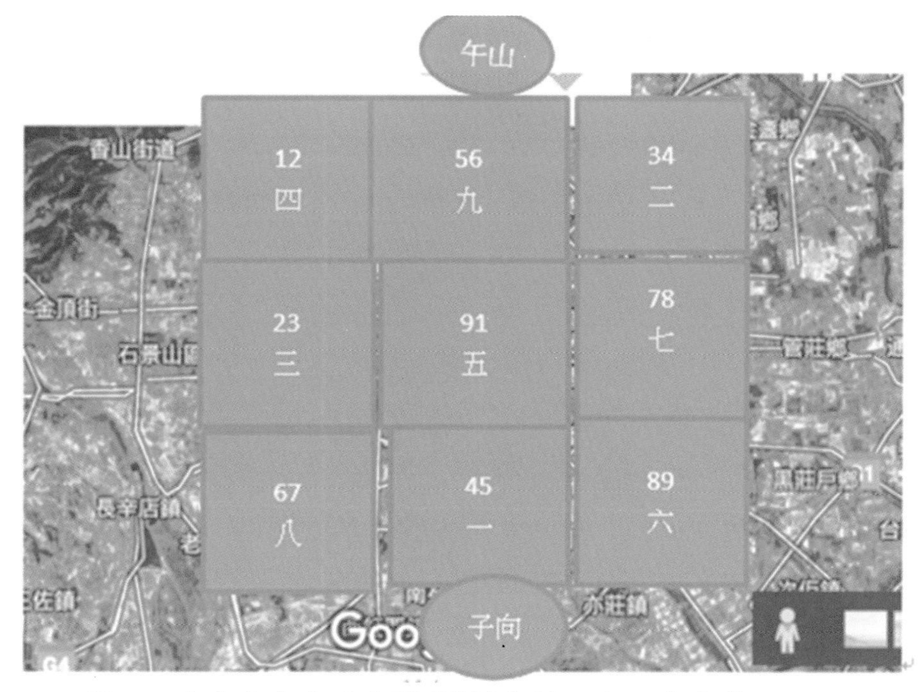

圖 6：北京市玄空風水圖/資料來源：本研究參考 google

2. 北京市玄空飛星九宮解釋

表 5：北京市九宮飛星表（午山子向）（坐北向南）

東南：晨巽巳（巽） 2 水：疾病黃腫流產不孕 1 山：不孕水腫疾病宜遠秀	南：丙午丁（離） 6 水：五運損丁六運發財 5 山：旺丁出貴六運損丁敗財	西南：未坤申（坤） 4 水：投機經商虧損償付破家 3 山：探頭山見出賊射興訟
東：乙卯申（震） 3 水：肝病腳病犯法刑殺 2 山：脾胃病車禍重物壓傷		西：辛酉庚（兌） 8 水：男女非禮成婚出啞巴宜遠水 7 山：少女不貞刀傷足傷眇宜遠水

東北：寅庚丑（艮） 6水：長房退財迷信有功名 2山：白虎砂忌高逼壓主出寡婦	北：癸子壬（坎） 5水：旺財驟財宜小水靜水 4山：出文人秀士婦女膽結石乳癌	西北：亥乾戌（乾） 9水：火災血光飛機失事中風 8山：狗咬傷受傷手臂受傷

資料來源：本研究

3. 依玄空風水解釋

（1）中元五運午山子向山盤之令星五黃到坐山離方，向盤之令星五黃到向首坎方，此局令星到山到向，南方有山，北方有水，則運旺丁發財。此宅之門宜開在北方。又此不利九宮離卦人。

（2）內門、房門、灶門宜開坎宮。離宮最吉。巽乾艮三宮最凶，其餘尚可在乾主目疾，在艮主肺病、在巽主脾胃疾。

（3）山盤之生六白到艮，向盤之生氣六白到離，東北有山，南方有水，交運旺財丁。山盤之七赤到兌，向盤之七赤到艮，西方有山東，東北有水，交七運旺財丁。

（4）艮方水塘，主韻事、口舌、刑獄。乾水乾路爲向之九死氣，乾爲宅長，八爲頭，九爲血，故主宅長，頭部血死病，東方有高樓，西方有來路爲二八，主精神病。震爲長男，兌爲少女，故長男易得精神病。

（5）南方有山，當運旺丁。有水，六運旺財、出武貴。

西南有山，肝病、腳病、筋骨酸痛。有水，股病、膽病、筋病。

西方有山，肺病、刑殺、口喉症、女淫。有水，精神病、手指手臂疾、損男童。

西北有山，手指手臂疾、精神病、損男童。有水，火災、凶死、眼疾、心臟病。

北方有山，股病、膽病、刑殺。有水，當運發財、失令服毒。

東北有山，六運旺丁、出武貴。有水，肺病、刑殺、口舌、邢獄、女淫。

東方有山，精神病、胃病、腹病、盲腸。有水，肝病、腳傷殘、筋骨病。

東南有水，耳病、腎病、膀胱病。有水，脾胃病、盲腸炎、腹部、多病。

（三）台北市與北京市分析

1. 比較二個元旦盤

表 6：比較二個元旦盤

七運 O	O	O	X	X	X
五運 X	X	X	O	X	X
O	X			X	O
X	X			X	X
X	O	O	X	X	O
X	O	O	X	X	X

資料來源：本研究

說明：七運吉凶各 8/16；五運吉 3/16 凶 13/16。

2. 台北市

（1）七運台北盤與元旦盤（洛書盤）字字相反故為反吟，但此盤到山到水，財丁皆旺，山星全盤犯反吟，失運不利人丁，七運仍吉，一過七運，旺氣既退，猝然發禍。現爲八運（2004-2023），2016年人口負成長（如表7）。

表7：台北市人口

年分	，	人口數
104.1	1037834	2704133
105.1	1043859	2704974
106.1	1047393	2695371
107.1	1051477	2682721
108.1	1056328	2666908
109.1	1060206	2642877
110.1	1060504	2597635
111.1	1050027	2514425
備註		-190549（自106年起每年平均減少31758人）

資料來源：台北市政府民政局

（2）依七運盤台北市發展：

表8：台北市七運盤

六運（1964-1983）西北萬華	二運（1884-1903）西。萬華	四運（1924-1943）中中正
五運（1944-1963）西大同（區	七運（當運）（1984-2003）台北東區	九運（2024-2043）東北。內湖區
一運（1864-1883）西。大同	三運（1904-1923）中。中山	八運（2004-2023）東南港區

資料來源：本研究

（3）與風水大師李咸陽所估台北市房地產言六運（1964-1983）市府（長安西路）西北方（萬華）；七運（1984-2003）爲市府（搬至現址）西方：大同區、萬華區；八運（2004-2023爲市府東北方：內湖、南港及三運中永和；九運（2024-2043爲南方：木柵、新店連帶一運士林、北投、淡水。(圖 7 不謀而合)。

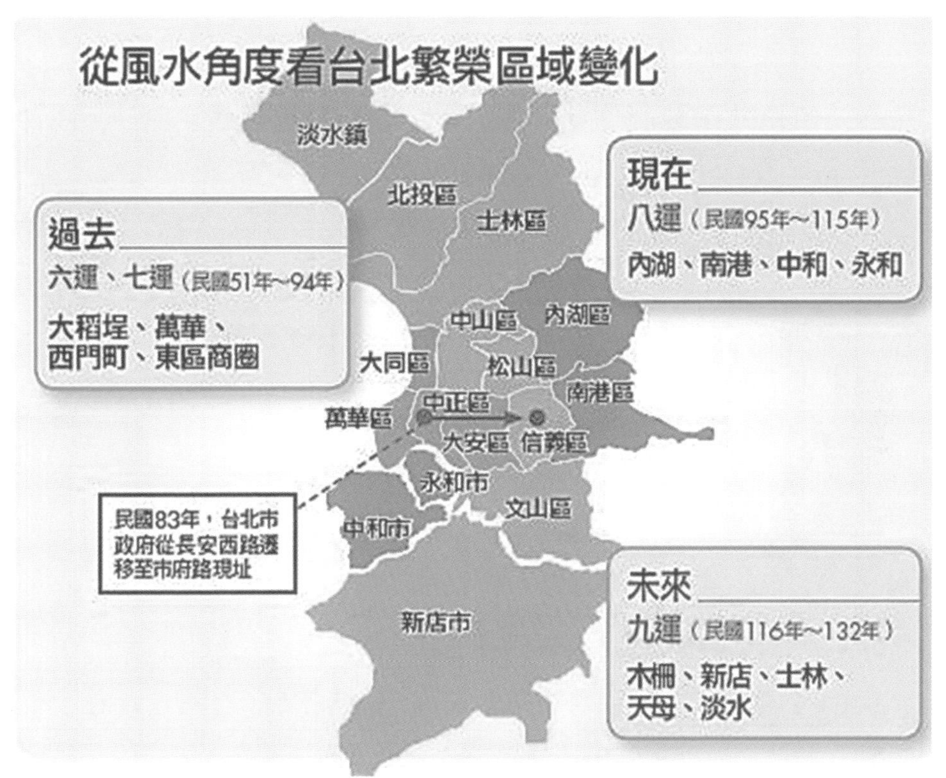

圖 7:從風水角度看台北區域變化

資料來源:《Smart 智富》月刊 140 期:預見台北下一個風水興旺地,李咸陽

https://smart.businessweekly.com.tw/Magazine/detail.aspx?p=2&id=39701

（4）台北市府之財政仍有未償還之債務（圖 8）108 年 137100/109 年 166354/110 年 898 億元。

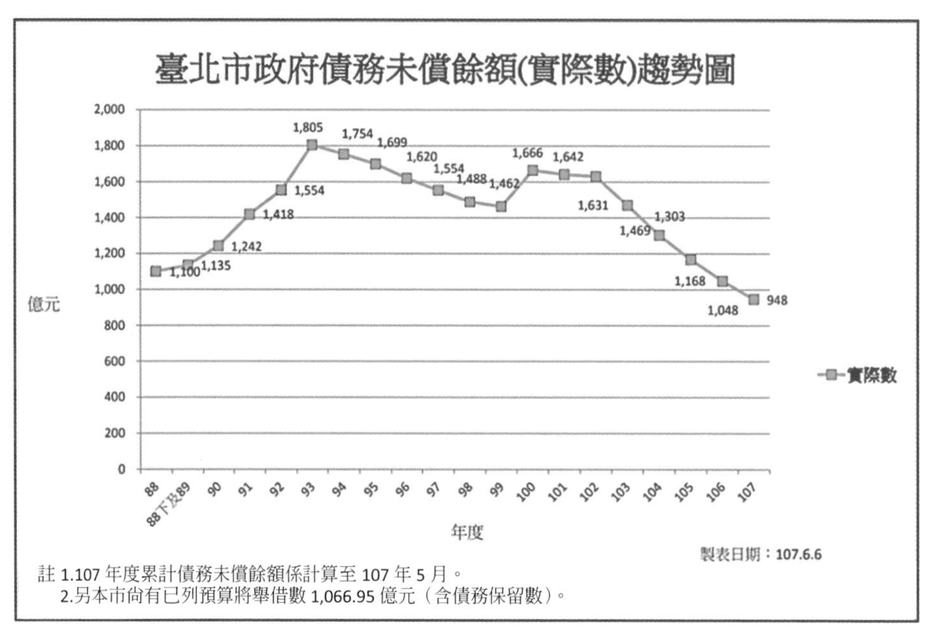

圖 8：台北市政府債務未償餘額圖/資料來源：台北市政府

3. 北京市

（1）人口：根據 2021.12.11 日發布的《北京人口藍皮書・北京人口發展研究報告（2021）》（《藍皮書》），北京人口素質持續提升，居全大陸前列；居民受教育水準全大陸領先；2020 年京籍人口居民平均預期壽命達 82.43 歲。《藍皮書》由中共北京市委黨校北京人口與社會發展研究中心和社會科學文獻出版社共同發布，對北京人口發展現狀進行分析。《藍皮書》指出，北京常住人口自 2017 年以來連續出現小幅下降，2020 年全市常住人口 2,189 萬人；家庭小型化持續加劇，從 1982 年的 3.7 人/戶降至 2020 年的 2.31 人/戶，低於 2.62

人/戶的全大陸平均水準。同時，老年人口比重不斷升高。2020年，60 歲以上常住老年人口規模已達到 429.9 萬人，占常住人口的 19.6%，其中，65歲以上常住老年人口占常住人口13.3%。

《藍皮書》還指出，北京人口素質、預期壽命持續提升，2020年北京戶籍人口居民平均預期壽命達 82.43 歲，較上一年增加 0.12 歲。居民受教育水準全大陸領先。

2020年北京市15歲以上常住人口的平均受教育年限爲12.64年，位居全大陸第一；每 10 萬人中有 4 萬 1,980 人擁有大專以上文化程度，位居全大陸首位，遠高於15,467人的全大陸平均水準。

（2）萬億 GDP 城市財政支出[27]：

A. 排名第二的北京 2021 年一般公共預算支出爲 6,863 億元，對比上海少了 1,500 餘億元。

B. 人均一般公共預算支出爲 31,346（上海 33,899）占人均 GDP 的比重達到 17.04%（上海 19.51%）排名第二。

C. 以一般公共預算收入/一般公共預算支出計算得出的財政自給率爲 86.64%（占第 8 名）。

展望 2022，各市對新一年的財政收支形勢擁有共同的判斷——2022 財政收支呈「緊平衡」特徵。

北京市財政局表示，在財政收入增長面臨挑戰的同時，各領域對財政資金的需求仍呈快速增長態勢，2022 年重點任務和剛性支出保障壓力加大。

[27] https://news.sina.com.tw/article/20220215/41213610.html。

（3）依五運盤北京市發展：

表 9：北京市發展

四運（1924-1943） 東南。通州	九運（2024-2043） 南。大興	二運（1884-1903） 西南。房山
三運（1904-1923） 東。通州	五運（海定、豐台、朝陽）（1944-1964）	七運（1984-2003） 西。門頭溝
八運（2004-2023） 東北。順義	一運（1864-1883） 北。昌平	六運（1964-1983） 西北。門頭溝

資料來源：本研究

2008 年，北京南部五區（崇文、宣武、豐台、房山和大興）與北部五區（東城、西城、海淀、朝陽、石景山）的統計數據對比：GDP 總量南部五區爲北部五區的 1/5；人均 GDP、全社會固定資產投資額、社會消費品零售額，南部五區爲北部五區的 1/3；財政收入，南部五區爲北部五區的 1/4；國務院國資委直接監管的大型央企、在京投資的近 200 家世界 500 強企業，近 9 成分佈在城市北部地區；常住人口中每萬人本科學歷以上人數，南部五區僅相當於北部地區的 46%；享受低保的人口比重，南部地區比北部地區高 2。5%；醫療衛生機構數量不到北部地區的 1/3，50 家三甲醫院，南部僅有 11 家；南部五區綠化率低於全市平均水平 2.3%。

4. 城市平洋龍

任何大城市，馬路網即是縱橫交錯的水汊，循此脈絡去認平洋龍，繁榮而兼安定，未必無望。

（1）台北市有七條縱橫道路，有三縱二橫之捷運。形成棋盤式的交通網。

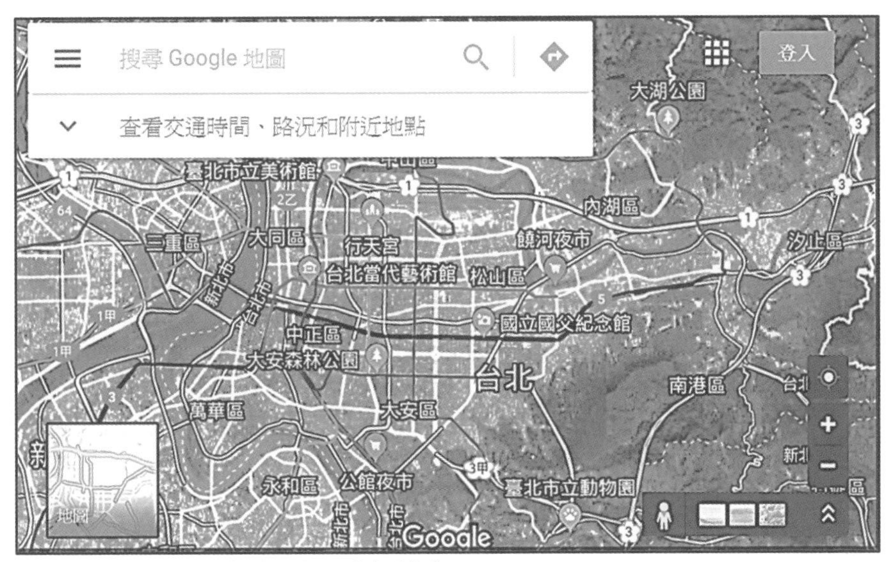

圖 9：台北市交通網/資料來源：its。taipei。gov。tw

（2）北京市有五圈道路網，有二圈及二橫二縱的捷運網，形成以紫禁城爲中心的包絡網（圖 10）。

圖 10：北京市交通網/資料來源：google 地圖

表 10：比較二個城市平洋龍

項目	台北市	北京市
1. 來去	有	無
2. 行止	無	有
3. 背面	背	面
4. 眞假情	假	眞
5. 過峽	少	多
6. 結穴	不結	結
7. 小結	成長變化中	繁榮安定

資料來源：本研究

四、結論

（一）風水術的規則，表現在都市發展上的價值，其實也具體出現在過去風水師的工作範疇內，並非只限於居家民宅，而是在整個城鄉規畫時，也扮演重要的角色。當然時至今日，風水師並沒有機會參與都市計畫，但與城鄉發展相關的產官學界，或許也能嘗試深入了解風水這門學問的本質，發掘其中的價值。在規劃學術界，應把這門學問教導學生，加強對環境學概念達到良好環境規劃，趨吉避凶爲目標。

（二）台北市 2016 年底人口爲 277.4 萬，2017 年已開始呈現負成長；北京市 1995 年以來一直是全國總和生育率最低的一級行政區。2000 年以來，北京市總和生育率處於 0.66 和 0.71 之間，不到世代更替水平的三分之一，因此鼓勵生育是不二法門。

（三）在公共衛生方面，二個都市仍有待加強，使成爲健康的城市。

（四）城市規模：北京市正面臨著非常嚴重的人口問題。官方的調查報告指出，北京目前的人口規模已經超過了北京地區環境資源的承載極限，水、電、氣、熱、煤的供應常年緊張，特別是水資源短缺已經到了十分嚴重的程度，甚至以至於需要調用應急戰略儲備水源才能滿足城市供水需要。糧油醬醋等生活必需品絕大部分亦需從外省調入，穩定保障供給的難度很大。且按照目前北京市的垃圾產量，全市之垃圾場將會在 4-5 年內全部被填滿。同時引發的交通、住房、醫療、教育等問題也使整個城市不堪重負。因此，要把多餘人口遷移至北京市之外，建立新市鎮。台北市雖未如此，但疏導人口仍是必要。

（五）北京的天空常有煙靄及浮塵問題，解決之道建議紫禁城（72 公頃）多種居家植物：如黃椰子、虎尾蘭、黃金葛等，以減少汙染之空氣。

五、參考文獻

1. 王亭之：風水平談。香港圓方出版社 2013.7。
2. 王亭之編著：中洲派玄空學。(上中下)。
3. 陳怡誠：玄空九星地理學，大元書局，2011.7。
4. 陳灃謀：玄空風水導論，武陵出版 2012。
5. 楊力：中醫運氣學北京科學技術出版社 2018。

第五章　城市水患之治理：傷寒論六經辨證之運用

Governance of Urban Floods: The Application of Syndrome Differentiation

（本文曾發表於 2018.12.15 都計學會年會）

摘要

城市為一有機體如同人體一樣，遇有疾病，可運用中醫理論加以診治。水災如感冒，本文運用張仲景傷寒論六經辨證，闡述治療水災之方法。本文功能一則讓災民安心，另一則讓主政者有信心。全文共節章，第一節前言，第二節傷寒論六經辨證，第三節治水之方，第四節病理與暴雨，第五節結論。

關鍵詞：治水、治水工程、水土保持

Abstract

The urban as an organism is like a man.If he or she get a disease, may using chinese medicine treatment.The flood is as a disaster and like a cold.This paper use Zhang Zhongjing's theory of treating febrile disease Six syndromes explaining the treatment of Urban Floods.The paper fuction on the one side is the pease of mind for the victims,on the other side is the confidance of the ruling. This paper cotain 5 charpters: Firstly, Introduction .Secondly, theory of treating febrile disease Six syndromes.Thirdly, Water management. Forthly, Pathology and heavy rain.Finaly.Conclution.

Key words: flood control, (riparian work,water and soil conservation.)

一、前言

2018.8.23 台灣南部豪雨（圖 1 ）大水淹及雲林、嘉義、台南、高雄、屏東等地。至 8.28 大水仍未退，8.31 嘉義東石才退至地面。惟 8.26 內政部長徐國勇於基隆慰問基層員警時，比喻：「治水像治感冒一樣，沒有藥可以吃了後，就永遠不感冒的！」，本文試圖以傷寒論六經辨證，作爲治水之方論。其功能一則讓災民安心，另一則讓主政者有信心。研究方法則以傷寒淪爲基礎比較法說明治水之方。

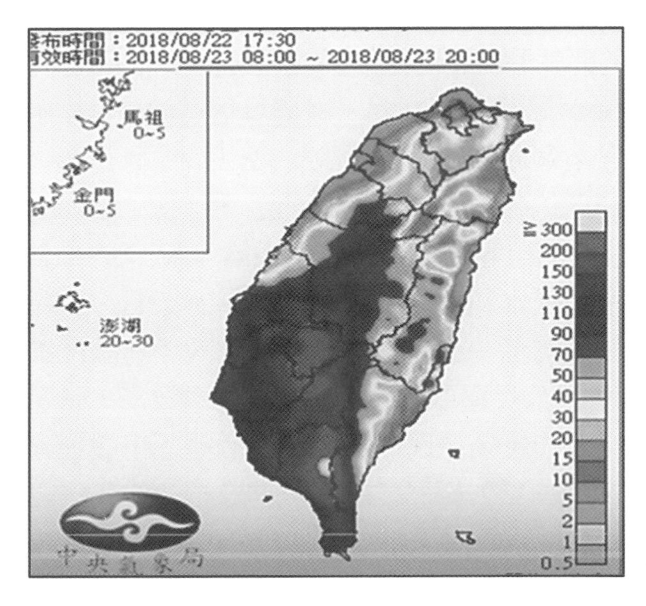

圖 1：2018.8.22 氣象預報（12 小時）/資料來源：中央氣象局 2018.8.22

臺灣平均年降雨量爲 2515 毫米，據氣象局觀測資料，大社區、前鎮區、苓雅區從 2018.8.27 晚間 11 點起至 28 日凌晨 1 點，2 小時內累積雨量突破 100 毫米，相當驚人，高雄市共 50 條土石流潛勢溪流達到「黃色警戒」，其中以六龜區 31 條最多。8.23-24 台南二天降 831 毫米將近 102 年全年雨量 1688 之二分之一（表 1）。停班停課的雨量基準，是以中央氣象局發布的 24 小時雨量預測值做標準。各縣市的放假標準，依照地區分布位置而不同，多數縣市規定平地雨量預測達 350 毫米即可放假，但桃園、新竹、苗栗、南投、雲林、嘉義、高雄和台東，另加高山雨量 200 毫米之規定（表 2）。

民國 48 年 8 月 7 日，發生台灣史上最慘烈水患，稱爲「87 水災」，同樣因熱帶低壓帶來超大豪雨，一天內就在雲嘉地區降下 1100 毫米的驚人雨量，災民多達 30 萬人，當時總統甚至親自下達緊急命令，可見災情慘重。

8.23 嘉義淹水原因檢討：水利署指出，嘉義地區退水緩慢，首要原因是降雨量太大，當地（縣市管河川）排水系統保護標準以 10 年重期（保護標準）規劃設計，僅能承受一日 245mm 的雨量，但 23 日一天，就降 342.5mm，第二天仍然繼續降豪雨，東石、布袋 23 日至 24 日 2 天，合計累積降雨量高達 524mm，區排承受不住，也來不及消化，是退水緩慢的第 1 個原因。水利署說，第 2 個原因是適逢農曆大潮，依據氣象局的潮位觀測資料，八月分是一年當中平均潮位最高的時刻，大雨加上大潮，等於是雪上加霜；第 3 個原因，就是屬於嚴重地層下陷地區，依水利規劃試驗所的資料，東石、布袋地區地勢標高大多在 0.1 公尺至 0.5 公尺，且坡度平緩，比該地區 7~10 月大潮平均高潮位 1.55 公尺還要低，潮位比地勢還要高，是造成退水速度慢、水排不出去的主要原因（另一個原因是都市發展建地增加，逕流量[28]增加）。

---

[28] 地表逕流是指雨水或是冰雪融化後的水流經地表產生的水流。表面逕流可能是因為土壤已經吸飽水，無法再吸收水分，或者是一些不透水的表面（例如屋頂

表 1：台灣地區近十年降雨量

臺灣地區近10年(94-103)降雨量概況													
												單位：毫米	
年別／氣象測站別	94年	95年	96年	97年	98年	99年	100年	101年	102年	103年	103年與94年差異	103年與94年差異增減比率	103年降雨量於近十年排序
阿里山	5,800.5	5330.80	5,042.8	5886.70	5,222.0	3,654.6	3,655.6	5,166.3	4,966.1	3,172.4	-2,628.1	-45.3	10
鞍部	5,356.5	5367.70	5,889.1	5355.30	3,860.5	4,915.1	4,879.0	4,911.5	5,205.5	3,887.7	-1,468.8	-27.4	9
板橋	3,099.4	2285.30	3,018.7	2720.40	1,616.5	2,291.0	1,909.0	3,083.3	2,488.0	2,369.2	-730.2	-23.6	6
成功	1,877.9	1936.80	2,302.5	1718.30	1,814.1	2,042.4	2,720.6	2,473.3	1,972.0	1,653.6	-224.3	-11.9	10
嘉義	2,985.6	2317.80	2,063.9	2510.60	1,826.5	1,532.5	1,021.7	2,201.3	2,580.5	1,342.1	-1,643.5	-55.0	9
大武	3,530.5	2473.80	2,755.4	2081.50	2,684.8	2,529.9	2,687.2	3,031.1	2,563.3	1,263.8	-2,266.7	-64.2	10
東吉島	1,781.0	1,244.5	1,065.8	1096.90	1,197.3	770.2	933.0	895.0	970.8	658.0	-1,123.0	-63.1	10
恆春	2,339.1	1690.10	2,139.8	2004.50	1,854.3	2,421.2	2,597.0	2,938.4	2,098.1	1,489.0	-850.1	-36.3	10
新竹	2,384.2	2127.50	1,963.9	2166.60	1,119.5	1,605.1	1,222.6	2,741.2	2,043.5	1,150.3	-1,233.9	-51.8	9
花蓮	2,777.0	1,901.0	2,525.5	2312.00	2,535.6	1,769.3	2,199.5	2,303.0	1,970.9	1,226.6	-1,550.4	-55.8	10
高雄	2,821.4	2045.50	2,194.0	2591.30	1,756.3	2,160.7	1,796.7	2,196.7	1,688.2	1,942.0	-879.4	-31.2	7
基隆	4,240.9	3723.50	4,063.7	3673.60	3,654.6	3,303.6	3,727.0	3,908.8	3,768.2	2,574.0	-1,666.9	-39.3	10
金門	1,502.0	1544.50	994.1	1025.20	884.3	972.6	780.3	893.0	1,400.8	905.8	-596.2	-39.7	7
蘭嶼	2,655.5	2917.50	2,829.0	3017.60	2,320.0	2,950.4	3,605.7	3,254.0	3,318.3	2,960.3	304.8	11.5	5
馬祖	1,208.0	1468.50	1,088.7	1059.00	1,170.6	1,206.2	792.8	1,914.4	1,033.4	908.2	-299.8	-24.8	9
澎湖	1,589.5	1506.80	979.4	1512.60	969.8	688.2	609.4	921.9	947.0	819.5	-770.0	-48.4	8
彭佳嶼	2,655.8	2283.90	2,075.0	2153.20	1,426.8	2,093.9	1,553.5	1,960.3	2,020.4	1,266.0	-1,389.8	-52.3	10
蘇澳	4,075.8	4548.30	5,466.3	3990.90	4,682.3	4,738.2	4,443.8	4,732.9	4,265.1	2,723.4	-1,352.4	-33.2	10
日月潭	3,004.8	3228.80	2,822.4	3851.30	1,797.8	1,932.1	1,725.3	3,090.9	2,933.8	2,191.2	-813.6	-27.1	7
臺中	2,574.5	2171.90	2,432.9	2477.80	1,978.7	2,054.4	1,204.9	2,202.5	2,133.0	1,466.1	-1,108.4	-43.1	9
臺南	3,148.5	1867.20	2,207.3	1950.00	1,366.6	1,779.2	1,218.8	2,425.7	1,688.5	1,268.1	-1,880.4	-59.7	9
臺北	3,027.8	2288.40	3,015.9	2969.20	1,669.2	2,278.3	1,758.6	2,910.3	2,541.4	2,147.3	-880.5	-29.1	8
臺東	1,577.1	1772.30	1,732.3	1642.40	1,380.9	1,973.8	2,510.6	2,118.2	1,867.8	1,194.2	-382.9	-24.3	10
淡水	2,777.5	2590.50	2,672.6	2575.50	1,321.6	2,070.3	1,713.8	2,993.5	2,343.5	1,893.3	-884.2	-31.8	8
梧棲	1,784.4	1372.60	2,203.7	1613.50	997.3	1,182.4	605.0	1,660.8	1,921.4	1,154.2	-630.2	-35.3	8
宜蘭	3,329.8	2730.40	3,115.1	2846.00	2,930.2	2,542.4	2,781.9	2,916.1	2,552.8	2,095.0	-1,234.8	-37.1	10
玉山	4,696.7	4519.20	3,847.0	4063.80	3,588.9	2,423.8	2,548.3	3,583.8	3,535.1	2,149.4	-2,547.3	-54.2	10
竹子湖	4,961.9	4439.20	5,287.7	4814.00	3,403.2	4,070.5	4,111.2	3,904.6	4,078.0	3,206.7	-1,755.2	-35.4	10
資料來源：中央氣象局。									編製單位：經濟部水利署主計室				
附　註：分區參照中央氣象局氣象預報分區方式。													

或是路面（英語：Road surface）使水流到周圍的土壤。一般而言，降水量與蒸發量的差額即為逕流量。

表 2：各通報權責機關停止上班上課雨量參考基準一覽表

單位：毫米

通報權責機關	各地區雨量警戒值		
	不分山區或平地	地區	
		山區	平地
基隆市政府	350		
臺北市政府	350		
新北市政府	350		
桃園縣政府		200	350
新竹市政府	350		
新竹縣政府		200	350
苗栗縣政府		200	350
臺中市政府		200	350
彰化縣政府	350		
南投縣政府		200	350
雲林縣政府		200	350
嘉義市政府	350		
嘉義縣政府		200	350
臺南市政府	350		
高雄市政府		200	350
屏東縣政府	350		
宜蘭縣政府	350（實際觀測 250）		
花蓮縣政府	350		

臺東縣政府		200	350
澎湖縣政府	350		
金門縣政府	350		
連江縣政府	130		

備註：1. 表列停止上班上課雨量基準，係以交通部中央氣象局發布之各該地區 24 小時雨量預測值，作爲決定及通報依據。2.「實際觀測」雨量值係以交通部中央氣象局於各縣市行政區所設雨量站實際測得 24 小時累積雨量值，作爲決定及通報依據。

二、傷寒論六經辨證

六經辨證，是中醫辨證方法的一種，首創自張仲景（150-219AD）《傷寒論》[29]。此書總結《湯液經法》、《黃帝內經》、《難經》之思維體系，實踐於內科辨證論治上，於外感傷寒創設「六經辨證」——太陽病、陽明病、少陽病、太陰病、少陰病、厥陰病，並列方治。六經病會隨著時間與體質而相互變化，辨證須依《傷寒論》。如果病情惡化，會由太陽進入陽明或少陽，若再惡化則進入太陰、少陰、厥陰。反之，病情好轉，則由厥陰往少陰、太陰直至太陽。

六經之重點是以三陽經統攝六腑，以三陰經統攝五臟；經脈病反映的症侯，多與經脈循行有關，如足太陽經脈起於目內眦，上

[29] 《傷寒雜病論》，又作《傷寒卒病論》，為東漢張仲景所著，是中國第一部理法方藥皆備、理論聯繫實際的中醫臨床著作。此書被認為是漢醫學之內科學經典，奠定了中醫學的基礎。在四庫全書中為子部醫家類。
因為歷史因素，本書原貌不復可見，後世分成《傷寒論》與《金匱要略》兩書分別流通。

額，交巔，還出別下項，……夾脊抵腰中，所以太陽經受邪，會出現頭項強、腰脊痛等證，腑病所反映的證侯，則與經絡相連的臟腑有關：太陽病反映的是膀胱蓄水、畜血的病變，仲景在闡述太陽蓄血證的機理時也說：「所以然者，以太陽隨隨經瘀熱在裡故也。」其他如陽明病反映的是「胃家實」的病變，少陽病所反映的是樞機不利、膽火上炎的病變，大陰病所反映的是脾陽虛寒的病變，少陰病所反映的是心腎虛衰的病變，厥陰病所反映的是肝氣上沖寒熱錯雜的病變。若無六經作基礎，則經絡臟腑之病變，也就不知如何解釋了。[30]

城市是一個有機體。吾人體會，颱風暴雨就像外感傷寒侵襲人體，其理如下：

1. 氣候變遷：爲考量經濟，傳統規劃暴雨量爲 25-50-100 年，然而，現今之暴雨量已超出所規畫之容量，致短期內水無法疏導。

2. 防洪設施不足：例如洩洪池往往不足，或溝渠堵塞，影響宣洩。但如投入巨大設施不符經濟原則。

3. 縱使，上述齊發，颱風暴雨仍自然現象，只要與其共生，減少災害，讓損失最小，迅速恢復正常生活，即爲上策。

首先檢視 823 受災各地區雨量（表 3、圖 2）：

[30] 楊維傑：談傷寒論之六經與經絡 http://www.drweichiehyoung.com/ch-clinical-discussions/sh1。

表 3：823 南部暴雨量

單位：毫米

	屏東	高雄	台南	嘉義	雲林
8 月 22 日	13.5	31	21.5	8.5	44
8 月 23 日	243.5	276.5	373	194.5	79
8 月 24 日	203	150.5	269	417	172.5
8 月 25 日	41	55	37	0.5	15.5
8 月 26 日	21	25.5	11	0　0.1	3
8 月 27 日	185	174	100	18	1
8 月 28 日	356.5	314.5	121.5	54.5	13.5
8 月 29 日	109.5	212	81.5	11	3.5
8 月 30 日	20.5	15	7.5	1.0	0.

資料來源：中央氣象局

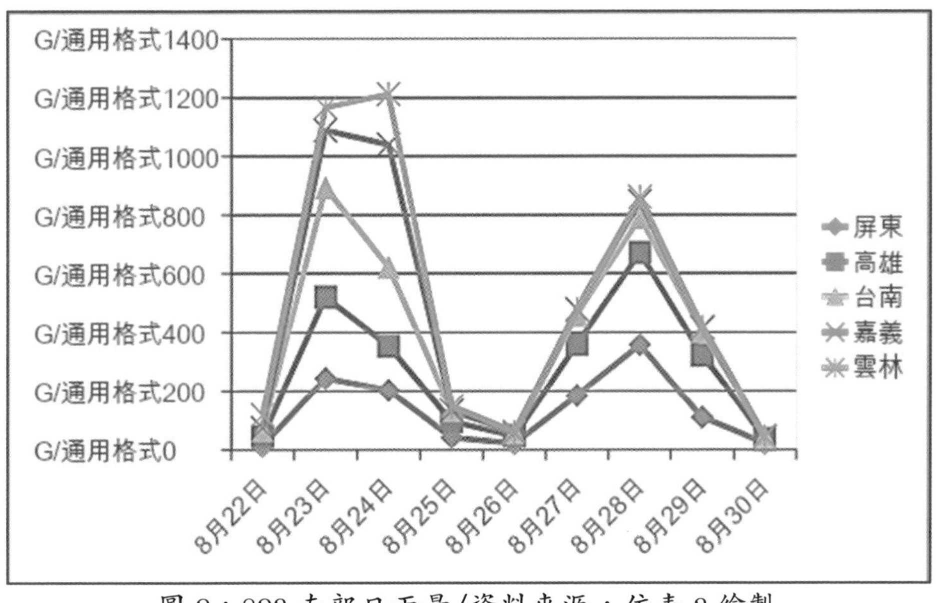

圖 2：823 南部日雨量/資料來源：依表 3 繪製

1. 颱風暴雨城市與人體風寒對照如下（表 4）：

首日 8 月 23 日爲太陽病，風雨交加。8 月 24 日進入陽明病暴雨最強。8 月 25 日進入少陽病，外水新進，內水未消，但雨勢漸緩。8 月 26 日進入太陰病，雨勢已緩，然積水未退。8 月 27 日進入少陰病，第二波雨勢又起，雖未如第一波洶湧，然累積雨量不少，低窪地區水仍未退去。8 月 28 日進入厥陰病，雨勢又起高峰，但爲短暫。8 月 29 日（第七日）以後雨勢已去，漸漸恢復正常（行其經盡故也）。

表 4：六經辨證與颱風暴雨對照表

根據六經辨證，三陽經病及三陰經病的表現			**颱風暴雨**
病證	**基本病變**	**主要症狀**	**主要現象**
太陽（第一天 8/23）	**外風**	頭痛、發熱、出汗、惡風，脈浮緩	1. 風大：暴風半徑於四小時內可能經過的地區，其平均風力達到七級風或陣風達到十級風 2. 雨大：按：天然災害停止上班及上課作業辦法：24 小時累積雨量 350 毫米 3. 台南發布停班停課
	表寒	惡寒、發熱、無汗、氣喘、頭頸痛、全身痛、骨節疼痛。苔薄白，脈浮緊	1. 交通、水電供應中斷或供應困難，影響通行、上班上課安全或有致災之虞

陽明（第二天 8/24）	裡熱兼燥	高熱、出汗多、非常口渴、面紅、心煩。脈洪大，舌苔黃燥	1. 洪水漸漲、朔風野大 2. 缺水缺電、食物中斷 3. 屏東停班停課
	胃腸實熱	身熱、下午潮熱、便秘、腹滿痛拒按、煩躁、嚴重者**譫語**、神志不清。脈沉實有力，舌苔黃燥或焦黑起刺	1. 災民住宿不安 2. 緊急求援：借調抽水機
少陽（第三天 8/25）	**半表半裡**	口苦咽乾、視力模糊、寒熱往來、胸脅苦滿、厭食、**心煩**、噁心。舌苔白，脈弦	1. 風雨漸停 2. 臨時安頓高處 3. 接受緊急醫療：調派醫療小組
太陰（第四天 8/26）	**脾胃虛寒**	腹滿脹、時痛時止、喜溫喜按，腹瀉、嘔吐、食慾不振。舌淡苔白，脈遲或緩弱	1. 水電未復、環境惡劣 2. 仍在等待 3. 雨勢已緩.積水未退
少陰（第五天 8/27）	**陽虛內寒**	畏寒、精神萎靡、手足冰冷、腹瀉、洩瀉未消化食物、噁心、渴喜熱飲、小便清長。舌淡苔白，脈沉微	1. 第二波雨勢漸增強 2. 傳染病 3. 動員軍方消毒清理
	陰虛火旺	心煩、失眠、口燥咽乾、小便黃。舌	物價上漲

		尖紅，乾燥少苔，脈細數	
厥陰（第六天 8/28）	**寒熱錯雜**	口渴不止、寒熱錯雜、胸中疼熱、饑不欲食、食則嘔吐、四肢冰冷。舌苔白膩、脈弦數	1. 動員軍方整理家園 2. 雨勢仍大 3. 部分恢復工作

資料來源：論三陰三陽/六經辨證

http://iching.wisdomfish.org/tcm/huangdi-neijing/3yi3ya

三、治水之方

治水必躬親[31]：治水之法，既不可執一，泥於掌故，亦不可妄意輕信人言。蓋地有高低，流有緩急，瀦有淺深，勢有曲直，非相度不得其情，非諮詢不窮其致，是以必得躬歷山川，親勞胼胝。

昔海忠介（海瑞）治河，布袍緩帶，冒雨衝風，往來於荒村野水之間，親給錢糧，不扣一厘，而隨官人役亦未嘗橫索一錢。必如是而後事可舉也。如好逸而惡勞，計利而忘義，遠嫌而避怨，則事不舉而水利不興矣。

[31] 選自《履園叢話・水學》（上海古籍出版社 2003 年《續修四庫全書》本）題目是編者所加。

（一）疏導法

大禹治水，治的並不是滔滔的長江、黃河之水，那時的洪水實在是海侵，就是海平面上升，海水倒灌到陸地上來。這是世界性的，所以許多民族都有被洪水所淹的傳說。洪水退後，地面一片淤泥，不加以治理，就不便耕種。大禹所治理的，正是這種田間水渠的管理。這和孔子所說的「盡力乎溝洫」是大致符合的。

《孟子・滕文公》中說：「當堯之時，洪水橫流，氾濫於天下。」「當堯之時，水逆行，氾濫於中國。」中華大地上的江河，大都是發源於西部，滾滾東流。不論水大水小，都不會是「橫流」、「逆行」，只有在海侵時，海水由東向西倒灌，才會出現「橫流」、「逆行」的現象。[32]「李冰在公元前 256 就知道，治水是分流，分流，再分流」。[33]

---

[32] 中華民族史研究會會長史式：遠古時代大禹治水 http://www.china10k.com/trad/history/1/11/11e/11e18/11e1801.htm。

[33] 資深氣象主播李富城在臉書上 po 文給賴清德院長建議，「治水要學李冰」中時電子報 2018.8.24.都江堰：「寶瓶口，這個在玉壘山伸向岷江的長脊上人口開鑿的口子，起到了控制內江進水量的『節制閘』作用。彼時沒有火藥和挖掘機，李冰以火燒石、再潑江水冷激，利用熱脹冷縮原理，終于在 8 年內開鑿出了這條寬 20 米的引水工程。寶瓶口之上，則是形如魚嘴的分水堰。李冰用裝滿卵石的大竹籠放在江心堆成一個狹長的小島，讓岷江之水分為內外兩江，從而減小了洪澇發生的可能。為了進一步起到分洪和減災的作用，分水堰與離堆之間，還修建了一條 200 米的溢洪道『飛沙堰』，它利用彎道讓江水形成環流，這樣即使江水超過堰頂，也只會是清澈的表層水流入內江，而洪水中夾帶的泥石還是順外江而下，不至于淤塞內江和寶瓶口水道。為觀測和控制內江水量，魚嘴不遠處的『鳳棲窩』江心裡，李冰還雕刻了石馬置于泥沙之中。」都江堰：見證李冰治水之功潤澤天府 2018.5.31 四川日報。

（二）障水法

帝堯時，中原洪水氾濫造成水患災禍，百姓愁苦不堪。帝堯命令鯀治水，鯀受命治理洪水水患，鯀用障水法，也就是在岸邊設河堤，但水卻越淹越高，歷時九年未能平息洪水災禍。然而，現代吾人所見台北淡水河邊，日人所建堤防，不也是障水法，可防洪水之侵犯。

（三）儲水法

滯洪池（detention basin）是於河溪湖泊內、或鄰接處、或支流上開挖出的區域，將地表逕流暫時儲存以收調節洪水功效，降低因爲暴雨尖峰流量對下游低勢地區所帶來的傷害。一般來說，滯洪池絕大多數爲人造建築，除了一般收納洪水功能外，在天候良好的季節可充當遊憩功能（如公園、運動場等）或成爲生態湖泊提供生物做爲棲息地點。[34]

調整池，又稱爲**調節池**（英語：Retention basin），爲一種用來儲蓄或是調節水流排放量的人工蓄水構造物，調整池的功能相當廣泛，從農田灌溉到水力發電。

---

[34] https://zh.wikipedia.org/wiki/%E6%BB%AF%E6%B4%AA%E6%B1%A0。

（四）河川整治

修築與整治河道是最快速的方法。這個方法也是最古老最常用的措施。我們可以將河面加寬或是河道截彎取直。這些都能有效的降低洪水位與增加河水的排水能力。但是截彎取直工程也會造成河川生態格局。因爲它改變原有地形地貌，也改變了河川的長和寬度，使得河川棲息地之機能受到衝擊。

（五）興建水庫

在中上游處建築大型水庫也是治水的重要方法。建築水壩有很多的優點包含發電、灌溉、養殖、防洪、減少下游河川淤積。水庫除了可以防洪外也可以儲水調解流水量，並且利用水資源發電，是近代河流開發中普遍採取的方法。但是也有許多缺點包含有建築成本過高，破壞中下游自然生態，還要淹沒大量的土地，甚至人口遷移。

（六）山林水土保持

順著大自然的規則，不破壞自然環境並且做好山林水土保持。

（七）治水政治學

1.宋楚瑜35三 C 法：Command（命令），Control（控制），Communication（溝通）。2.颱風天放假問題：此事經常困擾地方主管機關，當風雨交加氣象局發佈警報之時，何時決定放假。簡便之法：宣布放假，週六日再補上班。

（八）海綿城市

荷蘭鹿特丹副市長赫夫倫（Alexandra van Huffelen）對《衛報》說，「所以，在這些堤防後面，我們要把這座城市變成一個海綿。」36

鹿特丹的方法，並不是增建更多偉大壯觀的排水基礎建設，讓瞬間強降雨產生的大水，可以迅速排出市中心，而是盡一切可能，在都市中找到可以「儲水」或「吸水」的地方。換句話說，就是從都市中的許許多多小地方著手，在很多細節上，想到創新的做法，累積出大效果。另外，也在市區內闢建更多「綠地」，包括建築物上可以吸水的綠色屋頂和綠色牆面。2014 年開始，中國政府選定了 16 個城市，進行海綿城市改造試點。北京中央政府在前三年，每年提撥四億人民幣的專項經費給這 16 個城市，要求這些城市在今年（2017）底前，完成至少一個試點區域。

[35] 親民黨主席 2018.9.7 電視受訪時表示之治水經驗：並說水患之因繁多：有地層下陷、有規劃不良、有排水設施不足。

[36] https://www.cw.com.tw/article/article.action?id=5082863 天下雜誌 2017.6.30。

四、病理與暴雨治理

（一）太陽病綱要

1. **病狀**：

《傷寒論》：「太陽之爲病，脈浮，頭項強痛而惡寒。」

「太陽病，發熱汗出，惡風脈緩者，名爲中風。」

「太陽病，或已發熱，或未發熱，必惡寒，體痛，嘔逆，脈陰陽俱緊者，名曰傷寒。」

2. **傳經**：「傷寒一日，太陽受之，脈若靜者，爲不傳；頗欲吐，若躁煩，脈數急者，爲傳也。」

3. **預後**：「病有發熱惡寒者，發於陽也；無熱惡寒者，發於陰也。發於陽，七日愈，發於陰，六日愈。以陽數七，陰數六故也。」

「太陽病，頭痛至七日以上自愈者，以行其經盡故也。若欲作再經者，針足陽明，使經不傳則愈。」

4. **治法**：

・桂枝湯：主治太陽病中風之方劑。

・麻黃湯：解表劑中辛溫解表的代表方劑之一。有發汗解表、宣肺平喘的功效。

・大青龍湯：主治外感風寒，不汗出而煩躁，身疼痛，脈浮緊。

暴雨治理：（1）日雨量大於 350 毫米，屬中風，桂枝湯型，蓄水（2）日雨量小於 350 毫米，屬傷寒，麻黃湯型，抽水（3）兼土石流、坍方屬傳經，大青龍湯型，堵水。

（二）陽明病綱要

1. **病狀**：陽明，指的是足陽明胃經。兩陽合明曰陽明。陽明主裡，指胃腸的受納消化功能。陽明病是燥熱之邪內攻，燒灼津夜，與腸胃中食物的糟粕結合，形成燥屎，無法排出體外，所造成的疾病。

2. **治則**：清尤在涇《傷寒論貫珠》:「蓋陽明以胃實爲病之正，以攻下爲法之的。」

3. **治法**：

・白虎湯：陽明熱盛，口乾舌燥，煩渴引飲，面赤惡熱，大汗出，脈洪大有力或滑數。

・承氣湯：陽明腑實證，脘腹痞滿，腹痛拒按，按之硬，大便不通頻轉屎氣，甚或潮熱譫語，手足濈然汗出，舌苔黃厚，乾燥起刺，或焦黑燥裂，脈沉實。

・豬苓湯：陽明病，脈浮，發熱，渴欲飲水，小便不利者。汗出多而渴者，不可與。

暴雨治理：（1）暴雨量：日雨量超過正常臨界值 350 毫米以上（台南屏東），可謂傾盆大雨，河川淹滿，道路積水，水庫滿載，此時爲白虎型，宜洩[37]下爲主。

（三）少陽病綱要

1. **病狀**：主要臨床表現爲口苦、咽乾、目眩、往來寒熱、胸脅苦滿、默默不欲食、心煩、喜嘔、脈弦，亦稱「柴胡九症」。病位在

---

[37] 中央社報導，緬甸 Swar Chaung 水壩昨天（2018.8.30）清晨潰堤，儘管據報尚無人員傷亡，但國營媒體表示，勃固省（Bago Region）有超過六萬三千人受災。

半表半裡（已離太陽之表而未入陽明之裡，在表裡之間）。病機主要爲樞機不利，膽火內鬱。

2. **治則**：治療宜用和解少陽法，禁止使用發汗、涌吐、利下三法，小柴胡湯爲其主治方劑。少陽之氣旺於寅、卯、辰三個時辰，此時有少陽病解的有利條件。

3. **治法**：小柴胡湯：傷寒少陽證、往來寒熱，胸脅苦滿，不欲飲食、心煩喜嘔、口苦咽乾、脈弦而數、舌苔淡白者。

暴雨治理：暴雨已緩解、水淹大地，一方水位高漲無法排出，另一方洩洪池已滿無從吸納。此時居民受困，警消極力搶救災民，先與安置高處安全之處所，供應衣物及食物。早晨 3-9 時爲嚴重時期。宜用堵法防水。如沙包或防水攔堤防。

（四）太陰病綱要

1. **病狀**：主要臨床表現爲腹滿而吐、食不下、自利益甚、時腹自痛、口不渴、舌苔白潤、脈遲緩。太陰病的性質爲脾虛寒證，病機主要爲脾胃虛寒、運化失職、升降不利。

2. **治則**：治療以溫法爲主，禁用下法，以理中湯、四逆湯爲主要方劑。足太陰脾經之氣旺於亥、子、丑三個時辰，此時太陰正氣來復，疾病有解除的可能。

3. **治法**：理中湯：溫中祛寒，益氣健脾。四逆湯：溫經逐寒，回陽救逆。

暴雨治理：暴雨漸減，部分地區有消退，但低窪地區仍無法宣洩。災民居住環境差者，易滋生疾病，軍方派員協助救災工作。宜用抽水法。

（五）少陰病綱要

1. **病狀**：性質爲腎陽虛，造成寒水不能制；或血虧擾心。陽氣不足則脈微細，昏昏欲睡；寒水肆虐則厥逆、下利、小便色白、身痛、心煩、嘔吐。

2. **治則**：治療以溫法爲主。

3. **治法**：麻黃附子細辛湯：陽虛外感表寒證。惡寒較重，發熱，但欲寐、無汗、脈沉者。

暴雨治理：第二波雨又漸生，受困居民仍待救中；另方面物價上漲、交通中斷，行政首長到災區勘災，毀譽參半。宜用分洪法疏導多餘之水。

（六）厥陰病綱要

1. **病狀**：爲足厥陰肝經，主收納陰氣。它的特色是陰陽錯雜、寒熱混淆。

柯琴曰：「兩陰交盡，名曰厥陰，又名陰之絕陽，是厥陰宜無熱矣。然厥陰主肝，而膽藏肝內，則厥陰熱證，皆少陽相火內發也。要知少陽、厥陰，同一相火。相火鬱於內，是厥陰；出於表，是少陽。」

《傷寒論》：「厥陰之爲病，消渴，氣上撞心，心中疼熱，飢而不欲食，食則吐蚘，下之利不止。」

厥陰包括心包和肝，爲六經中的最後一個病理反應層次，也是邪正鬥爭消長的最後關頭。究其傳變由來，一爲寒邪直中厥陰，但較少見；二爲太陰、少陽病勢日甚，傳至厥陰；三是少陽病因虛而轉入厥陰。

2. **治則**：寒者宜溫，熱者宜清，寒熱錯雜者當寒溫並施兼而治之，虛實兼顧，清上溫下。

3. **治法**：

（1）烏梅丸：治療蛔厥、久痢等病證，實際上它是治療由於肝鬱不舒而造成臟腑陰陽失調、上熱下寒之方。

（2）吳茱萸湯：胃虛寒證。食穀欲嘔、胸膈滿悶、泛酸嘈雜或胃脘疼痛。厥陰頭痛、乾嘔、吐涎沫。少陰吐利、手足厥冷、煩躁甚。

暴雨治理：理論上，至厥陰階段雨應停息，淹水而漸止，然實際上第二波雨正再起，雖不比第一波多但也是不少，至第七日已大幅消退。本日除仍防災外仍宜慢慢清理家園，恢復工作，疏洩積水。總結水量六經與治法如附圖 3：2018.8.23 南部水患治理圖；1-6 即六經。圓形表蓄水/箭頭往下即洩水/箭頭往上即抽水。

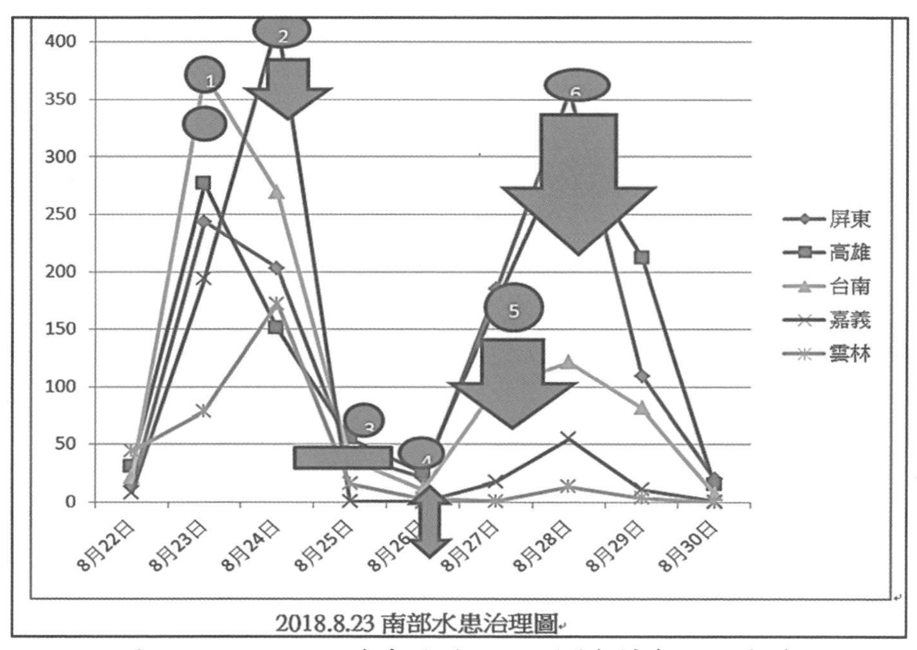

圖 3：2018.8.23 南部水患治理圖/資料來源：自繪

五、結論

（一）治水單位事權統一

河川從上游到下游，治理的權責單位不一，山上野溪靠水保局或縣府農業處，流到山下進入中央管河川或是跨縣市的區域排水，權責就改交二河局等中央單位負責。水如果流進的是縣管河川，或縣管的區域排水，水利科首當其衝；但要是進入了灌溉圳，則又回歸農田水利會。因此同一條水道，卻常是多頭馬車在治理。

（二）預算分配合理

2006 年「易淹水地區」特別預算到後來的流域治理特別預算，中央政府一共花費 1,877 億元，協助縣市管河川及區域排水治水工作，未來前瞻基礎建設「水與安全」項下，也已匡列 720 億元，賡續推動治水工作。

（三）地層下陷地區須規劃爲濕地

水利署署長賴建信 2018.8.30 表示，823 水災發生迄今，所有淹水地區除了屏東國道三號閘道仍有淹水外，其餘地區積水都已退去，嘉義縣東石掌潭村因爲地盤在海平面下 0.5-0.9 公尺，加上適逢大潮，很難利用重力排除積水，過去一段時間，每日重力排水時間僅 1 個小時，是該村積水難退的主因。

（四）氣候變遷之警訊：晴天變熱浪　雨天變洪水

同樣有參與研究，來自波茨坦氣候影響研究所（Potsdam Institute for Climate Impact Research, PIK）的朗姆史東（Stefan Rahmstorf）則補充，高速氣流停滯就意味著當地會持續著相同的氣候，那麼「大晴天就可能轉變成嚴重的熱浪和乾旱，持續的雨天就會演變成洪患」。[38]

---

[38] https://dq.yam.com/post.php?id=7460。

（五）將水災視爲感冒之治理方法

既然洪患無可避免，那我將用一套方法以治之：

1. 把水災視爲感冒。

2. 尋中醫六經辯證治之。

3. 第一天太陽病期：（1）日雨量大於 350 毫米，屬中風，桂枝湯型，蓄水（2）日雨量小於 350 毫米，屬傷寒，麻黃湯型，抽水（3）兼土石流、坍方屬傳經，大青龍湯型，堵水。

4. 第二天陽明病期：（1）暴雨量：日雨量超過正常臨界值 350 毫米以上（台南屏東），可謂傾盆大雨，河川淹滿，道路積水，水庫滿載。此時爲白虎型，宜洩[39]下爲主。

5. 第三天爲少陽病期：暴雨狀況已緩解、水淹大地，一方水位高漲無法排出，另一方洩洪池已滿無從吸納。此時居民受困，警消極力搶救災民，先與安置高處安全之處所，供應衣物及食物。早晨 3-9 時爲嚴重時期。宜用堵法防水，如沙包或防水攔堤防。

6. 第四天太陰病期：暴雨漸減，部分地區有消退，但低窪地區仍無法宣洩。災民居住環境差者，易滋生疾病，軍方派員協助救災工作。宜用抽水法。

7. 第五天少陰病期：第二波雨又漸生，受困居民仍待救中；另方面物價上漲、交通中斷，行政首長到災區勘災，毀譽參半。宜用分洪法疏導多餘之水。

8. 第六天厥陰病期：理論上，至厥陰階段雨應停息，淹水而漸止，然實際上第二波雨正再起，雖不比第一波多但也是不少，至第七日已大幅消退。本日除仍防災外仍宜慢慢清理家園，恢復工作。疏洩積水。

9. 其他應事前準備之治水事宜：

（1）加強水土保持：對自然因素或人爲活動造成水土流失所采

[39] 中央社報導，緬甸 Swar Chaung 水壩昨天（2018.8.30）清晨潰堤，儘管據報尚無人員傷亡，但國營媒體表示，勃固省（Bago Region）有超過六萬三千人受災。

取的預防和治理措施。主要有植物措施（如水保造林、水保種草、水保耕作等）和工程措施（如坡面工程、溝道工程、擋牆工程等）。

（2）海綿城市之預建：於公園或易淹地區之地下，興築蓄水池，以被水災時能暫時儲存多餘之水。[40]

（3）興築堤訪與抽水站：低窪地區事前預先準備防患。[41]

（4）以流域作爲行政區：台灣地區共有河川 129 水系，依流域形勢、經濟發展狀況等因素，區分爲主要河川 24 水系、次要河川 29 水系及普通河川 79 水系。

10. 徐部長之言：**「治水像治感冒一樣，沒有藥可以吃了後，就永遠不感冒的！」良有以也。**[42]

六、參考文獻

1. 楊維傑：談傷寒論之六經與經絡
   http://www.drweichiehyoung.com/ch-clinical-discussions/sh1。
2. 論三陰三陽/六經辨證 http://iching.wisdomfish.org/tcm/huangdi-neijing/3yi3ya。
3. 《履園叢話・水學》（上海古籍出版社 2003 年《續修四庫全書》。

[40] 2018 年 9 月 23 日中國時報刊載水利專家游保杉教授治水之法：1. 讓全民了解治水工程非萬能；2. 即使投入更多治水經費也無法保證不淹水；3. 建構水韌性城市；4. 流域土地管理；5. 預警。

[41] 英國 2015 年 12 月 29 報導防止水患 10 法：1. 加強警報系統；2. 協助居民承受水災；3. 建設高水位之建築；4. 操縱氣候變遷；5. 增加防洪經費；6. 保護濕地；7. 恢復河川自然生態；8. 增加儲水池；9. 促進土壤保水條件；10. 多設阻水障礙物。

[42] 確實是有原因的。[唐]李白：春夜宴桃李園序。

4. 中華民族史研究會會長史式：遠古時代大禹治水
http:/www.china10k.com/trad/history/1/11/11e/11e18/11e1801.htm。
5. Willams J.Cosgrove .Daniel P.Locks Water management: urrent and future challenges and research directions. First published:20 June 2015. https://doi.org/10.1002/2014WR016869 Cited by:27
6. Flood Control and Disaster Management. Flood Control and Disaster Management. https://www.iwapublishing.com/news/flood-control-and-disaster-management7. 10 measures that must be taken to prevent more flooding in the futur
https://www.independent.co.uk/news/uk/10-measures-that-must-be-taken-to-prevent-more-flooding-in-the-future-a6788866.html

第六章　房本草
Housing Materia Medica

摘要

本文係討論住宅問題，借助唐朝玄宗時宰相張說的「錢本草」而寫，共分五節：第一節前言，說明緣起與中醫本草理論，第二節城市的住房症候，說明住宅症候，包括住宅問題，第三節城市住房政策，說明先進國家立法與政策，第四節解決城市住房問題，說明解決之方法。第五節結論。言簡意賅。

關鍵詞：住宅政策、房價對收入比、住宅下濾

Abstract

This paper discus the housing problems with the aid of prime minister Chang Yua's "money materia medica" in Tang Xuanxong's era. There are 5 Sections: First, Preface–to explain the origin of Chinese medicine theory. Second, Urban housing symptoms—to explain the housing symptoms. Third, Urban housing policy—to explain the housing legislation and policy of the advanced countries. Fourth, Solving urban housing problems. Fifth, conclusion.

Key words: housing policy, ratio of house price to income, housing filtering.

一、前言

（一）研究動機：1. 解決都市問題。2. 建構以中醫爲主的都市管理體系。

（二）研究方法：模擬法（都市有如人，人有生老病死，城市亦有之.城市有病用中醫理論加以治療）。

（三）研究步驟：1. 發覺城市住房問題。2. 尋找中醫理論。3. 診斷城市住房病候。

（四）運用中醫理論解決城市住房問題。

（五）參考文獻：

1. 唐玄宗宰相張說：「錢，味甘，大熱，有毒。偏能駐顏，采澤流潤，善療飢，解困厄之患立驗。能利邦國，污賢達，畏清廉。貪者服之，以均平爲良；如不均平，則冷熱相激，令人霍亂。其葯，采無時，采之非進則傷神。此既流行，能如神靈，能鬼氣。如積而不散，則有水火盜賊之災生。如散而不積，則有饑寒困厄之患至。一積一散謂之道，不以爲珍謂之德，取予合宜謂之義，無求非分謂之禮，博施濟眾謂之仁，出不失期謂之信，入不妨己謂之智。以此七術精鍊，方可久而服之，令人長壽。若服之非理，則弱志傷神，切須忌之。」

2. 神農本草經：秦漢時神農氏著。有序例（或序錄）自成1卷，是全書的總論，歸納了 13 條藥學理論，首次提出了「君臣佐使」的方劑理論，一直被後世方劑學所沿用，但在使用過程中，含義已漸漸演變，關於藥物的配伍情況，書中概括爲「單行」、「相須」、「相使」、「相畏」、「相惡」、「相反」、「相殺」七種，稱爲七情，指出了藥物的配伍前提條件，認爲有的藥物合用，可以相互加強作用或抑製藥物的毒性，因而宜配合使用，有的藥物合用會使原有的藥理作用減弱，或產生猛烈的副作用，這樣的藥應盡量避免同時使用。

（1）**單行**：即單味藥即能發揮預期效果，不需其他藥輔助的稱爲單行。如獨參湯，只用一味人參治療元氣大脫證即效。

（2）**相須**：即性能功效相類似的藥物配合應用，可以增強其原有療效。如石膏配知母可以增強清熱瀉火的功效。

（3）**相使**：即在性能和功效方面有某種共性的藥物配合使用，而以一種藥物爲主，另一種藥物爲輔，能提高主藥物的療效。如補氣利水的黃芪與利水健脾的茯苓配合時，茯苓能增強黃芪補氣利水的效果等。

（4）**相畏**：即一種藥物的毒性反應或副作用，能被另一種藥物減輕或消除。如生半夏的毒性能被生薑減輕或消除，故說生半夏畏生薑。

（5）**相殺**：即一種藥物能減輕或消除另一種藥物的毒性或副作用。如生薑能減輕或消除生半夏的毒副作用，故云生薑殺生半夏的毒。從上可知相畏、相殺實際上是同一配伍關係的兩種提法，是藥物間相互對待而言。

（6）**相惡**：即兩種藥物合用，一種藥物與另一藥物相作用而致原有功效降低，甚至喪失藥效。如人參惡萊菔子，因萊菔子能削弱人參的補氣作用。

（7）**相反**：即兩種藥物合用能產生毒性反應或副作用。如「十八反」（配伍禁忌）中的若干藥物。

（六）本草綱目（明李時珍）：主要介紹藥物的四性五味和歸經。四性指寒熱溫涼四種藥性，古時也稱四氣。一般而言，能夠減輕或消除熱證的藥物，屬於寒性或涼性。反之，能夠減輕或消除寒證的藥物，屬於熱性或溫性。此外，藥性寒熱不甚顯著，作用比較和緩的藥物稱平性。五味，就是辛、甘、酸、苦、鹹五種味。不同的味有不同的作用，味相同的藥物，其作用也相近或相同如辛味有發散、行氣、行血的作用；甘味有補益、和中、緩急的作用；酸味有收斂、固澀作用；苦味有洩和燥的作用；鹹味有軟堅散結、瀉下的作用。此外，還有澀味和淡味，澀味與酸味作用相似。淡味有滲濕、利尿作用。歸經，就是指藥物對機體臟腑及其經絡的選擇性作用，即主要對某些或某幾經發生明顯作用。

（七）成無己[43]：傷寒明理論藥方論序：製方之體：宣、通、補、瀉、輕、重、澀、滑、燥、濕十劑是也。製方之用。大、小、緩、急、奇、耦、複七方是也。是以製方之體。欲成七方之用者，必本於氣味生成。而製方成焉，其寒、熱、溫、涼、四氣者生乎天。酸、苦、辛、鹹、甘、淡、六味者成乎地。生成而陰陽造化之機存焉。是以一物之內。氣味兼有。一藥之中。理性具矣。主對治療。由是而出。斟酌其宜。參合爲用。君臣佐使。各以相宜。宣攝變化。不可勝量。一千四百五十三病之方，悉自此而始矣，其所謂君臣佐使者，非特謂上藥一百二十種爲君。中藥一百二十種爲臣。下藥一百二十五種爲佐使。三品之君臣也。製方之妙。與病相對。有毒無毒。所治爲病主。主病之謂。

（八）房之本草：房味甘、溫、形色多樣（大都爲黃）、入脾經（能源[44]）。功能遮風避雨，能爲家之城堡，能爲顯耀象徵。求過於供一屋難求，供過於求空屋滿街。價高望屋興嘆，價低無人問津。作爲商品囤積居奇，作爲必備排隊等候。有土斯有財，置產目標，無屋者仰仗政府廣廈三千提供低廉房屋與民居。其種類：以功能性質：集合式住宅：公寓（封閉式社區多由公寓組成）；公共房屋：眷村、院落、三合院、四合院、土樓；獨立式住宅：平房、透天厝、別墅。以機能性質：出租房、套房、雅房、社會住宅、老人住宅、無障礙住宅、科技住宅、綠色住宅、公共房屋。特殊樣式：豪宅、

---

[43] 成無己（1063~1156），宋代聊攝（今山東陽谷縣）人，據張孝忠《註解傷寒論・跋》稱，成氏 1156 年已 90 餘歲尚健在，可知其生於 1066～1156 年間。靖康（1126）後，聊攝地入于金，遂為金人。他家世儒醫，才識明敏，記聞賅博，他精傷寒學，鑽研數十年。

[44] 根據著者所著《12 經絡對應城市之機能所定》。參見：《都市發展與策略》五南圖書 2018.9。

組合屋、鐵皮屋、超高層住宅。隨著住房特性，住宅可以上下濾，也隨著耐用年限，住房要更新，形成住房生命週期。解決之方在於供需均衡，其法有下：廣建國宅爲汗法，釋出空宅爲吐法，降價出售爲下法，興建機關學校宿舍爲和法，低利貸款爲溫法，獎勵出租住宅爲清法，興建社會及老人住宅爲補法，預留 3%空屋供緊急之用爲固法。

表 1：住房之性味歸經

性味	五味	歸經
寒	酸	肺
熱	苦	大腸
溫 V	甘 V	胃
涼	辛	脾 V
	鹹	心
		小腸
		膀胱
		腎
		心包
		三焦
		膽
		肝

資料來源：本研究

表 1-1：錢房本草之比較

項目	金錢（唐張說 667–730）	屋宇（民李氏）
1. 性質	甘，大熱，有毒，入胃	甘，溫，無毒，入脾
2. 利	駐容養顏，療飢寒，解困厄，利邦國	遮風避雨，顯耀象徵，居安樂業
3. 弊	不均霍亂，集中水火盜	供過於求空屋滿街，求

	賊，分散飢寒困厄	過於供一屋難求
4. 診治時弊	（1）一積一散謂之道	（1）廣建華夏謂之汗
	（2）不以爲診謂之德	（2）釋出空屋謂之吐
	（3）取之合宜謂之義	（3）降價出售謂之下
	（4）無非分之得謂之理	（4）多建宿舍謂之和
	（5）廣見屋宇謂之仁	（5）低利貸款謂之溫
	（6）不失時期謂之信	（6）獎勵出租謂之清
	（7）得不傷己謂之智	（7）廣建社宅謂之補
		（8）留點屋宇（3%）謂之固
	七術	八法

資料來源：本研究

二、城市的住房症候

（一）住房特性

表 2：城市住宅綜理表

項次	項目	說明
1	遮風避雨	住宅爲 Residential shelter
2	家之城堡	法律保護之所，非經所有人同意不得私入民宅
3	豪宅	地位象徵（上品）
4	住宅存量	滿足人民住房量
5	住宅流量	當作商業之經濟產品
6	貧民窟	低收入戶居住之地

7	國民住宅	供一般人民居住之住宅（中品）
8	社會住宅	供較低收入者之住宅（下品）
9	眷村	特殊之軍眷住宅
10	老人住宅	供老人居住之住宅
11	無障礙住宅	即通用設計之住宅，供身障者使用
12	智慧住宅	科技化之住宅
13	住宅下濾	中古屋市場
14	住宅更新	住宅之維護、整建、重建
15	住宅市場	包括土地代書、仲介、金融保險等專業
16	住宅普查	政府每 10 年所作之普查
17	出租住宅	旅館、民宿
18	空屋	多餘之住房 3%

資料來源：本研究

說明：民李氏即是作者。

（二）住宅問題

1. 房價（房價與所得）：2021 年台灣 110 年第 2 季房貸負擔能力指標全國 36.27%台北市 63.11%。房價所得比全台 9.07 台北市 15.79。（表 3）

表 3：房價與所得

縣市	房貸負擔率	房貸負擔率(百分點)		房價所得比	房價所得比(倍)	
	(%)	季變動值	年變動值	(倍)	季變動值	年變動值
全國	36.27	-0.27	1.63	9.07	-0.06	0.41
新北市	48.48	-0.53	2.44	12.13	-0.12	0.62
臺北市	63.11	0.94	5.54	15.79	0.25	1.40
桃園市	30.29	0.34	0.60	7.58	0.09	0.16
臺中市	39.46	-1.17	1.05	9.87	-0.29	0.27
臺南市	31.64	0.52	2.46	7.92	0.14	0.63
高雄市	30.36	-0.04	1.28	7.60	0.00	0.33
宜蘭縣	34.83	-0.23	1.86	8.71	-0.05	0.47
新竹縣	33.00	1.51	0.81	8.26	0.39	0.21
苗栗縣	31.73	0.55	2.86	7.94	0.15	0.72
彰化縣	34.20	0.26	-0.45	8.56	0.08	-0.10
南投縣	34.57	-0.13	4.53	8.65	-0.02	1.14
雲林縣	27.76	0.20	-1.85	6.95	0.06	-0.45
嘉義縣	22.30	1.21	0.80	5.58	0.31	0.21
屏東縣	23.07	0.01	0.80	5.77	0.01	0.20
臺東縣	31.76	-0.26	2.22	7.95	-0.05	0.57
花蓮縣	33.96	0.39	2.84	8.50	0.11	0.72
澎湖縣*	33.30	-3.80	5.38	8.33	-0.95	1.35
基隆市	22.80	-0.06	-0.14	5.70	-0.02	-0.03
新竹市	29.66	0.97	2.61	7.42	0.25	0.66
嘉義市	22.71	-0.03	3.18	5.68	-0.01	0.80

資料來源：內政部不動產資訊平台

2. 住宅價格與存量（美國城市）：夏威夷 Honolulu 存量低價格高，阿拉斯加存量高價格低。

3. 社會住宅

表 4：各國社會住宅表

地區	%
歐洲	30
亞洲	5（日 6.1%韓 5.1 港 30.4）
台灣	0.08

資料來源：本研究

4. 台灣住宅問題：高房價的問題只有雙北市，因此不宜採用全國性政策處理？

（1）房價問題必須與所得收入一起比較

根據內政部最新「住宅需求動向」統計，台灣六大都市的房價所得比爲 10.14 倍，台北市則爲 15.79 倍，這兩個數字都比 2009 年上半年的 6.65 倍與 8.89 倍更沉重，且皆遠超過國際認定「嚴重難以負擔」的門檻（5.1 倍）。近年來，雖然全球各地均有房價飆漲的情形，但相較於英國（5.1 倍）、日本（5.3 倍）和澳洲（6.8 倍），台灣六大都市平均 10.14 倍，則是遙遙超越各國。顯然，全台灣都市的住宅負擔明顯超過國際標準，雙北市尤其嚴重。

（2）海砂屋

在台灣通俗的說法是指使用含鹽分的海砂摻入預拌混凝土所建造的房屋；精確的說法則是依據中華民國國家標準 CNS 3090 的定義，指的是「混凝土氯離子含量超過標準值（0.3kg/m^3）（民國 104 年 1 月 3 日修訂版本 0.15kg/m3 以下）」。海砂屋常見的問題有：牆壁及天花板混凝土剝落、鋼筋外露鏽蝕等，影響居住安全。在不動產交易過程中，混凝土氯離子含量數據會大幅影響估價結果。除補強外，若傾頽或朽壞危害公共安全者需拆除重建。

表 5：各直轄市、縣（市）現有供公眾使用及非供公眾使用建築物公告列管之海砂屋棟（戶）數量統計表

縣市別	供公眾使用建築物			非供公眾使用建築物		
	棟	戶	執照數	棟	戶	執照數
臺北市註1	172	2,621	43	51	419	16
新北市註2	78	2,380	31	196	1,953	58
桃園市	-	-	-	-	-	5
臺中市	-	-	-	-	-	-
臺南市	-	-	-	21	239	-
連江縣	無列管案件	-	-	-	-	-
合計	250	5,001	74	268	2,611	79

註 1：臺北市另填具空白棟數 1，執照數 1。

註 2：新北市表示，棟數及户數數量爲使用執照登載數量，部分執照未登載棟數及户數。

註 3：苗栗縣表示，71~91 年間有諸多執照資料尚未建置至系統。

資料來源：營建署。監察院 2018 年 12 月糾正內政部資料中，附表「各直轄市、縣（市）現有供公眾使用及非供公眾使用建築物公告列管之海砂屋棟（户）數」彙整出，供公眾使用建築物有 250 棟（臺北市 172 棟、新北市 78 棟）、非供公眾使用建築物有 268 棟（臺北市 51 棟、新北市 196 棟、臺南市 21 棟），營建署附註說明僅臺北市、新北市有海砂屋棟（户）數相關統計資料，其他縣市顯未就此部分統計列管。從臺北市建築工程管理處網站公告之「臺北市高氯離子混凝土建築物善後處理自治條例列管清冊」，更新至 2020 年 12 月 25 日，臺北市列管公告海砂屋有 224 棟，其中約 87%是須拆除重建的（須拆除重建 194 棟、加勁補強 30 棟）。

（3）輻射屋

是台灣發生的住宅輻射污染事件，於 1983 年間發現多戶民間大樓的建築鋼筋有輻射污染（表 6），所蓋成之「輻射屋」造成居住其中的居民一天 24 小時之下都在輻射照射之中。原子能委員會對於年輻射劑量 > 15 毫西弗收購污染建築物（「放射性污染建築物事件防範及處理辦法」第 10 條）。年輻射劑量 > 5 毫西弗，免費健康檢查。歷年來經原能會（2021.5.20）偵檢確定共發現 190 起次、1,669 戶污染建築物，其中已拆（清）除 129 戶污染建築物，另符合收購及改善標準者均已處理完畢。污染建築物經原能會收購後，均已無人居住，因此住戶可永久免除再受輻射影響，對民眾當無產生輻射風險之疑慮。

表 6：各直轄市、縣（市）現有供公眾使用及非供公眾使用建築物因輻射屋需拆除建物之棟（戶）數量統計表

縣市別	供公眾使用建築物			非供公眾使用建築物		
	棟	戶	執照數	棟	戶	執照數
臺北市	12	188	6	4	91	2
新北市	無統計數據					
基隆市	32	88	4	-	-	-
新竹市	-	-	-	-	-	-
嘉義市	-	-	-	-	-	-
金門縣	-	-	-	-	-	-
連江縣	無列管案件	-	-	-	-	-
合計	44	276	10	4	91	2

註 1：苗栗縣來函表示，71~91 年間有諸多執照資料尚未建置至系統。/資料來源：營建署

三、城市住房政策

（一）住宅法

表 7：各國住宅法

國家	名稱	內容
1. 英國	1874 Housing Act	1. 經過 1930/1933/1936/1957/1961/1969/1980/1985/1988/1996/2004 等年修正 2. 主要作爲：（1）消除老舊住宅（2）清除貧民窟（3）住宅補貼（4）1980 年英格蘭提供 500 萬戶出租住宅（5）2004 年英格蘭威爾斯實施「租賃存款計畫」（TDP）
2. 加拿大	1935 Dominion Housing Act 1938The National Housing Act	1. 經過 1948/1949/1956/1964/1969/1974/1985/1999/2007 等年修正 2. 主要作爲：（1）修繕舊宅興建新宅（2）1945 年成立中央住宅貸款公司（NHA）
3. 美國	1934 Housing Act	1. 經過：1937/1949/1954 修正 （1）1965 修正爲 Housing and Urban Development Act,1968/1970 修正 （2）1974 修正爲 Housing and Community Development Act ,1987/1995 修正 （3）2008 年修正爲 Housing and Economy Recovery Act 2. 主要作爲（1）清除貧民窟.都市更新（2）增加聯邦住宅部（FHA）住宅貸款及保險（3）興建 80 萬戶國民住宅（4）

		研發興建住宅技術（5）斜過 FHA 對農村住宅紓困。
4. 日本	1951 公營住宅法	1. 經過：1965 年制定「地方住宅供給公社法」2006 頒「居住生活基本法」 2. 作爲（1）住宅品質、性能及管理之提升（2）地區居住環境之維護與品升提昇（3）確保住宅供給及流通之環境（4）確保居住安定性
5. 法國	2000 社會連帶與都市更新法（SRU）	1. 2007.3 頒發：可抗辯居住權法（DALO） 2. 2014.12 頒發：住宅渠道與都市更新法（ALUR）（1）規範房租價格（2）國有地釋出興建社會住宅

資料來源：本研究

（二）住宅政策

（1）台灣：回顧我國住宅政策從民國四十六年「興建國民住宅貸款條例」政府提供低利貸款給民眾興建或承購住宅，六十四年「國民住宅條例」政府開始直接興建國民住宅，並輔以貸款人民自建、獎勵業者興建、軍眷村合建等措施，及興建中低收入住宅方案，八十七年公布都市更新條例。八十八年房屋市場不景氣，空餘屋甚多，政府宣示暫緩直接興建及獎勵投資興建，此後政府政策協助人民自民間購屋，諸如協助人民貸款利息購屋、中低收入家庭低利購屋、優惠購屋專案、青年購屋低利貸款。九十六年政府有鑑於補貼之公平性，不再以職業身分別辦理住宅補貼，函頒整合住宅補貼資源實施方案，政府補貼較低所得無自有住宅民眾修繕、購屋貸款利息補貼，及租金補貼。至此，政府住宅政策已有所調整，不再以「住者有其屋」爲主要協助目標。

九十七年政府結合人口政策推動實施青年安心成家方案，給予新婚或育有子女的無自有住宅家庭「兩年兩百萬」之貸款利息補貼及租金補貼，並搭配「住者適其屋」之租金補貼作爲居住協助之選項。九十九年行政院研考會網路民調結果，「高房價是都會區民怨之首」，政府強調庶民經濟，推出合宜住宅（限價宅）照顧家庭年所得五十分位以下無自有住宅家庭且尚有能力者購屋，九十九年民間團體陳請政府興建社會住宅，照顧買不起又租不起的弱勢及租屋相對困難等弱勢居民，隨後，政府提出社會住宅短期實施方案，一百年住宅法公布，之後，住宅政策實施有了法源基礎，更加穩定且持續。一百零四年九月（行政院104年9月15日院臺建字第1040049577號函核定）公布整體住宅政策：政策內涵：1.健全住宅租賃市場2.提供多元居住協助 3.提昇居住環境品質。爲照顧弱勢及青年族群的居住需求，實現居住正義並健全住宅市場，政府推動社會住宅政策，以8年（106至113年）興辦20萬戶社會住宅爲目標，並於106年1月公布修正《住宅法》，爲推動社會住宅機制建立法制基礎。行政院續於同年3月核定「社會住宅興辦計畫」，結合政府興建與包租代管2種供給方案，增加政府住宅政策供給資源；同時透過包租代管民間的住宅，發揮租屋市場與購屋市場相互調控的市場均衡機制，以達成穩定住宅市場及安定人民居住的目標。

四、解決城市住房問題

（一）古代調控「房產房價」

（1）唐朝出台了一種持續了一千多年的限購政策，「天下諸郡……有田宅產業……先已親鄰買賣。」（《唐會要》卷 85）即全國不管哪個城市，一切地皮和房產，想出售，先問親戚和鄰居。

（2）宋朝：禁止京官在京購二套房：宋眞宗大中祥符七年詔令：「現任京朝官除所居外，無得於京師購置產業。」當時之所以會出台這樣的詔令，一是爲了限制兼并，二是爲了平衡住房市場上的供需矛盾，讓老百姓有房可買。

（3）到了明清兩代，不許官員買房的政策進一步擴大化，朝廷禁止所有官員在工作所在地買房。

（4）明太祖逼官員給窮人蓋房：《明太祖實錄》記載：洪武七年農曆八月，朱元璋給南京的官員下了一道聖旨，在龍江找了一塊閒置土地，蓋了 260 間瓦房，供沒有住房的南京人居住。南京的官員很快執行了。一個月後，朱元璋又給上海（當時叫華亭縣）的官員下旨，讓他們對宋朝留下來的居養院進行翻修，修好後讓沒有住房的上海人居住。上海的地方官也很快執行了。

（5）明清設「找房款」制度防炒房：明清時期沒有人囤房，其原因就是「找房款」制度。簡單來說就是剛開始我賣房時賣了你 1 萬塊，過了些日子，我發現房價已經漲到了 5 萬塊了，那麼我擁有一次讓你「找補」給我房款的機會，即賣方向買方追討一部分貨款，以補足商品的價值。康熙六十年（1721 年），江蘇武進人劉文龍將自己的一畝八分地以 7 兩銀子的價格賣了出去，時隔 8 年，劉文龍以「原價輕淺」爲由，委託中介向買家「找」了 1 兩銀子。自明清到民國，找房款現象屢見不鮮。

（6）清朝爲旗人建「經濟適用房」：明朝以後，因爲城市的發展，城市居民的住房漸漸成了執政者不得不關心的問題。於是，在清朝，經濟適用房出現了。但清朝的經濟適用房和現代的恰恰相反，清朝的經濟適用房是專門爲特權階層建造的。

（二）從住宅週期（存量）

1. 計畫期：依據需求人口估計生產量
2. 備料期：所用材料，應爲特定產地始能堪用
3. 施工期：不得偷工減料
4. 施工期日：按日施工不得馬虎或減時日
5. 裝配期：適材適所，不得異動
6. 驗收期：應按圖施做。不得違背短少

（三）從住宅週期（流量）

1. 鼓勵住宅流動

上濾[45]：往高品質之住宅移動，留下給下一層次人居住使用。

下濾：往較低品質住宅居住。此二種活動，活潑住宅市場。就整體房屋市場而言，上濾與下濾現象（中古屋市場）則係同時存在，而使住宅存量得以存續下去。

---

[45] 學理說法：上濾則為藉都市更新或舊屋拆除重建，將原為貧民窟或較低收入者居住地區轉而為較高收入者所進住之謂，下濾現象之換住即住宅使用者轉變為較低收入者。

（四）都市更新

流程縮短分爲二階段：
第一階段：由中間人溝通時期。
第二階段：交由專業者實施，並由銀行保證完工交屋日期。

（五）社會住宅

1. 鼓勵民間興建社會住宅：包括稅制優惠、融資、土地取得。

2. 若政府主政：計畫單位爲君，社政單位爲臣，地政單爲爲佐，財政單位爲使，缺一不可。

（六）注重城市住房七情

1. 單行：住宅單純供居住使用。

2. 相需：住商一體，樓下供商業使用，樓上供住家。

3. 相使：花園豪宅，以住宅爲主，輔以庭園設計，增加住宅之價值。

4. 相畏：如氯離子過多之海砂屋；受輻射汙染之輻射屋。

5. 相殺：如凶宅；或有傳染病人居住之住宅。

6. 相惡：住宅不當使用，如棄置垃圾或違章工廠。

7. 相反：貧民窟之違章住宅常爲犯罪屋床。

（七）DIY 住宅能源評估

1. **查看你的能源帳單**：了解在每一個月的能源帳單上，所使用的天然氣、電以及水（如果適用）的個別費用。追蹤你每個月的平均花費，更清楚瞭解你的能源消耗情況，以及從哪你可以開始著手省錢。

2. **尋找漏洞**：檢查廚房和浴室裡的所有管道。尋找任何漏水、鬆脫或耗損的密封膠條、或可能需要更換的管道。

3. **檢查排氣通風**：如果你可以從門和窗戶以及其框架之間看見任何陽光，或者你感覺到有任何氣流滲透穿過，那你住宅的密封並不完全。在冬天，冷空氣進入而熱空氣排出去，則維持住宅的舒適溫度的成本將上升。在夏天，排氣通風可爲你的住宅帶來溫暖的戶外空氣，增加空調的使用。門和窗、甚至電器和電話插座周圍常常是能源浪費主要來源。

4. **測量溫度**：你的恆溫器設定爲何，它可以編程控制嗎？在冬天將恆溫器設定低一些，可幫助節省許多暖氣費用，在夏天將溫度調高，則可以減少空調的使用。

五、結論

（一）《世界人權宣言》第二十五條規定：「人人有權享受爲維持其本人和家屬的健康及福利所需的生活水準，包括食物、衣著、住房、醫療和必要的社會服務」。《公民權利和政治權利國際公約》也在第一條指出：「所有公民得爲他們自己的目的自由處置他們的天然財富和資源……在任何情況下不得剝奪一個公民自己的生存手段。」《經濟、社會及文化權利國際公約》第十一條規定：「本公約締約各國承認人人有權爲他自己和家庭獲得相當的生活水準，包括足夠的食物、衣著和住房，並能不斷改進生活條件。各締約國將採取適當的步驟保證實現這一權利……。」因此，政府必須廣建住宅提供居民使用。

（二）世界各國對於住房政策皆不遺餘力，從立法到行政措施主要：1. 量方面：滿足人民居住問題 2. 質方面：足夠品質的居住環境。然而，實質上與理想仍有很大的距離，目前有朝向補助貸款與保護租賃方向前進。

（三）住宅問題是一個老問題，主要是因爲把住宅當作商品之觀念下造成投機者囤積居奇，房價自然高漲。房價與所得比，台北市則爲 15.79 倍，因此主管機關應重視此問題提出解決之方。

（四）解決住宅問題之方法：在我國古代已有方法，其中最重要是明清設「找房款」制度防炒房：明清時期沒有人囤房，其原因就是「找房款」制度。簡單來說就是剛開始我賣房時賣了你 1 萬塊，過了些日子，我發現房價已經漲到了 5 萬塊了，那麼我擁有一次讓你「找補」給我房款的機會，即賣方向買方追討一部分貨款，以補足商品的價值。

（五）住宅政策基本原則：增加供給、資訊流通、適宜環境、增加收入。

六、參考文獻

1. 汪昂：《本草備要》1694 志遠書局 台北重刊 1990。
2. 胡志平：《住宅過濾與福祉變化分析－空屋鏈模式之應用》www.housing.mcu.edu.tw/2001paper/H-C1-3.doc。

3. 張坤德、傅增渠、林育秀、林國民：《考察德國住宅租金補貼與租賃市場管理制度之實施成效》：台北市政府都市發展局出國報告民國 94 年 2 月。
4. 行政院經建會都住處：《台灣租賃住宅市場之發展與推動》，2001.9。
5. Arnott, Richard:" HOUSING POLICY IN DEVELOPING COUNTRIES THE IMPORTANCE OF THE INFORMAL ECONOMY. January 21, 2008.
6. Buckley, Robert M. and Kalarickal, Jerry: "Housing Policy in Developing Countries Conjectures and Refutations." World Bank Research Observer Volume 20, Issue 2 Published: September 2005 Pages: 233 – 258.
7. Fair Housing Act . Sec. 800. [42 U.S.C. 3601 note] Short Title https://www.justice.gov/crt/fair-housing-act-2 上網日期 2018.5.27。
8. International Jounal of Hosing Policy.2018.Volum18 https://www.tandfonline.com/toc/reuj20/curren 上網日期 2018.5.27。
9. Martin, Chris,Sisson, Alistair & Thompson, Sian:" Reluctant regulators? Rent regulation in Australia during the COVID-19 pandemic." International Journal of Housing Policy International Journal of Housing Policy 11 Oct 2021
10. Schuetz,Jenny :"Nine rules for better housing Policy: The Avenue https://www.brookings.edu/blog/the-avenue/2018/05/02/nine-rules-for-better-housing-policy/ wednesday, May 2, 2018

第七章　社會住宅與宜居城市

一、宜居城市的要素之一：住房

1. 美國生活時尚雜誌：房價

2. 2015美世生活質素調查10大項39小項：住房：(1)維也納・奧地利。(2)蘇黎世・瑞士。(3)奧克蘭・紐西蘭。(4)慕尼黑・德國。(5)溫哥華・加拿大。(6)杜塞道夫・德國。(7)法蘭克福・德國。(8)日內瓦・瑞士。(9)哥本哈根・丹麥。(10)雪梨・澳大利亞。

二、社會住宅

(一)定義

社會住宅(social housing),在歐洲亦稱之爲「社會出租住宅」(Social Rented Housing),是指政府直接興建、補助興建或民間擁有之適合居住房屋,採「只租不賣」模式,以低於市場租金或免費出租給所得較低的家戶或特殊的弱勢對象的住宅,此一名詞定義僅爲概念指稱,各國中央與地方政府實際運作所使用之名稱不盡相同,例如美國稱之爲affordable housing、日本稱公營住宅、香港稱公共屋邨（簡稱公屋）、新加坡與馬來西亞稱組合房屋（簡稱組屋）等，台灣又因爲年代法源和地方政府政策施行而有不同名稱之社會住宅，例如平價住宅、出租國宅、公營住宅、青年住宅、勞工住宅等。

台灣社會住宅廣義概念傾向於那些因受某種政府補貼（土地、利息、稅賦等）的租賃住宅，以低於市場租金的方式供社經弱勢人民租用者。法定狹義社會住宅之定義則見於 2011 年公布住宅法第 3 條：**社會住宅爲由政府興辦或獎勵民間興辦，專供出租之用，並應提供至少百分之十以上比例出租予具特殊情形或身分者之住宅**。中央政府推動社會住宅兩大政策爲行政院 2011 年核定之「社會住宅短期實施方案」，選定台北市與新北市 5 處試辦基地興建；另爲 2014 年核定之「社會住宅中長期推動方案」，目標預定在 2023 年前興建 15,100 戶。根據內政部 2011 年公布之社會住宅中長期推動方案與民間社會住宅推動聯盟統計資料，台灣目前廣義「只租不賣」之社會住宅比例僅占全國住宅總量之 0.08%，主要是營建部門未與社會主管溝通所致。但符合住宅法定義之狹義社會住宅目前則未有實際案例存在。

各國社會住宅比率：荷蘭 34%香港 29%英國 20%丹麥 19%芬蘭 18%瑞典 18%歐盟 14%新加坡 8.7%美國 6.2%日本 6.06%。

（二）社會住宅之必要性

1. 居住正義：1991UN 適足住房權（the rights to adequate housing）。

2. 房價太高：台灣地區的房價所得比（Price and Income Ratio，PIR 值）達到 6.5 倍、台北市的 PIR 值 9.5 倍（家庭年收入約當新台幣 90 萬元）。

3. 社會住宅供需不良：2014 年審計部公布民國 102 年度中央政府總決算審核報告中指出，全國經濟或社會弱勢家庭沒有自有住宅者，合計有 39 萬 4,715 戶，其中有社會住宅需求者爲 32 萬 8,164 戶，但根據內政部 2014 年 1 月 6 日核定「社會住宅中長期推動方案」中統計現階段全國社會住宅供給戶數約 6,813 戶，僅爲需求量的 2.08%。

4. 居民鄰避：保證好品質、不使房價下跌、治安良好。

三、桃園市之社會住宅政策

（一）興建原則：君臣佐使：城鄉君、社會臣、地政佐、財政使。

（二）不要步國宅之後塵：蓋了沒人要、機關設了又裁撤。

（三）建立等候名冊：根據住宅法第 4 條：12 類：本法所定具特殊情形或身分，指下列規定之一者：

1. 低收入戶。
2. 特殊境遇家庭。
3. 育有未成年子女三人以上。
4. 於安置教養機構或寄養家庭結束安置無法返家，未滿二十五歲。
5. 六十五歲以上之老人。
6. 受家庭暴力或性侵害之受害者及其子女。
7. 身心障礙者。
8. 感染人類免疫缺乏病毒者或罹患後天免疫缺乏症候群者。
9. 原住民。
10. 災民。

11. 遊民。

12. 其他經中央主管機關認定者。

13. 低收入 4,500 戶五、六十五歲以上之老人 191,590 人七、身心障礙 79,604 人及九、原住民 600 戶調查。

（四）委由專業 NGO 辦理。

（五）支持市長三枝箭政策：房屋稅分級（3-1.2%/4-2.4/6-3.6）、補貼低收入 5,100 戶、興建 6,155 戶。

四、社會住宅服務性設施

104.12.16 修正之都市計畫法第 42 條：增列社會福利設施，即將社會住宅視爲社會福利設施之一種，同時修正第 46 條：增列社會福利設施應按閭鄰單位或居民分布情形適當配置之。

五、社會住宅租期與租金訂定

（一）租期：5 年（比照韓國）所得超國水準即令搬遷。

台北市平價住宅 1,448 戶 1. 住戶免付租金，需每個月繳交 115 元至 430 元不等之管理費。2. 租期爲三年一期，住戶若持續符合資格者（低收入），可以繼續居住。

臺北市社會住宅出租辦法 106.8.3 第四條：家庭年所得低於公告受理申請當年度本市百分之五十分位點家庭之平均所得，且所得總額平均分配全家人口，平均每人每月不超過本市最低生活費標準之三點五倍者。

第十二條　社會住宅收取之租金及管理維護費應依據承租人合理負擔能力酌予訂定，且二者合計不得逾市場租金水準。

前項市場租金水準應委託三家以上專業估價者查估後評定之。

前項專業估價者，指不動產估價師或其他依法律得從事不動產估價業務者。

第十五條　前條租賃契約之期限最長為三年。承租人於租賃期限屆滿時仍符合承租資格者，得於租賃期限屆滿一個月前檢附證明文件以書面申請續租。逾期未申請或申請未獲准者，其租賃關係於租賃期限屆滿時消滅。

前項租賃及續租期限合計最長不得超過六年。但具特殊情形或身分者，得延長為十二年。

六、社會住宅周邊配套措施

（一）交通：公共運輸系統可達。

（二）通學：中小學校 800 公尺範圍。

（三）就業：附近有就業機會。

第八章　後疫情時代城市規劃的趨勢：以阿拉伯未來城市發展爲題

一、前言

後疫情時代城市規劃變革的必要性。2020 年 1 月衛生單位接獲通知，病原體初步判定爲新型冠狀病毒，已完成病毒全長基因定序，電子顯微鏡下亦呈典型冠狀病毒型態，該病毒不同於以往發現的人類冠狀病毒。至 2022.11.18 止，全世界已有 667,512,816 人染疫，6,619,803 人死亡。病毒有連鎖感染之特性

城市爲人類集居之地，更容易傳染散播。隔離是最好策略。本文試從城市規劃論防治之道。

二、傳統規劃模式困境：鄰里單元

（一）型態上：傳統爲同心圓

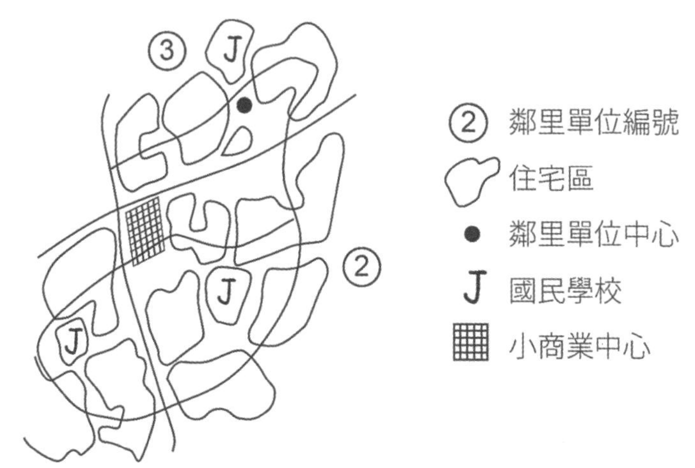

圖 1：傳統鄰里單位組成

資料來源：中國工程師手冊土木類中國土木水利工程學會編民國 66 年 10 月 P.17-66

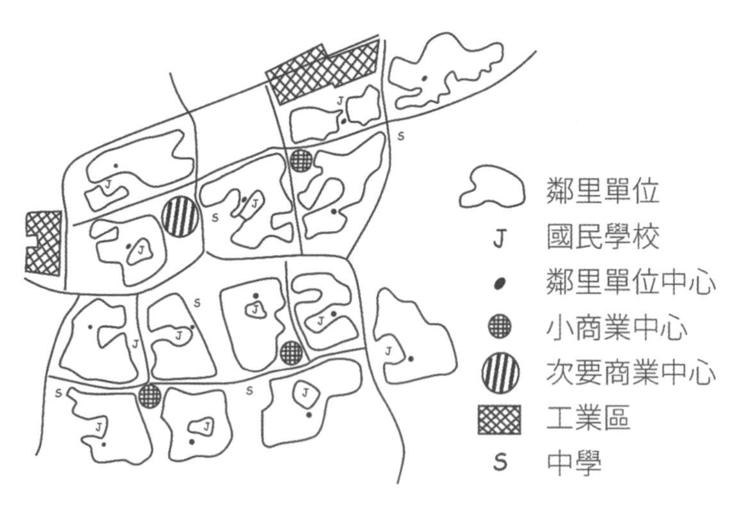

圖 2：傳統社區/資料來源：同上

（二）內容上：以小學為中心步行十分鐘構成一里鄰。每一里鄰約 10,000 人。每一社區由 3-4 個里鄰構成。

（三）交通上：分主要幹道（不經過社區中心）、次要幹道、社區出入道路。

（四）住宅型態：一般街廓（長寬 100*40）、超大街廓為一般之 8-10 倍。

（五）疫情時期容易群聚感染。

三、未來城市規劃

（一）線性化

1. Mark holland：**走廊式都市主義**[46]

21 世紀現實的彈性區域成長模式（Corridor Urbanism: A new model of resilient regiomal growth for the 21th century reality）（原名為：走廊式都市主義和 COVID-19 後興起的里鄰城市. Corridor Urbanism and the rise of the neighborhood in the post Covid city.）全文共 12 節：第一節前言：有 25 件事與往常不同（包括 1. 工作地點；2. 公共領域；3. 社會政治；4. 住宅；5. 智慧城市）。第二節：現實的 21 世紀。第三節：改變。第四節：從過去內涵發明新模式。第五節：核心問題是 CBD 和民事中心的舊慣例。第六節：問題：何謂地理密度。第

[46] https://www.fosterandpartners.com/plus/tactical-urbanism-reimagining-our-cities-post-covid-19/。

七節：捷運成長新模式。第八節：走廊式都市主義模式。第九節：新都市主義者的修正。第十節：爲何走廊式都市主義在 21 世紀有優點？1. 經濟；2. 零售；3. 住宅；4. 運輸；5. 公共設施；6. 環境；7. 健康。第十一節：展望。第十二節：結論。

其中「走廊式都市主義模式」說明如下：

表 1：走廊式都市主義模式

長度：1000−1500 公尺

<table>
<tr><td>100</td><td colspan="5">綠帶</td></tr>
<tr><td>100</td><td colspan="5">大型公共設施區（ 醫院 、學校 、機關 ）</td></tr>
<tr><td>100</td><td>1 低密度</td><td>2</td><td>3</td><td>4</td><td>5</td></tr>
<tr><td>100</td><td colspan="5">中密度混合使用區</td></tr>
<tr><td colspan="6">100 中心廊道（捷運）高密度使用區</td></tr>
<tr><td></td><td colspan="5">2.中密度混合使用區</td></tr>
<tr><td></td><td>1 低密度</td><td>2</td><td>3</td><td>4</td><td>5</td></tr>
<tr><td></td><td colspan="5">大型公共設施區（ 醫院 、學校 、機關 ）</td></tr>
<tr><td></td><td colspan="5">綠帶</td></tr>
</table>

說明：

1. 走廊式長度 900−1500/寬 100
2. 總面積：900*1500=1,350,000 平方公尺
3. 中央爲捷運高密度區，其次爲中密度混合區。再次爲低密度住宅區（分五個街廓）。第四層爲大型公共設施區，最後爲綠帶所圍繞。
4. 居住人口：高密度 600/公頃：100*1500=15000 住 9,000 人。

中密度 400/公頃：100*2*1500=300000 住 12,000 人。低密度 200/公頃：100*2*1500=300000 住 6,000 人。共住 27,000 人。5.爲傳統 3 個鄰里單元。（參見圖 3、4）

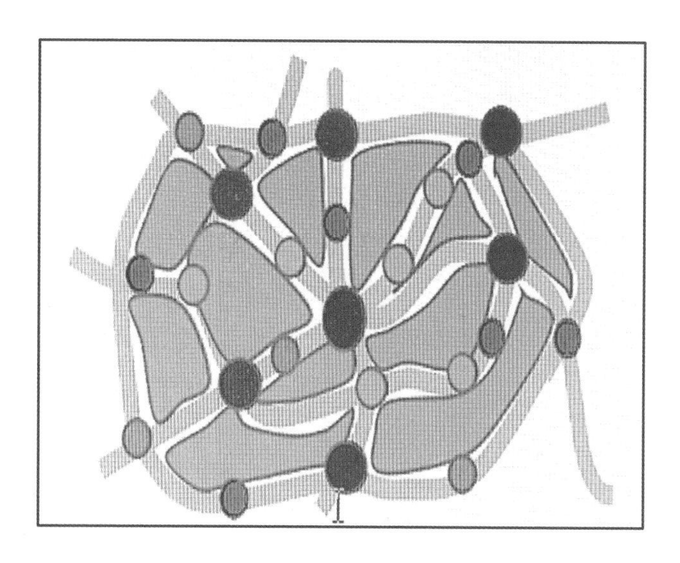

圖 3：走廊式模式

資料來源：Mark holland: Corridor Urbanism: A new model of resilient regiomal growth for the 21th century reality.jounal of urban management Webinar. What does the Global pandemic Covid -19 teach us? Reflactions of the Global urban leaders."on 11th may 2020.P.13.

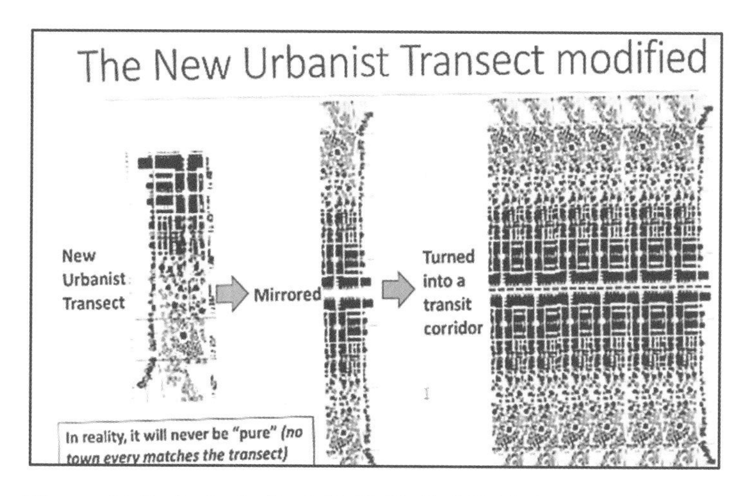

圖 4：新都市主義者改變的模式/資料來源：同上 P16

2. 改良式：三角形防疫城市

（1）規劃模型

圖 5：改良式三角型防疫城市示意圖/資料來源：本研究（李凱珠畫）

（2）一社區一圓（半徑 5.64 公里）100 公頃。

（3）每公頃平均密度 500 人，容納 50,000 人，6 個社區形成一行政區（如大安區）。

（4）圓中心至少爲一個 500 人以上規模醫院，各圓之間主幹道連至圓心（以爭取時效防疫至先）。

（5）一圓分三層，平均每層 1.88 公里，第一層 11.1 公頃，爲高密度住、商、公混合區，每公頃 700 人容納 9,770 人，除醫院外包括行政區、市場與交通總站。

（6）第二層 33.3 公頃爲中密度混合區每公頃 500 人居住 19,980 人，除住宅外爲公共設施包括學校、體育場。

（7）第三層 55.6 公頃爲低密度住、工區每公頃 400 人容納 22,240 人，除住宅外爲工業區、汙水處理場、變電所、焚化爐垃圾處理場等。

機場、港口、保護區等大型設施用地另計。

（二）沙烏地阿拉伯構想方案

1. 2021 年初，沙烏地阿拉伯王儲公佈了未來城市發展的概念，稱爲「高鐵線」，它基本上由一個 170 公里長的線性城市組成，沒有汽車道路，圍繞自然而建。未來的智慧城市將直接應對人類擁堵、汙染、交通和過時的基礎設施等日益增長的挑戰。

2. 不可否認，這條線是世界上很長一段時間以來看到的最有趣和最令人興奮的基礎設施專案之一，但儘管它華麗的外觀，使其成爲現實將是一個巨大的挑戰。[47]

---

[47] https://www.gushiciku.cn/dl/0ptNN/zh-tw 時間 2021-04-21 06：18：35 每日全球趣聞：
1. 這條線路將紅海海岸與沙烏地阿拉伯西北部的山脈和上游山谷連線起來，將由人工智慧（AI）提供動力，不斷學習預測方法，讓居民和當地企業的生活變得更容易。2. 它將由 100%的清潔能源提供動力，並將以地下高速交通系統為特色，而不是道路和汽車。「為什麼我們要為了發展而犧牲自然？為什麼每年有 700 萬人死於汙染？為什麼我們每年要因為交通事故而失去 100 萬人？為什麼我們要接受浪費多年的生命在通勤上呢？」王儲在展示線條時問道。因此，我們需要將傳統城市的概念轉變為未來城市的概念。3. 一個擁有 100 萬居民，170 公里長的城市，在 NEOM 內保留了 95%的自然，沒有汽車，沒有街道，零碳排放。交通是未來城市發展的重要組成部分，所有日常服務計劃在 5 分鐘內步行到線上每個節點，在 170 公里長的城市內最長的旅程預計不超過 20 分鐘。僅僅一個線性城市延伸 170 公里的沙烏地阿拉伯沙漠，沒有道路和汽車，但是未來的地下交通系統是一個巨大的挑戰。人類社會的天性是向外發展和擴張，所以保持直線需要大量的監管，而這些監管將很難執行。4. 其次是交通問題，目前的技術還不能滿足高鐵的需求。為了在 20 分鐘內從這座 170 公里長的城市的一端到達另一端，需要 318 英里每小時（512 公里/小時）的速度，這遠遠超過了目前高速鐵路系統的最高速度。超迴路列車也許有一天會發展到 512 公里每小

四、評論兼結語

（一）方案比較表

方案／項目	傳統（Perry 里鄰單元）	線性		
		Mark holland：走廊式都市主義	改良式：三角線	阿拉伯
1. 最小單元	50 公頃 10000 人	135 公頃 27000 人	100 公頃 50000 人	50 公頃 60000 人
2. 密度	200/ha	200/ha	500/ha	淨 1200/ha 粗 75/ha
3. 單元個數	4-5	1	6 個 30 萬人	10 公里一個社區共 17 個 100 萬人 800 公尺寬 170 公里長 136 平方公里
4. 步行至社區中心	10 分鐘	12 分	70 分	5 分鐘 400 公尺 高鐵第一個社區到最後

時是可以達到的速度，但目前的測試在沒有乘客的情況下達到了 288 英里每小時（463 公里/小時）。更不用說超迴路技術距離現實世界的實現至少還有十年的時間。他們的最終成本可能大大高於預期，斯蒂芬・惠勒景觀設計師和環境設計教授加州大學戴維斯說。

				20分
5. 能源	汽車	大眾運輸	大眾運輸	無汽車依大眾運輸
6. 建造成本	小	小	小	大
7. 防疫功能	小	大	大	大

1. 從城市規模：最佳城市規模的課題多年來時有爭議。聯合國將 2 萬人作爲定義城市的人口下限，10 萬人作爲劃定大城市的下限，100 萬人作爲劃定特大城市的下限，這種分類反映了部分國家的慣例。主要是考量規模經濟問題（Threshold）。達到一定規模才經濟。

2. 城市建造成本：一般城市除非是新城市如澳洲堪培拉（Canberra），否則多數是漸漸成長的。如同阿拉伯要建造 170 公里快速鐵路每公里約新台幣 2 億元 170 公里就需 340 億元。土地更不用說是昂貴的資材。

3. **節約能源：從能源角度看阿拉伯方案具有一定的目標性**。其方案對人類擁堵、汙染、交通和過時的基礎設施等日益增長的挑戰。

4. 人工智慧（AI）管理城市：人工智慧技術可能會傷害到勞動人力，特別是那些容易被自動化的工作。但各層級經理人都必須適應這個智慧型機器的世界。其實，人工智慧很快就能做經理人耗費很多時間去做的行政工作，而且做得更快、更好、成本更低。智慧城市將自己定位爲都會問題的解藥，透過收集各種偵測器的資訊，將能比過去更有效率地管理資產及資源。智慧城市最大的目標在於降低犯罪率、確保公共安全以及捍衛市民免於威脅。這一切的核心，就是資料（Data）。資料經由不斷地收集、分析和運用，以便善加解決大都市所面臨的問題。[48]

---

[48] 人工智慧與資料推動未來智慧城市的 5 大方式資料來源：希捷科技（Seagate）。

5. 防疫功能：線性城市在瘟疫防治功能上有阻隔功效。可以迅速阻斷病原傳染。將是防疫最佳利器。

6. 新的生活方式：線性城市不僅在防疫功能上有顯著的作用。也帶給人們一個新的生活方式，進入新時代的新挑戰紀元。

7. 最後阿拉伯興築此線性城市，具有防衛北方國土功能：在遼闊的沙漠中建立一道有如中國長城的防線。

發佈日期： 2019/02/25 相關關鍵字： AI 人工智慧，大數據，智慧城市。ttps://www.asmag.com.tw/showpost/11355.aspx。

輯二　養生論

第九章　淳養生道——固精一味

The Health of Urban Residents-Keep the Semen

摘要

人要延年益壽就需要靠養生，養生只有一味——固精。本文借助中醫之說法：「一滴精十滴血」來驗證其是否合理，果如是，則居民長命百歲。全文共四節：第一節前言：說明一滴精十滴血之重要性。第二節各種說法：說明不同的論述。第三節：理論與驗證：說明理論之依據及提出檢驗。第四節：結論：說明城市成年人如能一年只洩精一次，可活命 180 歲；如洩精二次，則可活 120 歲。

關鍵字：養生、固精、一滴精十滴血

Abstract

If the urban residents were long life then they must keep the semen. This paper is using the traditional Chinese medicine: "one drop semen equally ten drops bloods." to try the saying was reasonable or not. If the answer is yes. then the residents were long life. There are four sections: Firstly. Introduction: to explain the important of the "one drop semen equally ten drops bloods." Secondly. Difference theories: to explain the variety saying. Thirdly, Theory and reviews: to explain the theory and to prove Finaly, Conclution: If a man leap once in one year ,then he were 180 year long life. However, If a man leap tweice in one year ,then he were 120 year long life.

Key words: health .keep semen. one drop semen equally ten drops bloods.

一、前言

我國傳說中：「一滴精等於十滴血」，可見惜「精」之重要。惟現代醫學發達，眾說紛紜。本文以經濟學流量與存量之關念比較法，說明固精對於延壽是有幫助，使年輕人從小就知道，則人民身體強壯，生命增長。

二、各種說法

（一）關於「一滴精十滴血」的說法，起源於何時，來源於何方，尚未考證清楚，但中國古籍中沒有關於這方面的記載卻是肯定的。

（二）一個正常男子每次排出精液只有 3 到 5 毫升，其中精漿占 90%以上，精漿的分泌和補充是很迅速的，惟精子的產生需要很長的時間（周期爲 74 天左右）。

（三）臨床實驗證明，精液的成分有 10%的精子，90%的類似腸道的分泌液的其他液體，即精漿。精漿的成分 90%左右是水，其它爲極少量的蛋白質、糖、微量元素等物質，並不包含大量的人體需要的營養成分和微量元素。

（四）從中醫的角度講，「精」分廣義之精和狹義之精。廣義之精爲人體一切有形精微物質，包括氣、血、津液和水谷精微，即我們常說的「腎精」；狹義之精專指生殖之精。生殖之精是人類繁衍後代的物質基礎，人體發育到一定階段，由腎中精氣所化生的。「生殖之精」一旦形成，即已脫離了「腎精」的範疇，成爲獨立存在的生命物質。這種物質即使存在於體內，也不對自身有任何營養作用，作爲繁衍後代的物質基礎，其質量只對子代發生影響。而「腎精」作爲生命的物質基礎，其盛衰對身體健康有重大影響。「腎精」宜藏不宜瀉，「生殖之精」則遵循「精滿必瀉」的規律。

（五）血與精的關係：血和精的關係密切，精能化血，血能生精，精血互生，故有「精血同源」之說。

1. 血對精的作用：精者，血之所成也。」（《諸病源候論》）「夫血者，水谷之精氣也，和調於五臟，灑陳於六腑，男子化而爲精，女子上爲乳汁，下爲經水。」（《赤水玄珠》）「精者，血之精微所成。」（《讀醫隨筆・氣血精神論》）血液流於腎中，與腎精化合而成爲腎所藏之精。由於血能生精，血旺則精充，血虧則精衰。臨床上每見血虛之候往往有腎精虧損之征。

2. 精對血的作用：血即精之屬也，但精藏於腎，所蘊不多，而血富於沖，所至皆是。」（《景岳全書》）

腎藏精，精生髓，髓養骨，「骨髓堅固，氣血皆從。」（《素問・生氣通天論》）由此可見，精髓是化生血液的重要物質基礎。「精足則血足」（《類經》），所以腎精虧損可導致血虛。目前治療再生障礙性貧血，用補腎填精之法而獲效。以補腎爲主治療血虛，就是以精可化血爲理論依據的。

三、理論與驗證

（一）理論假設

1. 1 滴精等於 10 滴血。2. 每次射精量 5CC。3. 每次射精消耗 50CC 血。4. 一個正常人 70KG 體重約有七分之一血量（10,000CC）。5. 每次射精 3 天補足。

（二）動態觀點

1. 10 歲時（5 種骨髓齊補）：脛骨、股骨、肋骨、胸骨、脊椎骨（圖 1）：

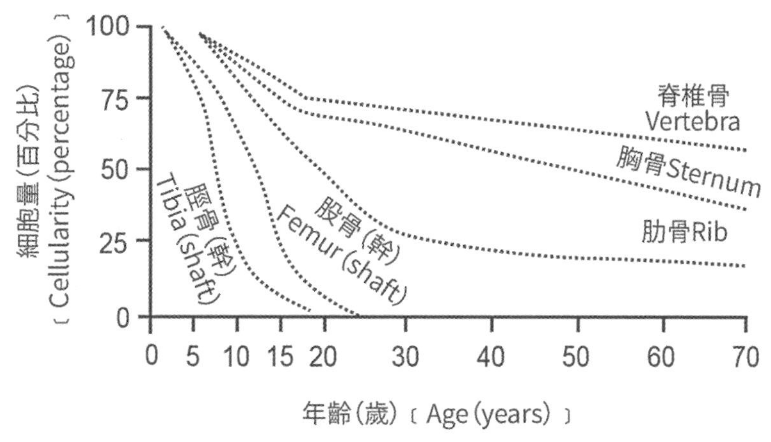

圖 1：不同年齡骨骼造血速率

資料來源：醫用生理學（Medical Physiology），原著 GUYTON & HALL，樓迎統編輯，黃秋峰等翻譯，台灣愛思薇爾有限公司，2008 年第 11 版，420 頁。（國考必備之書）

2. 每根骨頭一天製造 3.3CC 血

10 歲-25 歲時：5 根*3.3/1 根*3 天=49.5CC.

25 歲時（3 種骨髓齊補）：肋骨、胸骨、脊椎骨

3 根*3.3/1 根*5 天=49.5CC

30-40 歲時，肋骨占 1/4 胸骨只占 3/4 加脊椎骨

2 根*3.3/1 根*7.6 天=50.16CC

40-50：肋骨占 1/4 胸骨只占 2/4 脊椎骨 3/4，實際 1.5 根

1.5 根*3.3/1 根*10 天=49.5CC

50-60：肋骨占 1/4 胸骨只占 2/4 脊椎骨 2.5/4，實際 1.3 根

1.3 根*3.3/1*10.8 天=51.5CC

3. **週期與次數：從上分析：25 歲-30 歲：5 天一次；/30-39 歲 7.6 天一次；40-50 歲 10 天一次；50-60 歲 10.8 天一次。**

4. **台灣男性學醫學會：30-39 歲 2 天一次，40-49 歲 4 天一次，50-59 歲 6 天一次，相較起來，本文較保守。**

5. **25-60 歲所耗用之血量（表 1）**

表 1：年齡層射精所耗血量

年齡	週期（多少天一次）	每次所耗量（CC）	總次數（CC）	小計（CC）	備註（千金要方）
25-30	5 天（16-25 歲 3 天）	49.5	73/1 年，6 年 438	21,681	4 天
31-40	7.6 天	50.1	48/1 年，10 年 480	24,048	8 天
41-50	10 天	49.5	36.5/1 年，10 年 365	18,068	16 天

51-60	10.8 天	51.5	33.7/年，10 年 337	17,356	20 天；60 歲之後閉經不泄，若強壯者 30 日一泄
合計			1,620	81,153	

資料來源：本研究

（三）靜態觀點

1. 人**體內的血液總量約占體重的 7%**。

2. 一個 70 公斤重的人其血量爲 10,000CC。

3. 假設這些量若不低於四分之一之不可逆休克輸血，才可動用（圖 2）。

4. 以 10,000CC*（1-1/4）=7,500CC 可動用之固定存量。

5. 由於每次射精耗 5CC 即 50CC 血量。

6. 因此，一生使用次數則爲 7500/50=150 次。

7. 那麼，使用頻率成爲血液耗用之變數，也可說是天年之計算準則。

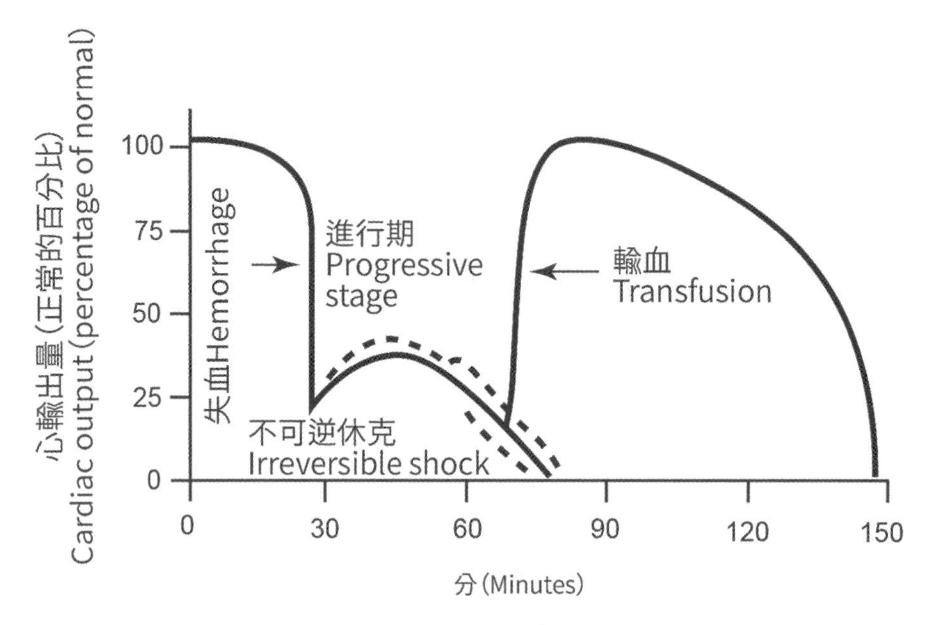

圖 2：人體不可逆之輸血量圖

資料來源：醫用生理學（Medical Physiology），原著 GUYTON & HALL，樓迎統編輯，黃秋峰等翻譯，台灣愛思薇爾有限公司，2008 年，284 頁

說明：在不可逆性的休克中，輸血無法挽回病人的生命。

8. 假設欲活 60 歲：從 25 歲起算：150/（60-25）=4.3 次/年。
9. 假設欲活 70 歲：150/（70-25）=3.3 次/年。
10. 假設欲活 80：150/（80-25）=2.7 次/年。
11. 假設欲活 90：150/（90-25）=2.3 次/年。
12. 假設欲活 100：150/（100-25）=2 次/年。
13. 假設欲活 110：150/（110-25）=1.8 次/年。
14. 假設欲活 120：150/（120-25）=1.6 次/年。
15. 假設欲活 130：150/（130-25）=1.4 次/年。

16. 假設欲活 140：150/（140-25）。1.3 次/年。

17. 假設欲活 150：150/（150-25）=1.2 次/年。

18. 假設欲活 160：150/（160-25）=1.1 次/年。

19. 假設欲活 170：150/（170-25）=1.0 次/年。

20. 假設欲活 180：150/（180-25）=0.96 次/年。

21. 由上觀之，精液耗盡則亡。

表 2：依年齡平均每年所用次數

欲活年齡	平均每年射精次數
60	4.3
70	3.3
80	2.7
90	2.3
100	2
110	1.8
120	1.6
130	1.4
140	1.3
150	1.2
160	1.1
170	1
180	0.96

資料來源：本研究

（四）驗證

台灣平均預期壽命：平均預期壽命（life expectation at birth）的高低與平均每人 GDP 水準有密切的關係，是經濟發展的一項重要指標。根據 Maddison（2001，頁 29-30）所整理的統計資料，傳統社會之平均預期壽命最低者大約是 25 歲。譬如，英國在 1301-1425 年間平均預期壽命約 24.3 歲，法國在 1740-1749 年間約 24.8 歲。一個國家開始現代經濟成長之後，平均預期壽命也跟著上升。英國的平均預期壽命在 1726-51 年間爲 34.6 歲，1820-1829 間上升爲 40.8 歲。表 3 比較台灣人、日本人與中國人之平均預期壽命。1906 年，台灣人之平均預期壽命男性僅 27.7 歲，女性爲 29.0 歲；這與傳統農業社會之統計數字相當。

不過，台灣人平均預期壽命在日治時期出現長足的進展，1921 年男性增加爲 34.5 歲，1936~40 之間再增加到 41.1 歲。中國在二次大戰之前並無可靠的平均預期壽命統計，表 3 所列是根據 1929-31 年間之農村人口統計間接推估，男性平均預期壽命爲 24.6 歲，女性爲 23.7 歲，這與英國 1301-1425 年相當。與西歐國家現代經濟發展之前的數字比較，台灣人在 1906 年之平均預期壽命（男性 27.7 歲）已算是偏低。因此，若清末的開港與自強運動對於平均預期壽命有正面影響，這表示 1860 年之前台灣人的平均預期壽命低於 27.7 歲。但是，有記錄可查的平均預期壽命最低大約是 25 歲，由此可推知，清末的開港與自強運動即使提升了台灣人的平均預期壽命，其效果也不大。

表 3：平均預期壽命

	性別	1906	1921	1926-1930	1936-1940	1956
台灣	男	27.7	34.5	38.8	41.1	60.2
	女	29.0	38.6	43.1	45.7	64.2
中國	男	—	—	24.6*	—	46.1
	女	—	—	23.7*	—	48.1
日本**	男	—	42.1	44.8	46.9	62.8
	女	—	43.2	46.5	49.6	66.8

說明：*由 1929-31 年間之農村人口調查資料推算。**日本之數字 1919 年是以 1920-25 年統計數字計算；1926-30 年是以 1925-30 年數字計算；1936-40 年是以 1935-36 年數字計算；1956 年是以 1954-55 年數字計算。
陳紹馨（1979a, 頁 165）尚有其他期間之台灣平均預期壽命。譬如，以男性而言，1909-1911 期間之平均預期壽命統計爲 32.4 歲，1910-1914 期間爲 32.4 歲，1914-1916 期間爲 28.4 歲，1919 年爲 27.7 歲，1920-1927 期間爲 36.8 歲。以上 1909-1911 期間的預期壽命似乎偏低，1919 年則又偏高。其中原因爲何，尚有待進一步探討。資料來源：台灣：Barclay（1954, 頁 154）與陳紹馨（1979a, 頁 165）；中國：Banister（1987, 頁 5-6）；日本：Taeuber（1958, 頁 288）。

資料來源：吳聰敏：「從平均每人所得的變動看台灣長期的經濟發展」：經濟論文叢刊（*Taiwan Economic Review*, 2:3 (2004), 293-320）。國立台灣大學經濟學系出版第 305 頁。

從表 3 可看出：台灣男性 1906-1956 在 50 年間，平均每年增加 0.65 歲；女性平均每年增加 0.7 歲，以此推論：在 136 年後-146 年後，也就是西元 2155 年-2165 年，台灣人年齡可達 180 歲。

四、結論

（一）從流量觀之：每次射精量為 50CC，則一生（25 歲-60 歲）總次數約 1,620 次。為其體重數，（體重 70 公斤）之人 1.159 倍。

（二）從存量觀之：如欲活 70 歲，則平均每年使用 3.3 次；如欲活 100 歲，則平均每年使用 2 次；若能平均每年只使用一次，那就可活 180 歲。

（三）法國生物學家布豐提出「壽命係數」：認為人和動物壽命是生長期的 5-7 倍，若以動物骨骼生長期的終止為準，25 歲即終止（參見圖 1，脛骨、股骨、肋骨、胸骨、脊椎骨 5 骨中脛骨與股骨已停止生長），故人之壽命應是 100-175 歲，本文提出 180 歲之論，應可證明。

五、參考文獻

1. 精與血的關係（相互滋生相互轉化），中醫中藥網
   https://www.zhzyw.com/。
2. 精、氣、血、津液之間的相互關係、正寶醫學教育網
   http://www.med66.com/new/40a184a2009/20091029liuhon182723.shtml。
3. 精血，百度
https://baike.baidu.com/item/%E7%B2%BE%E8%A1%80
4. 中醫論血與氣、精、津、液的關係 201002192338
   https://blog.xuite.net/okm6589/twblog/133379361-%E4%B8%AD%E9%86%AB%E8%AB%96%E8%A1%80%E8%88%8

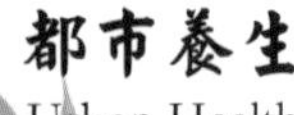

7%E6%B0%A3%E3%80%81%E7%B2%BE%E3%80%81%E6%B4%A5%E3%80%81%E6%B6%B2%E7%9A%84%E9%97%9C%E4%BF%82。

5. 醫用生理學（Medical Physiology），原著 GUYTON & HALL，樓迎統編輯，黃秋峰等翻譯，台灣愛思薇爾有限公司，2008 年。
6. 何清湖等編：「馬王堆，古漢養生大講堂」中國中醫藥出版社，20179 月。
7. 吳聰敏：「從平均每人所得的變動看台灣長期的經濟發展」：經濟論文叢刊（*Taiwan Economic Review*, 32:3 (2004), 293- 320）。國立台灣大學經濟學系出版。
8. 1 drop of semen = 100 drops of blood. Is this true?

   Answer: Like someone told me you shuld not masturbate and told me the following equations? Do you guys have any idea on this?? Best Answer: It's utter nonsense, said to scare and frighten you. Masturbation is a healthy and normal function for any male. The amount of sperm you release by masturbating has zero effect on your blood. Ok, so sometimes it makes you light headed when you climax and sleepy after-wards, and too rough with your dick can cause friction burns to the skin, but apart from that, carry on and enjoy and tell the scare mongers to p*** off.

   https://answers.yahoo.com/question/index;_ylt=AwrtSXVo0M5c8sIAcQRr1gt.;_ylu=X3oDMTEycjYzMDRuBGNvbG8DdHcxBHBvcwM4BHZ0aWQDQjc2MTVfMQRzZWMDc3I-?qid=20110226143036AAKaHmR
9. Does a drop of semen have ten drops of blood in it?

   No. semen is white or clear and does not contain any blood. Blood is red, and you would be able to see it in semen if it was there! If there is someone who is ejaculating blood, they need to see a doctor immediately. Its impossible for 1 drop of semen to contain 10 drops of anything. Blood in the semen or urine isn't that serious a problem as it can mean a tear in… Read More

10. How many drops of Blood are in one Drop of Sperm ?
    Best Answer: Zero. You ejaculate semen, which is made up of 1 to 2% sperm by volume. Sperm are the smallest human cells, so they cannot contain blood cells which are hundreds of times larger. Generally when you hear stuff that sounds bogus, it usually is. When there is blood in the semen, it is quite obvious you have a bleeder somewhere.
    https://answers.yahoo.com/question/index?qid=20111118062040AATngdm
11. Maddison, Angus(2001), The World Economy: A Millennial Perspective, Paris: Development Centre of the OECD.

第十章　休息論

Change the Urban Governance Model-Rest Theory

摘要

本文主要闡述人只要多休息.即可延長壽命。本文共分八節：第一節緣起：說明休息的重要性。第二節現況：說明目前人們的作息狀態。第三節目前不休息狀況改善構想-平衡論：說明以目前情況之改善方法。第四節爲何要休息：說明休息的理由。第五節休息構想：說明休息理論的構想。第六節影響：說明在休息論下的影響。第七節長生不老之道：說明長生不老的思想。第八節結論：說明人們若有休息則可延壽至 180 歲。

關鍵字：休息論、延壽、長生不老

Abstract

This paper is description the urban residents were long life. if they rest.. Then the governance model of urban were changed. The paper contains eight sections. First, Introdution: to explain the important of rest. Second, Situation: to explain the condition of people condition of life. Third, The ideal of change the condition of peeople condition of life: to explain the change method. Forth,Why do we need rest? to explain the reason of rest. Fifth, The ideal of rest: to explain the structure of rest theory. Sixth, Influences: to explain the influences of life under the rest theory.

Seventh,The road of long life: to explain the thought of long life.Eighth, Conclution: to explain the residents life were 180 years old, if they rest.
Key words: Rest theory,extend life,immortal life.

一、緣起

（一）動機：「休息是爲了走更遠的路」，這句話說得很確切。一些問題值得吾人思索（一）爲什麼人們到 65 歲退休之後，身體逐漸衰老，就是要休息也無補，依樣一直到 85 歲死亡？（二）在 65 歲到 25 歲之間，是否沒有得到充分休息，太辛苦了？（三）也有一句俗語：「年輕時用身體賺錢，老年時用錢補身體」但總也補不回來。要找到答案，就要從新解構。

（二）研究方法：比較法：採社會學之比較，事前與事後相對的變化，以便得知事物的預期成效。

二、現況

（一）人生收支曲線
（二）人生責任曲線
（三）收支細目：包括個人收入的總項目：如薪資所得與執行業務所得。支出包括日常生活費、醫療、交通、旅遊、教育費等。

人生可概略分爲三大階段：第一階段爲出生到就業，第二階段爲就業到退休，第三階段爲退休到死亡。每個階段各有所需的重大支出和收入金額。

以在台北生活，年輕夫妻養育獨生子女一家三口小家庭爲例：假設夫妻雙薪 25 歲開始工作，持續工作 40 年，65 歲退休，活到 85 歲死亡；養育一個子女從出生到大學畢業；通膨每年 1%。計算這樣所需要的花費是：

第一階段：靠爸時期　陽春花費 600 萬元起跳

人生第一階段基本上只有支出，鮮少有收入，原則上就是靠父母供應支持。部分人在或許有打工的收入，但是占整體支出仍是少數，幸運一點的人或許父母會利用壓歲錢幫忙買基金、股票代爲投資。這段時間父母無條件付出，通常不求回報。

這個階段會花掉多少錢呢？從哇哇墜地到大學畢業，0 到 22 歲，估算每月平均花費約 2 萬元，以通膨每年 1%計算，22 年共需要花費 587 萬元，算 600 萬元好了。這應該是很節省的花費了，如果參加補習、才藝班、安親班、讀私立學校、遊學等，或者讀研究所等，金額則遠大於此。也就是說，從襁褓到大學畢業，省省花用，陽春花費 600 萬元起跳。

第二階段：高責任期　泰山壓頂

第二階段進入高責任期，如果結束單身進入小家庭，財務收支運用思考改以小家庭爲單位。在高責任期所需要的花費，簡單概算：婚禮開銷盡量收支平衡，皆大歡喜；養兒育女到 22 歲含教育費用，前述已估計約需 600 萬元；購屋置產以大台北公寓房價計算 1,200 萬元（房貸 1,000 萬元，20 年，利率 2%，每月付 5 萬元本利）；基本款汽車 60 萬元，超節制 20 年換一部車，40 年只換 2 部車，付現 120 萬元；房屋稅、地價稅、汽車牌照稅、燃料稅、保養費、油錢和交通費，一年概算 6 萬元，40 年共 240 萬元（每月 5 千，不計通膨）。

一家三口過簡樸生活，家庭基本開銷每月 2 萬元，以通膨每年 1%計算，40 年共花費 1,173 萬元，算整數 1,200 萬元。保險每年 20 萬元，繳 20 年，共 400 萬元；維持小日子的小小品質，每年旅行花費估 6 萬元，這個金額只能國內旅遊，如要國外旅遊要很精省懂門道，40 年共 240 萬元（每月 5 千元，不計通膨）。

上列計算只估算基本開銷，不含奉養父母的孝親費用等，一個小家庭在這階段大項消費加總起來，至少 4,000 萬元。

第三階段：黃金歲月退休期　口袋要有錢

第三階段假設從 65 歲退休到 85 歲死亡，生活費每月 3 萬元，以通膨每年 1%計算，估算 792 萬元，算整數 800 萬元。這時候每月 3 萬元的購買力相當於 40 年前每月 2 萬元的購買力，退休後基本的生活品質應該可以維持一定水準。預留 200 萬元當緊急支出或部分旅行支出。萬一人生最後 10 年生病需要看護費、營養費、醫療費用，如果買到足夠保障，可將這筆費用完全或大部分移轉給保險公司，否則可能要賣房來支付。這個階段基本開銷要 1,000 萬元起跳。

三、目前不休息狀況改善構想——平衡論

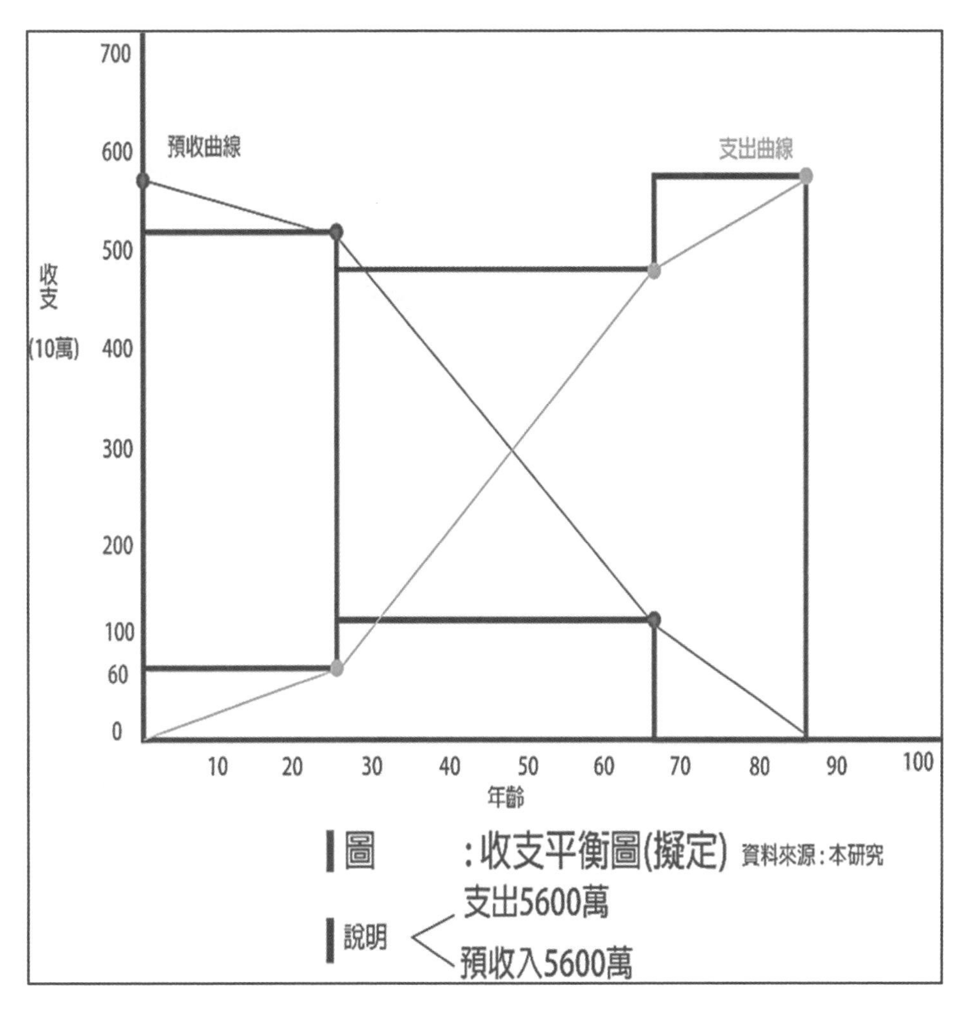

圖 1：收支平衡圖/資料來源：本研究（李凱珠繪製）

表 1：國民所得（近 67 年）

國民所得統計常用資料-年　依期間、指標與種類

	平均每人 GNI（名目值，元）	國內生產毛額 GDP（名目值，百萬元）
	原始值	年增率（%）
1951	1,588	-
1952	2,146	40.14
1953	2,764	33.35
1954	2,928	9.89
1955	3,363	19.15
1956	3,732	14.95
1957	4,219	16.95
1958	4,568	12.20
1959	5,090	15.45
1960	5,940	20.70
1961	6,441	12.19
1962	6,873	10.24
1963	7,535	13.17
1964	8,543	16.83
1965	9,157	10.70
1966	9,957	11.77
1967	11,206	15.65
1968	12,737	16.63
1969	14,248	16.00
1970	15,841	15.31
1971	18,037	16.28
1972	21,195	19.85
1973	26,983	29.75
1974	35,474	33.84

1975	37,230	7.44
1976	43,689	19.90
1977	50,238	17.19
1978	59,216	19.61
1979	70,225	20.57
1980	85,883	24.85
1981	99,578	18.55
1982	105,569	7.39
1983	116,509	11.95
1984	129,365	11.47
1985	134,599	4.84
1986	156,808	16.99
1987	174,252	12.74
1988	187,134	8.08
1989	206,120	11.56
1990	226,718	11.09
1991	251,630	12.13
1992	277,018	11.76
1993	302,377	10.52
1994	326,840	9.33
1995	353,004	9.02
1996	379,923	8.65
1997	407,082	8.47
1998	432,763	7.62
1999	450,063	4.63
2000	472,889	5.46
2001	463,282	-1.87
2002	486,280	5.15
2003	500,594	2.67

2004	530,835	6.24
2005	544,798	3.80
2006	567,508	4.54
2007	599,536	6.06
2008	585,519	-1.91
2009	579,574	-1.44
2010	628,706	8.93
2011	633,822	1.37
2012	650,660	2.62
2013	670,585	3.70
2014	708,540	5.79
2015	737,393	4.09
2016	752,936	2.42
2017	762,681	1.89
2018	767,555	1.58

註解：平均年增 11.7676%

40 複利：65,727,410 元

資料來源：行政院主計處

這個假設是收入與支出一生 5,600 萬。

綠色往上曲線是隨人生階段所需花費。

紅色往下曲線是假設您已經有 5,600 萬，在每個階段所花費。

配套措施：1. 接下來就是如何籌措第一階段的經費？2. 就是先預借（向政府或大企業）這筆經費，至 25 年後就會慢慢填補。3. 若能成立合作社，那麼到 65 年後，其收入可能比支出多。4. 這個合作社就是小型共財團體。5. 倘若有多的盈餘，再多分配給會員。(由表 1 之目前（2018 年）所得 767,555 複利 40 年（利率 1.117676）得出 65,727,410 元。倘若扣除前面設定一生花費 56,000,000 元，**尚有 9,727,410 元之盈餘**)。

四、為何要休息

1. 生物學觀點：溫帶動物冬眠，熱帶物種夏季蟄伏。睡眠也是休息幫助大腦排毒。

2. 環境觀點：農業社會：春耕、夏耘、秋收、冬藏。

3. 文明觀點：農業-工業-服務業-休閒業。

4. 事實上：人們追求更多休息日。

五、休息構想

（一）傳統工作六日第七日休息之迷思：聖經創世紀記載：上帝六日內創造了萬物，第七日完工休息。

（二）休息論（圖 2）

1. 假設未來工作時間與目前一樣不變。（480 個月）

2. 假設 50 歲前與目前所設定學習時間不變（300 個月）：學習與工作各半。

3. 因體力增加 60 歲-70 歲/80-90/100-110/120/130，工作 9 個月。140-150/160-170 工作 6 個月。其餘休息。

4. 若二者相較：前者工作 480 月/1,020 月；後者 480 月/2,160 月；前者休息 548 月/1,020 月；後者 1,680 月/2,160 月。

5. 人們有更多休息：可以延年益壽。

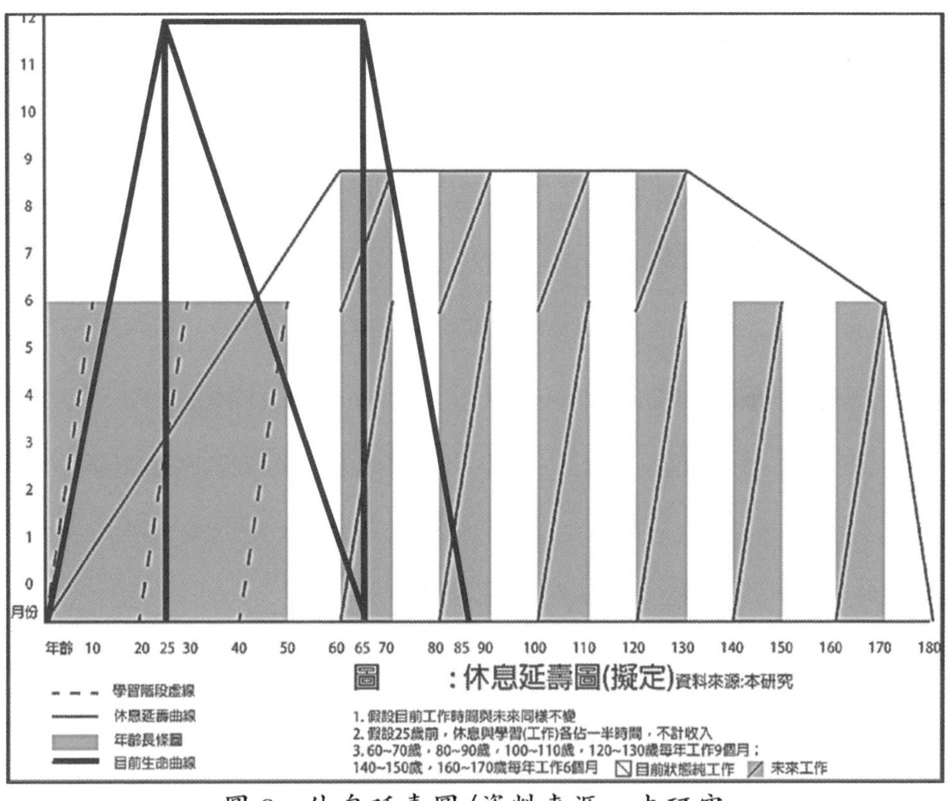

圖 2：休息延壽圖/資料來源：本研究

（三）配套措施

1. 學校、工作學習時間調整。

2. 增加休息時間之活動。

（四）優點：長生不老

六、影響

1. 個人：有更充足時間學習與娛樂，壽命延長。

2. 社會：社會競爭性減少，只求長生不老。

3. 醫療：減少醫療費用。

4. 文明：人類文明更增進。

5. 經濟：勞動力價格升高，資本主義消失。

6. 政治：由於壽命延長，人類追求政治野心遞減。

七、長生不老之道

（一）養生思想

1. 老子：《道德經》第 5 章：天地之間，其猶橐籥乎？虛而不屈，動而愈出。第 16 章：「夫物芸芸，各復歸其根，歸根曰靜，是謂復命」；老子曰：「衛生之經，能抱一乎（32）？能勿失乎（33）？能無卜筮而知吉凶乎（34）？能止乎？能已乎？能捨諸人而求諸己乎？能翛然乎（35）？能侗然乎（36）？能兒子乎（37）？兒子終日嗥而嗌不嗄（38），和之至也（39）；終日握而手不掜（40），共其德也（41）；終日視而目不瞚（42），偏不在外也（43）。行不知所之，據不知所爲，與物委蛇（44），而同其波（45）：是衛生之經已。」

2. 莊子養生思想：重養形、養神與養氣。（1）養形：形體得以休養。（2）養神：壹其性癢其氣。（3）養氣：練氣物化。

3. 金貴要略臟腑經絡先後病脈證第一篇（病因）：「……千般災難，不越三條：一者，經絡受邪，入臟腑，爲內所因也；二者，四肢九竅，血脈相傳，壅塞不通，爲外皮膚所中也；三者，房室、金刃、蟲獸所傷。」

4. 嵇康（223 年－263 年）《養生論》：心理上要保持健康（主張清心寡欲修身養性的養生方式），身體上要勤於鍛鍊，飲食上要有藥物於以調理（在煉丹服食）。

5. 抱朴子養生論：抱朴子曰：一人之身，一國之象也。胸腹之設，猶宮室也。肢體之位，猶郊境也。骨節之分，猶百官也。腠理之間，猶四衢也。神猶君也，血猶臣也，黑猶民也，故至人能治其身，亦如明主能治其國。夫愛其民，所以安其國。愛其氣，所以全其身。民弊國亡，氣衰身謝。是以至人上士，乃施藥於未病之前，不追修於既敗之後。故知生難保而易散，氣難清而易濁。若能審機權，可以制嗜慾，保全性命。且夫善養生者，先除六害，然後可以延駐於百年。何者是耶？一日薄名利，二日禁聲色，三日廉貨財，四日損滋味，五曰除佞妄，六曰去沮嫉。六者不除，修養之道徒設爾。蓋綠未見其益，雖心希妙道，口念眞經，咀嚼英華，呼吸景象，不能補其短促。誠綠捨其本而忘其末，深可誡哉。所以保和全眞者，乃少思、少念、少笑、少言、少喜、少怒、少樂、少愁、少好、少惡、少事、少機。夫多思則神散，多念則心勞，多笑則藏腑上翻，多言則氣海虛脫，多喜則膀胱納客風，多怒則勝理奔血，多樂則心神邪蕩，多愁則頭貴憔枯，多好則志氣傾縊，多惡則精爽奔騰，多事則筋脈乾急，多機則智慮沉迷。斯乃伐人之生甚於斤斧，損人之命猛於豺狼。無久坐，無久行，無久視，無久聽。不飢勿強食，不渴勿強飲。不飢強食則脾勞，不渴強飲則胃脹。體欲常勞，食欲常少。勞勿過極，少勿至飢。冬朝勿空心，夏夜勿飽食。早起不在鸜鳴前，晚起不在日出後，心內澄則眞神守其位，氣內定則邪物去其身。行欺詐則神悲，行爭競則神沮。輕侮於人當臧算，殺害於物必傷年。行一善則魂神樂，搆一惡則魄神歡魄神樂死，魂神好生。常以寬泰自居，恬啖自守，則身形安靜，災害不干。生錄必書其名，死籍必削其咎。養生之理，盡於此矣。至於煉還丹以補腦，化金液以留神，斯乃上眞之妙道，蓋非食穀啖血者，越分而修之。萬人之中，得者殊少，深可誡焉。

老君曰：存吾此道，上士全修延壽命，中士半修無災病，下士時修免夭橫，愚者失道檳其性。其斯之謂歟。

（二）治未病

治未病的思想，肇始於《黃帝內經》、《難經》，後世醫家代有發揮，成爲中醫學寶庫的重要組成部分。《黃帝內經素問•四氣調神大論》指出：「聖人不治已病治未病，不治已亂治未亂，此之謂也。夫病已成而後藥之，亂已成而後治之，譬猶渴而穿井，鬥而鑄錐，不亦晚乎！」強調預防爲主、防重於治。這與孔子、曾子的預防醫學的思想是一脈相承的，與西醫學的三級預防也有異曲同工之妙。

（三）短暫休息才是最好的鍛鍊

美國哈佛醫學院和麻薩諸塞州立大學的研究顯示，發獃是最簡單的減壓方式。他們發現，心無雜念、腦子裡什麼也不想的時候，大腦中的 α 腦電波得到加強。

八、結論

1. 生物學觀點：溫帶動物冬眠，熱帶物種夏季蟄伏，因此，人必須休息。一切生命的生發之機在於靜。

2. 休息有短暫的休息，例如小憩；有長期休息，例如暑假。

3. 休息是培養下一波的經歷，以求更有效的效率。

4. 休息與工作二分時法，可以延長人類的生命。

5. 中醫養生只需記住 8 個字：「童心、蟻性、龜柔、猴行」，既簡單易行，又詮釋了養生的基本原則，即「養生先養心，養心先養德」。

6. 人類活到 800 歲已非難事。（圖 3）

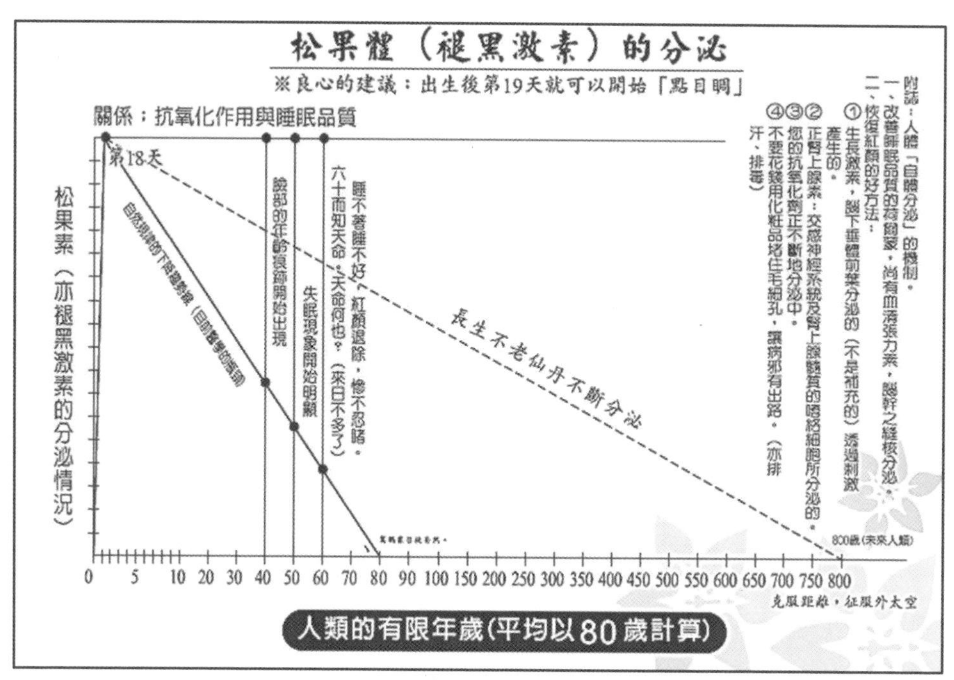

圖 3：松果體（褪黑激素）分泌

資料來源：陳來成：尋覓千古失傳的中國民俗密笈傳家，神龍門生計國際聯誼會 2013.7.1 頁 66（另俄國科學家也研發「斯庫拉契夫離子」人類可能活到 800 歲。2006.11.15 晚間 18.38TVBS55 台記者溫元樸譯）

九、參考文獻

1. 劉鐵濤主編：《中國養生史》，廣西科學技術出版社，2017 年 12 月第一版。
2. 楊力：《中醫運氣學》，北京科學技術出版社，1999 年第 2 版，2018 年第 10 次印刷。
3. 南懷瑾：《靜坐修道與長生不老》1989 年 2 月 12 版。

第十一章　意念循經法

一、前言

人體有 12 經絡從頭、手、足 24 小時循環週身.以行經順序調整呼吸，達到安魂定魄，延年益壽。

二、理論

依據「**氣隨意轉**」：依人體 12 經絡 12 時辰之循經，從早晨 3-5 時開始分爲肺、大腸、胃、脾、心、小腸、膀、腎、心包、三焦、膽、肝經。

三、方法

1. 站立。
2. 閉目。
3. 仰雙手至胸中。
4. 起式：肺經起於胸中，吸氣手同時舉起；呼氣手同時放下至胸中。承式：大腸經從手往頭，吸氣雙手上舉，吐氣從頭往胸中止。轉式：胃經從頭往足，吸氣雙手上舉，吐氣從頭往足中止。往前身下蹲。合式：脾經從足往頭，吸氣雙手往頭上舉，吐氣從頭往胸中止。其餘類推。膀胱腎經雙手往後，肝膽二經走身側。

5. 男左女右，左右各一回。

6. 可任意幾回。

7. 至肝經完了時，兩手自然下垂。靜心走帶脈，向左右各旋轉20圈（自然功）。可任意幾回。

8. 收功，喝水。

9. 靜坐 10 分鐘。

10. 完功。

四、說明

中國「氣」哲學有兩種狀態一是魂態（精神安定、有活力、有鬥志……）而氣旺於五臟（肝、心、脾、肺、腎）另一種魄態（能感受到情緒）而氣旺於六腑（膽、小腸、胃、大腸、膀胱、三焦）。

五行：將魂、神、意、魄、志對應五臟。若能制勝五行，調合五臟，則可安養延年。(圖 1)

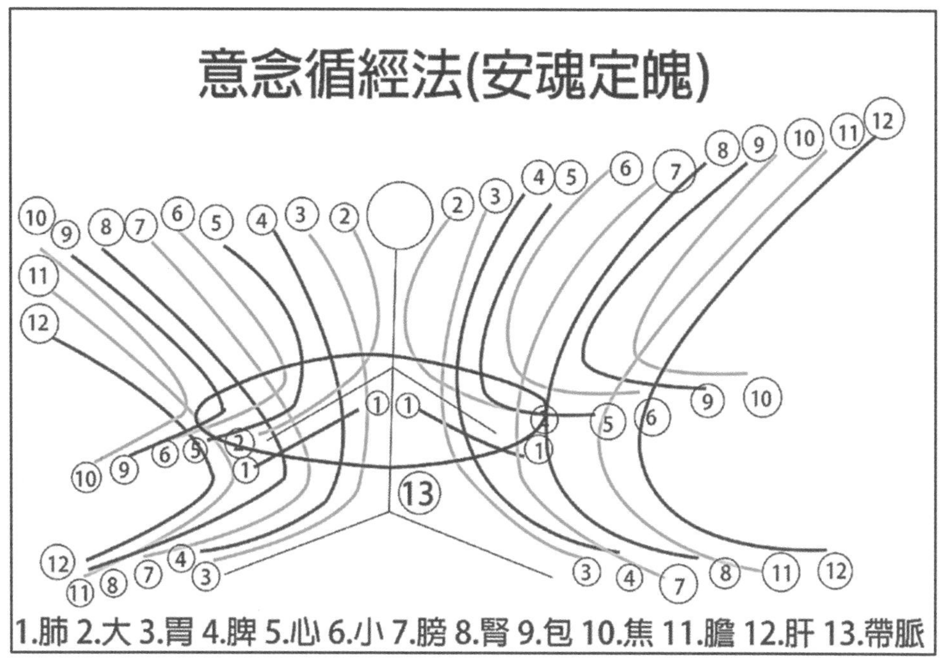

圖 1：意念詢經法圖示（本研究李凱珠畫）

五、尺寸

1. 一吸三寸一呼三寸，一息六寸
2. 一度 270 息：一日行 50 度，一日 13500 息
   一度 16 丈 2 尺一日行 50 度＝810 丈
3. 6 寸 X13500＝81000 寸（一日）
4. 換算一寸＝3.7 公分
5. 3.7*81000＝299700 公分（一日）
6. 299700/24/60＝208.125/分/60＝3.46875 公分/秒
7. 13500/24/60＝9.375 息/分

8. 9.375*6＝56.25 寸

9. 81000 寸/50＝1620 寸/度

10. 1620/56.25＝29 分鐘/度

11. 29X50/24/60＝1

六、調息

以腹部吸氣法作爲調息基礎，以每息保持 9.375 次共振進行。

求卦：當吾人煉自然功時，若意念起時，即表示心有罣礙，尋求了解，隨即停功，而所停之處，正式 64 卦之卦。如輪盤所指（圖 2）。再求卦解（圖 3）。

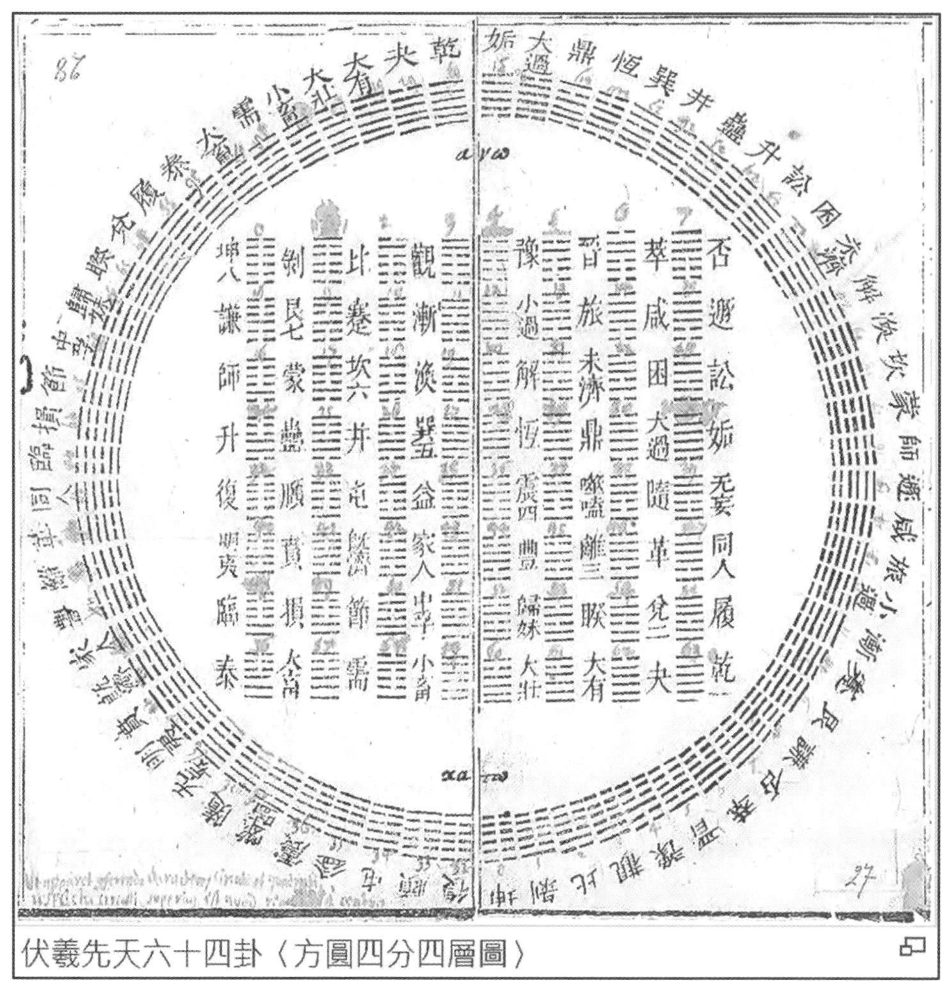

伏羲先天六十四卦〈方圓四分四層圖〉

圖 2：先天 64 卦

資料來源：維基百科：
https://zh.wikipedia.org/wiki/%E5%85%AD%E5%8D%81%E5%9B%9B%E5%8D%A6

坤(地)	艮(山)	坎(水)	巽(風)	震(雷)	離(火)	兌(澤)	乾(天)	↓下卦
(1) 2. 坤為地	(2) 23. 山地剝	(3) 8. 水地比	(4) 20. 風地觀	(5) 16. 雷地豫	(6) 35. 火地晉	(7) 45. 澤地萃	(8) 12. 天地否	坤(地)
(9) 15. 地山謙	(10) 52. 艮為山	(11) 39. 水山蹇	(12) 53. 風山漸	(13) 62. 雷山小過	(14) 56. 火山旅	(15) 31. 澤山咸	(16) 33. 天山遯	艮(山)
(17) 7. 地水師	(18) 4. 山水蒙	(19) 29. 坎為水	(20) 59. 風水渙	(21) 40. 雷水解	(22) 64. 火水未濟	(23) 47. 澤水困	(24) 6. 天水訟	坎(水)
(25) 46. 地風升	(26) 18. 山風蠱	(27) 48. 水風井	(28) 57. 巽為風	(29) 32. 雷風恆	(30) 50. 火風鼎	(31) 28. 澤風大過	(32) 44. 天風姤	巽(風)
(33) 24. 地雷復	(34) 27. 山雷頤	(35) 3. 水雷屯	(36) 42. 風雷益	(37) 51. 震為雷	(38) 21. 火雷噬嗑	(39) 17. 澤雷隨	(40) 25. 天雷無妄	震(雷)
(41) 36. 地火明夷	(42) 22. 山火賁	(43) 63. 水火既濟	(44) 37. 風火家人	(45) 55. 雷火豐	(46) 30. 離為火	(47) 49. 澤火革	(48) 13. 天火同人	離(火)
(49) 19. 地澤臨	(50) 41. 山澤損	(51) 60. 水澤節	(52) 61. 風澤中孚	(53) 54. 雷澤歸妹	(54) 38. 火澤睽	(55) 58. 兌為澤	(56) 10. 天澤履	兌(澤)
(57) 11. 地天泰	(58) 26. 山天大畜	(59) 5. 水天需	(60) 9. 風天小畜	(61) 34. 雷天大壯	(62) 14. 火天大有	(63) 43. 澤天夬	(64) 1. 乾為天	乾(天)

圖 3：64 卦意/資料來源：同前

第十二章　養終送生——黃帝外經「陰陽顛倒論」之運用

一、緣起

延年益壽是人人追求的目標，但必須保握基本的哲學思想才能持續永恆（going concern）。

本文依據黃帝外經[49]的「陰陽顛倒篇第一」[50]闡明養生之法則。首先說明「陰陽顛倒論」的意義。其次說明道家煉丹修練理論。再

[49] 《黃帝外經》首見於《漢書》卷三十，藝文志第五，方技類之醫經中，惟不見錄經文。相關之書目為：《黃帝外經》三十九卷或三十七卷。另有《扁鵲外經》十二卷。又有《白氏外經》三十六卷，《旁篇》二十五卷等。
據梅自強先生《顛倒之術》謂：「此書（黃帝外經）一直失傳，至本世紀八十年初，始在天津發現明末或清初根據口耳相傳整理而成的精抄本。」傳述者（陳士鐸先生並）於每篇之末都加上了簡短的評價，並冠以《外經微言》之名。爾後，天津古籍出版社曾把它列為「中醫珍本叢書」影印 1500 本試銷，不意以不是岐伯時成書為由而被某些人說成是「偽書」，以致未能再版。」又謂：「《外經》是以黃帝及雷公、風伯等二十三位大臣探討問難的方式寫成的，共九章八十一篇。《外經》的內容，有不少是可補《內經》之不足。（按：即仙道內丹、養生延命範圍）」

[50] 陰陽學說認為：世界是物質性的整體，宇宙間一切事物不僅其內部存在著陰陽的對立統一，而且其發生、發展和變化都是陰陽二氣對立統一的結果。
中醫學把陰陽學說應用於醫學，形成了中醫學的陰陽學說，促進了中醫學理論體系的形成和發展，中醫學的陰陽學說是中醫學理論體系的基礎之一和重要組成部分，是理解和掌握中醫學理論體系的一把鑰匙。「明於陰陽，如惑之解，如醉之醒」（《靈樞・病傳》），「設能明徹陰陽，則醫理雖玄，思過半矣」（《景岳全書・傳忠錄・陰陽篇》）。
中醫學用陰陽學說闡明生命的起源和本質，人體的生理功能、病理變化，疾病的診斷和防治的根本規律，貫穿於中醫的理、法、方、藥，長期以來，一直有效地指導著實踐。

次以現代系統動態學理論驗證。最後提出「養終送生」的理論法則，以供養生者參考。

二、陰陽顛倒論

陰極而陽、陽極而陰，陰陽可以互相轉化，陰陽顛倒（即轉化）的規律，是黃帝外經的哲學基礎。陰陽變化在養生中的運用，它的中心思想「抱神以靜，形將自正」關鍵在於掌握「顛倒之術，即陰陽之原。」[51]廣成子[52]曰：「至道之精，窈窈冥冥[53]；至道之極，昏昏默默[54]。無視無聽，抱神以靜，形將自正。必靜必清，無勞女形，無搖女精，乃可以長生。目無所見，耳無所聞，心無所知，女神將守形，形乃長生。」「世人皆順生，不知順之有死；皆逆死，不知逆之有生。」[55]故未老先衰也。

---

51 觀察事務要從正反順逆兩方面著手。
52 黃帝時仙人。
53 陰陽之道。
54 內外之詢：內守不受外干。
55 此語指持盈保泰與發憤圖強。

三、道家內丹修練理論

道家提倡修煉內丹[56]和靜坐，此即謂丹道之學，已有數千年歷史，即透過靜坐入道（進入生生不息的本體，道家稱之爲玄空造化場），在個體與宇宙合而爲一之下，使身體透過不同的「竅」吸收造化養育萬物的氣，與人體內氣混化，以本體爲製藥工廠，自然地生成治病補虧損的大藥（即陽氣），從而回復到年青時的健康狀態，即返老還童，達致長生不老。

內丹，簡單地說，就是人身體之內精、氣、神三者的一種結合物。是借用外丹的名詞術語，將人體作爲煉丹的爐子，把精氣神作爲煉丹的藥物，讓氣按照一定的線路在人體經絡問有節奏地執行，在執行中不斷的吐故納新，使人永遠充滿活力，爲人的長壽提供原動力，這股原動力被習慣地稱爲「內丹」，內丹家以丹象日月，比之如陰陽、心性，神氣，煉精化氣，煉氣化神，煉神還虛，與天地合一，比之爲金剛不壞之體，故亦稱曰金丹。道家歷來稱其爲「內丹」。

道家煉養術從外丹[57]發展到內丹，是一個由繁入簡，博而返簡的必然過程。內丹術的出現雖然要比外丹來得晚，但同樣是源遠流長。內丹術是早期神仙道術中守一、行氣、導引、房中等煉養功夫的綜合發展。守一即爲「陰陽顛倒論」之精神[58]。

---

[56] 內丹術是道教一種重要的修煉方法，現在一般視為道教氣功（道家多稱「煉氣術」）的一種。內丹術指以「人身是一小天地」的「天人合一」、「天人相應」思想為理論，進行性命的修煉，以人身為鼎爐，修煉「精、氣、神」等而達成強身健體、提高人體的生命功能、延長壽命、乃至成仙、長生不老之目的。

[57] 所謂「外丹」，簡單來說，就是「煉丹術」，由於所煉製的「丹」往往被人們雅稱為「仙丹」或者「金丹」等，所以，有時候「外丹」又稱「仙丹術」、「金丹術」。由於所煉製的「仙丹」（金丹）屬於「身外之物」，所以也就有了「外丹」之說。

[58] 陰陽顛倒篇，濃縮了古代養生理論精華，被道家視為內丹修練理論源頭。出自「中國道教」雜誌 2004 年第 6 期。

四、系統動態學

系統動態學（英語：System dynamics），或稱**系統動力學**，是美國麻省理工史隆管理學院 Jay W. Forrester 於 1950 年代綜合了系統理論（System Theory）、控制論（Cybernetics）、決策理論（Decision Theory）以及電腦模擬（Computer Simulation）等所發展出來的。系統動態學是過程導向的研究方法，擅長於大量變數、高階非線性系統的研究，系統中的因、果回饋關係環環相扣，例如研究世界人口、生產活動、污染、自然資源等問題的「世界動態學模式」（Forrester, 1973）、研究都市發展動態的「都市動態學模式」（Forrester, 1969）等。

系統動態學對問題的理解，是基於系統行爲與內在機制間的相互緊密的依賴關係，並且透過數學模型的建立與操弄的過程而獲得的，逐步發掘出產生變化形態的因、果關係，系統動態學稱之爲結構。所謂結構是指一組環環相扣的行動或決策規則所構成的網路，例如指導組織成員每日行動與決策的一組相互關連的準則、慣例或政策，這一組結構決定了組織行爲的特性。構成系統動態學模式結構的主要元件包含下列幾項，「流」（flow）、「積量」（level）、「率量」（rate）、「輔助變數」（auxiliary）（Forrester, 1961）。

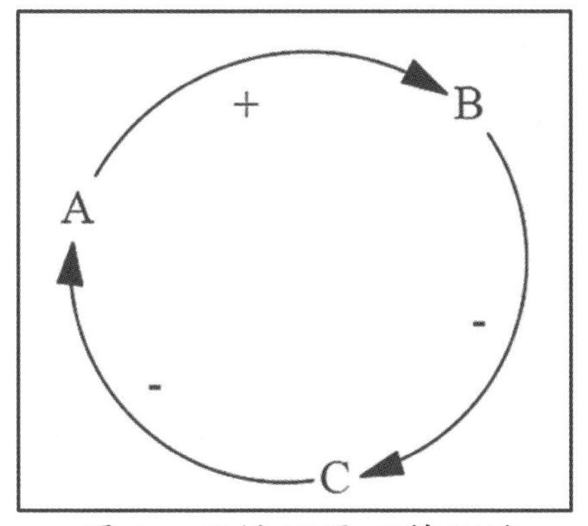

圖 1：正性因果回饋迴路

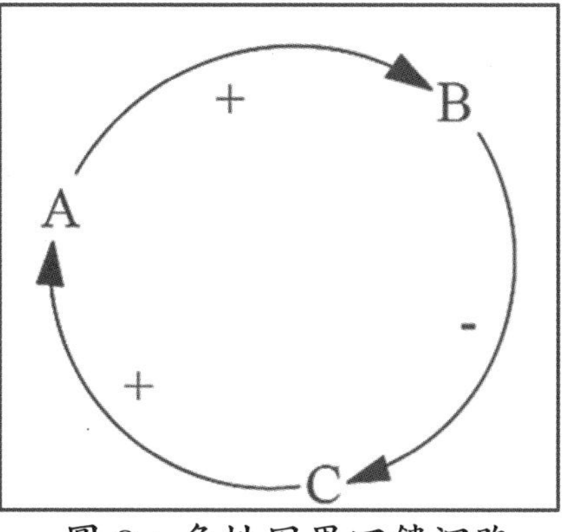

圖 2：負性因果回饋迴路

資料來源：Journal of Systems Thinking and Management: file:///F:/JSTM-02-01-0047.pdf

當某一變數同時爲影響變數與被影響變數，變數間的影響關係即形成一封閉迴圈，迴圈的性質可藉由其中的「－」號之總和判斷，當迴圈中之全部「－」號總數爲偶數時爲正向迴圈（圖1）；當迴圈中之「－」號總數爲奇數時爲負向迴圈（圖2）。正向迴圈會帶給系統無限制的增長或減少（self-reinforcing）；負向迴圈則會使系統趨向於平衡（self-regulating）。因此，如果在系統中，正向迴圈占較大優勢則系統會呈現遞增或遞減狀態；反之，若平衡迴圈占較大優勢則系統會呈現穩定狀態。[59]

穩定狀態的負回櫃系統[60]正是「陰陽顛倒論」核心思想概念，否則系統會趨於毀滅。

---

[59] 謝長宏（1987），「系統動態學－理論、方法與應用」，中興管理顧問公司，P45。

[60] 劉玉山（1977），「系統動態學」，文生書局，4。

五、養終送生

《孟子・離婁下》:「養生者不足以當大事，惟送死可以當大事。」指子女對父母生前的奉養和死後的殯葬。《禮記・禮運》:「治其麻絲以爲布帛，以養生送死，以事鬼神，上帝皆從其朔。」也作「養老送終」、「養生送終」。

世人皆以「養生送死」然而，個人提唱「養終送生」。何謂也：

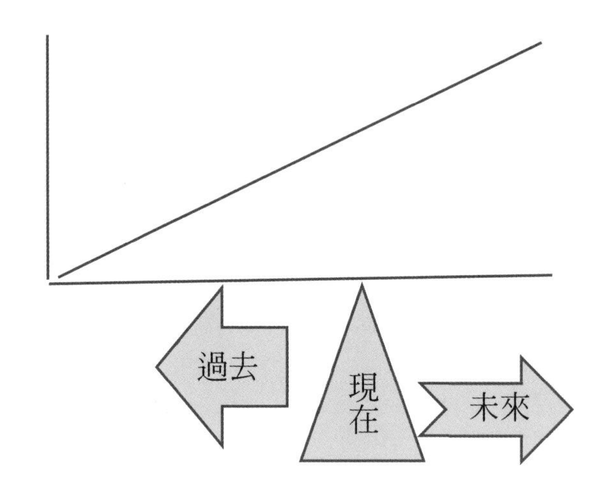

圖 3：養終送生圖/資料來源：本研究

送生即送別過去，歡喜收割；養終即塡補過去缺失，迎接未來：(圖 3)。有足夠準備未來，則心無罣礙；心無罣礙，無有恐怖，遠離顛倒夢想，究竟涅槃[61]。則可延壽。[62]

---

[61] 般若波羅蜜多心經：圓滿、寂靜不再輪迴的環境（涅槃）。

[62] 擴大言之，任何變化發展的萬物都能稱之為生命，它們具有自己的發展規律，會隨著時間不斷演化，無論是否是生物，具有演化性質的萬物都是生命。演化的鐵則即是陰養顛倒論。原文網址：https://kknews.cc/science/25bbalr.html。

六、參考文獻

1. 張岫峰、馮明清、劉淑樺：《黃帝外經》，元氣出版社 2006.6。
2. 劉玉山，《系統動態學》，文生書局，1977.6。
3. 謝長宏，《系統動態學－理論、方法與應用》，中興管理顧問公司 1980.9。

第十三章　城市難經

摘要

本文係以問難方式，分別將市政事務以宋代汴京與現代台北作一比較並提出解決方法。全文共有三節：第一節緒論：以 1000 年前宋代首都汴京之市政事務與現代台北市作比較。第二節問難：以城市十八項事務分別加以闡述其問題並提出解決之方法。第三節城市卦象：按照十八項事務制作一個八卦圖，用此八卦圖演繹成 64 卦，供作市長主持市政事務決策之參考。文章言簡意賅，敬請先進予以指正。

關鍵詞：市政、問難、64 卦

Abstract

This paper uses question model to explain that the city affairs. Firstly Comparing Song Dynasty capital Ben city with Taipei city now. Secondly ,Ask 18 questions of city affairs and to take solving those Problems.
Thirdly, make a Bagua Map to extension 64 Hexagrams that is to reference of decision by the mayors. Concise.Please correct me in advance.

Key words: urban affairs . Ask question, 64 Hexagrams.

第一節　何謂「難經」？

難有二解：一曰問難，二曰難易。本文採前者以問市政[63]之難之方式，並提出解難之法，以就教於賢達。以供執政者之參考，嘉惠於民。然問題之源起於古代城市管理問題，除了因人口增加衍生大眾運輸與觀光外至今仍然大多一樣（詳見表 1）。

表 1：宋代與現代城市管理之比較

項目	宋代汴京（BC960-1279）	現代台灣台北 2023
1. 人口	百萬（其他有 35 個/總人口 1.26 億/都市化 22.4%）[64]	264 萬（其他超過百萬有五都及彰化縣/總人口 0.23 億/都市化 79.8%）
2. 戶政財政	坊郭戶：並依其財力課稅	戶政事務所　原民局 國稅局　稅捐處
3. 行政管理（市場管理）	城市管理局	市政府　市議會
4. 工務、建管	街-坊（將封閉棋盤坊式改為開放廂坊式）	都市發展局　工務局 建管處
5. 教育、參政	地方路府州縣社提舉學事司　參加科舉	教育局　參與選舉
6. 司法	可複議	行政法院行政救濟（地方制度法）

[63] 市政主體作用於市政客體及其過程，廣義的市政是指城市的政黨組織和國家政權機關，為實現城市自身和國家的政治、經濟、文化和社會發展的各項管理活動及其過程，狹義的市政是指城市的國家行政機關對市轄區內的各類行政事務和社會公共事務所進行的管理活動及其過程。參見百度百科。

[64] 西漢總人口 12,233,062 戶（一戶約 1.39 人總人口 17,000,000）都市人口約占 30%。參見周長山：漢代城市研究，人民出版社 2001，P.122 頁。

7. 土地買賣租賃	官版契紙	地政局
8. 供水（用電）	西水磨務	自來水事業處（電力公司）
9. 住房	禁止官吏在京師購第二間房子/限制租金	打壓炒房、禁止預售轉售
10. 環保	禁亂置垃圾與侵占道路	環保局、建管處違章建築查報隊
11. 醫療防疫	惠民局.藥劑署	衛生局
12. 交通	道路管理	交通局
13. 治安消防、水災	治安巡檢、消防隊	警察局、消防隊
14. 商業	不動產法規	經濟發展局.
15. 夜生活	勾欄瓦肆	夜總會
16. 行會	行會	工會、公會、協會
17. 軍隊	廂軍（侍衛馬軍司）	兵役處
18. 府會關係	中央與地方	市府與議會

資料來源：宋代「坊市」到「廂坊」，從城市格局的演變看宋代城市管理模式 023-01-09 13:33:58 來源：目的地旅遊 河北 about:blank

第二節　城市有何難？

依據表 1，吾人可觀之，城市管理有 17 難：1. 人口；2. 戶政財政；3. 行政管理；4. 工務、建管；5. 教育、參政；6. 司法；7. 土地買賣租賃；8. 供水（用電）；9. 住房；10. 環保；11. 醫療防疫；12. 交通；13. 治安消防、水災；14. 商業；15. 夜生活；16. 行會；17. 軍隊；18. 府會關係，以下就逐項言之。

一、人口

甲、問難：

人口包含量與質。

（一）人口數：世界人口不斷增加：2022 年 11 月 15 日世界人口達到 80 億人，距離 70 億人口里程碑花了 10 年（圖 1）城市人口不斷增大（表 2）聯合國人口司（United Nations estimates）公布全球最新都市化人口數據，估算 2050 年時，全球將有多達 2/3 人口（約 50 億人）居住在城市裡。

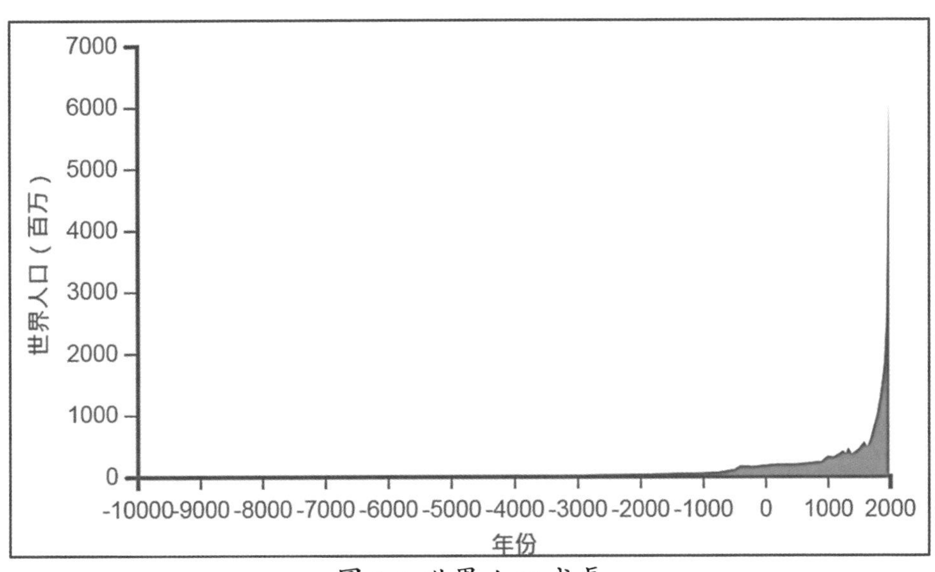

圖 1：世界人口成長

資料來源：維基百科：世界人口

https://zh.wikipedia.org/zh-tw/%E4%B8%96%E7%95%8C%E4%BA%BA%E5%8F%A3

表2：世界城市人口排名前十名

國家	都市	2015 年人口數（千人）	2015 年人口數排名	2030 年預估人口數（千人）	2030 年預估人口數排名
日本	東京	38,001	1	37,190	1
印度	德里	25,703	2	36,060	2
中國	上海	23,741	3	30,751	3
巴西	聖保羅	21,066	4	23,444	11
印度	孟買	21,043	5	27,797	4
墨西哥	墨西哥市	20,999	6	23,865	10
中國	北京	20,384	7	27,706	5
日本	大阪	20,238	8	19,976	13
埃及	開羅	18,772	9	24,502	8
美國	紐約	18,593	10	19,885	14

資料來源：聯合國：「2016 年世界城市報告」（英語：The World's Cities in 2016）

https://zh.m.wikipedia.org/zh-tw/%E4%B8%96%E7%95%8C%E5%89%8D%E4%B8%89%E5%8D%81%E5%A4%A7%E9%83%BD%E5%B8%82%E4%BA%BA%E5%8F%A3

（二）人口流動：每年大量移出與移入的人口增減也表現在臺北市，在 2017-2021 年間，每年移出與移入的人口數約在 10-18 萬人之間[65]，在數量上僅次於新北市。大陸外來人口進入：1999年上海市發布了《上海市吸引國內優秀人才來滬工作的實施辦法》，允許符合條件的外地人申請上海戶口或者居住證。但是，2004-2008 年數據顯示，這個期間在這個生活著 700 萬到 950 萬非戶籍所有者的城市裡，取得（只有部分居民權利的）居住證的人在 4 萬人到 15 萬人之間。[66]

乙、解難：

（一）抑制人口成長：依馬爾薩斯[67]人口論執行禁慾與生育。

（二）社會融和：外來人口應融入[68]在地文化並且貢獻其所能。

---

65 臺北市居民的「何去」與「何從」：居住遷移的人口變化與樣貌 https://www.villagetaipei.net › Post。

66 在四個一線城市中，上海的常住人口最多，達到 2419.7 萬，外來常住人口也最多，達到了 980.2 萬。https://www.yicai.com/news/5377967.html2017-11-27 23：48。

67 托馬斯・羅伯特・馬爾薩斯 FRS（Thomas Robert Malthus，1766 年 2 月 13 日－1834 年 12 月 23 日）：人口學原理的基本思想是：如沒有限制，人口是呈幾何速率（即：2，4，8，16，32，64，128 等）增長，而食物供應呈算術速率（即：1，2，3，4，5，6，7 等）增長。只有自然原因（事故和衰老），災難（戰爭，瘟疫，及各類饑荒），道德限制和罪惡（馬爾薩斯所指包括殺嬰，謀殺，節育和同性戀）能夠限制人口的過度增長。參見馬爾薩斯災難。
馬爾薩斯傾向於用道德限制（包括晚婚和禁慾）手段來控制人口增長。然而值得注意的是，馬爾薩斯建議只對勞動群眾和貧困階級採取這樣的措施。那麼根據他的理論，較低的社會階層對於社會弊病要承擔較大的責任。這就從根本上導致了推動立法手段使英國的窮人生存狀況更為惡化，但也減緩了貧困人口的增長。
馬爾薩斯自己注意到許多人誤用他的理論，痛苦地闡明他沒有僅僅預測未來的大災難。他辯解道，「……周期性災難持續存在的原因自人類有史以來就已經存在，目前仍然存在，並且將來會繼續存在，除非我們的大自然的物理結構發生決定性的變化。」因此，馬爾薩斯認為他的《人口學原理》是對人類過去和目前狀況的解釋，以及對我們未來的預測。

68 徐延輝　史敏：「社會信任對城市外來人口　社會融入的影響研究」學習與實踐　2016 年第 2 期 https://core.ac.uk/download/pdf/323948206.pdf。

（三）注重人口品質。

（四）城市規模：以 200 萬爲度[69]。

二、户政與財政

甲、問難：

（一）戶政：戶籍在古代已有 3,000 年歷史。商代甲骨文中也有多處「登人」、「登眾」的記載。及至周朝，以人口清冊與戶籍制度，作爲統計人口之用，以作爲嚴謹的封建制度的根本。《國語・周語》記周宣王用兵南征，急需人力物力，於是「料民」，即查戶口，強制抽調兵役。

至秦，建立了更爲嚴密的戶口登記制度，秦行「戶籍相伍」制度，即 5 家爲一最小單位，以作軍事化管理。通過建立嚴密的戶籍制，秦獲得了強大的財稅汲取能力與全民動員能力，至漢代繼承了秦朝的全民戶口登記制度，將全國的人民不論身分高低不分男女老幼，全部編入戶籍，這叫做「編戶齊民」，成爲國家的公民（「公民」一詞，早在先秦時已有），國家要求各縣在每一年的仲秋，都要進行「案比」，作爲更新與統計人口之用，然後，縣衙將各戶戶籍造冊上報至郡國匯總又上報朝廷，朝廷則設立「計相」與「戶曹」，管轄戶籍。

至宋代因其顯著的開放屬性與商業屬性，戶籍制度僅根據居城或居鄉人民流動率高，加上實行募兵制，人民遷移自由，居住一年可獲當地戶口。元代以後再度嚴謹，明代中期後再度緩解。1931 年

[69] 最佳城市規模之研究有甚多理論：1.simple optimal size theories .2.the Henry George theorem.3.the neoclassical approach to optimal city.4.the supply orientation dynamic model.5.general equilibrium.2023 年全世界最宜居城市為荷蘭阿姆斯特丹其市面積 219.32 平方公里，人口 1,457,018 人。人口密度每平方公里 6643 人。台北市面積 271.8 平方公里以此推之其人口為 1,805,567 人（2019 年 264.6 萬似乎過多）。

制訂戶籍法、1950 年戶警合一。目前戶政問題約有下列：

1. 獨居老人之戶口未明：據 2015 年日本普查日本人口 1.27 億老年 3,348 萬人（26.3%）獨居老人 592 萬 8 仟人約占老人數 17.7%、女性 400 萬 4 仟男性 192 萬 4 仟（圖 2）。

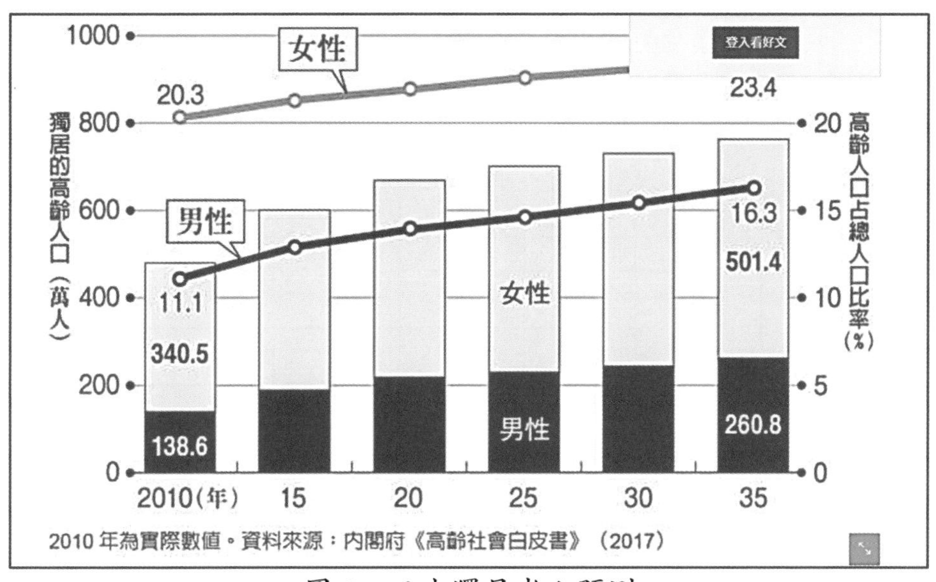

圖 2：日本獨居老人預測

台灣老年人口 2022 年 4,064,408 人（圖 3）占總人口 23,198,133 的 17.2%。

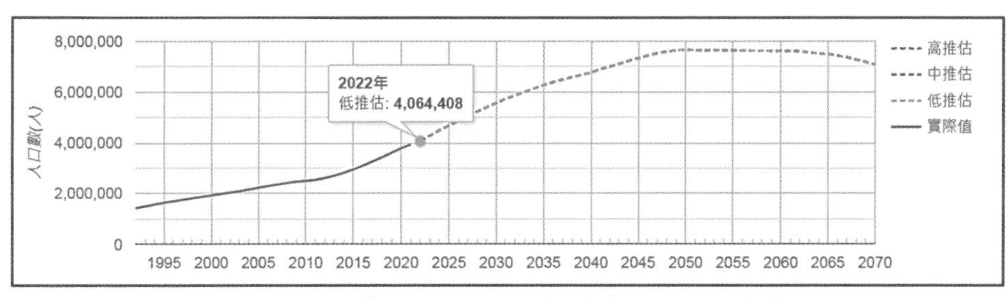

圖 3：台灣人口預測/資料來源：內政部

獨居老年人口 2022 年 9 月統計有 44,593 人（表 3）占老人數 1.1%。相較於日本是較低，然而，實際上應不止此數，宜詳加調查。

表 3：台灣獨居老人人數表

年別 Year	年底列冊需關懷之獨居老人人數（人） The Aged Living Alone Booked for Caring（Persons）														Service Contant
	合計 Total			中（低）收入戶 Medium & Low Income Family			榮民 Veteran Servicemen			一般老人 General Status			原住民 Indigenous		合計
	計 Total	男 Male	女 Female	計 Total	男 Male	女 Female	計 Total	男 Male	女 Female	計 Total	男 Male	女 Female	男 Male	女 Female	Total
111 年, 2022															
第 1 季, Q1	45,013	18,645	26,368	12,673	6,949	5,724	32,340	11,696	20,644	1,832	822	1,010	2,764	1,008	3,772
第 2 季, Q2	44,566	18,413	26,153	12,352	6,790	5,562	32,214	11,623	20,591	1,720	773	947	2,715	993	3,708
第 3 季, Q3	44,593	18,420	26,173	12,922	7,106	5,816	31,671	11,314	20,357	1,760	774	986	5,479	2,001	7,480

資料來源：內政部

2. 地方財政：2021 年 2 月財政部國庫署公布中央與地方政府債務（表 4）中央政府債務合計 5 兆 8,328 億；地方政府則是 9,108 億。負債最多是高雄市 2,548 億。

表 4：中央與地方債務

製表日期：110/3/18　　單位：新臺幣億元；%

項目／政府別	公共債務法規範之債務							自償性債務 註3
	1年以上非自償債務				未滿1年債務		債務合計	
	預算數		實際數		實際數		實際數	實際數
	金額	比率 註1	金額 (1)	比率 註1	金額 (2)	比率 註2	金額 (3)=(1)+(2)	金額 (4)
合計	70,254	* 36.92%	63,646	* 33.45%	3,789	10.02%	67,435	4,343
中央政府	61,096	* 32.11%	56,028	* 29.45%	2,300	9.47%	58,328	1,851
地方政府	9,157	* 4.81%	7,618	* 4.00%	1,489	11.02%	9,108	2,493
直轄市	7,603	* 4.00%	6,214	* 3.27%	1,012	11.42%	7,227	2,259
臺北市	1,608	* 0.85%	898	* 0.47%	0	0.00%	898	303
高雄市	2,550	* 1.34%	2,448	* 1.29%	100	6.54%	2,548	376
新北市	1,204	* 0.63%	1,060	* 0.56%	430	23.97%	1,490	840
臺中市	1,171	* 0.62%	920	* 0.48%	230	16.18%	1,150	411
臺南市	573	* 0.30%	528	* 0.28%	63	6.21%	591	18
桃園市	497	* 0.26%	360	* 0.19%	190	13.79%	550	311
縣市	1,549	* 0.81%	1,403	* 0.74%	477	11.88%	1,880	231

資料來源：財政部國庫署 2021 年 3 月

高雄市財政局長陳勇勝 2020.10 表示，高雄市債務[70]形成有三大主因：（1）是「結構性因素」。他指出，高雄市身爲直轄市，需承擔較高經費支出，但高雄又缺乏中央資源挹注，推動捷運紅橘線就得舉債160多億，才能達到基本建設需求。高雄市政府。（2）長期自籌財源也不足，以 108 年度爲例，高雄決算

[70] 債限是怎麼計算的？所有地方政府的未滿一年債務，皆不得超過其歲出預算的 30%。一年以上債務，直轄市則和其他縣市適用不同計算標準。在 2013 年公共債務法修正、2014 年施行之前，台北市的債限為前三年名目 GDP 平均數的 3.6%，高雄則為 1.8%，其餘縣市則為各自歲出預算之 45%；2014 年後，直轄市仍用前三年名目 GDP 之平均數作為計算基準，而其餘縣市則提高為各自歲出預算的 50%。

因為縣市以歲出預算作為債限的計算標準，所以過去曾出現過有的縣市為了提高債限而虛列預算的情形。直轄市的預算規模較其他縣市大，人口也較多，故享有較高的債限，且債限隨名目 GDP 浮動，只要國家經濟穩定成長，債限便會逐年提高。新北市、台中市等新升格的直轄市，近年來也因 2014 年債限大幅提高，債務出現較高增幅。

自籌財源僅占51.56%，在6都排名第5。主要是高雄地方稅占稅入比率較低，其中又因高雄市房地產不如中部及北部直轄市活絡所致。（3）高雄市因機關單位數多、公教人員年齡及年資爲6都最高，使得市府人事費負擔沉重，加上推動鐵路地下化、輕軌、捷運紅線延伸及黃線興建等 5 大軌道建設，須負擔高達601.7億的鉅額非自償配合款，也對高雄市財政造成龐大衝擊。

3. 賦稅：依據土地稅法第9、17及41條規定，適用自用住宅用地稅率（2‰）課徵地價稅，須符合土地所有權人或其配偶、直系親屬於該地辦竣戶籍登記，無出租或供營業用，及面積限制等要件，並於開徵前40日（即9月22日）前提出申請，逾期申請者，自申請之次年開始適用；又該特別稅率之原因、事實消滅時，自次年起恢復按一般用地稅率課徵地價稅。故戶籍與稅收有相關。

乙、解難：

（一）作好人口普查：將每十年改爲每五年，並落實流動戶口之登記。

（二）成立人口研究所：以了解人口素質與數量。

（三）1. 開源：加速促參招商及爭取中央補助等方法，並透過控管人事支出、業務委外等方式節流。2. 修法：針對統籌分配款問題，財政收支劃分法修正，提高營業稅等稅源提撥比例，並將重工業等外部負擔納入分配指標，作爲地方的回饋。

三、行政管理

甲、問難：市政行政管理組織：包含人事、會計、總務、監督等事項，關係市政效率。人民申請案件拖延時日，例如建照之申請、土地重劃案件之審核、都市計畫案件之審議等效率不佳。

乙、解難：

（一）將專業性事務委外辦理：例如建照外審、稅捐代收。

（二）限定辦理時程。

（三）建構良好的里鄰組織[71]。

四、工務建管

甲、問難：（一）都市建設最基本藍圖爲都市計畫。而都市計畫之規劃與審議經常爲百姓詬病。其問題：1. 規劃不佳。2. 時間冗長。（二）工程建設，挖挖補補造成市民不便。

乙、解難：

（一）規畫審議委託專業限期辦理。

（二）建立地下管線資訊系統庫，以供各管線單位使用。

五、教育、參政

甲、問難：（一）升學主義補習班何其多。（二）選舉賄選層出不窮。

乙、解難：

（一）從小學至大學爲義務教育學費全免。

（二）選舉費用由政府出。

[71] 漢代 200 戶為一里設里正什長伍長。其功能 1.生產的組織與協調 2.管理戶籍與徵派賦稅與兵役 3.維護治安 4.教化民眾：見周長山：漢代城市研究，人民出版社 2001.P.161。

六、司法

甲、問難：（一）訴訟時效爲何如此戎長？（二）訴訟爲何長有不公？

乙、解難：

（一）於市政府設置法院：處理有關市政事宜之訴訟。

（二）限定時日予以判決。

七、土地買賣租賃

甲、問難：（一）土地買賣爲何常有糾紛？1. 價格不公。2. 品質不佳。（二）租賃爲何常起衝突？1. 租金不合理。2. 租期無彈性。

乙、解難：

（一）土地買賣價格需合理：賣後再轉售應將其利潤一半退給原賣主。

（二）房屋出售出租應先經鑑定。

（三）出租租約應公證。

（四）鼓勵預售制度。[72]

八、供水（用電）

甲、問難：（一）爲何缺水缺電？（二）何以水常污穢？（三）爲何電器常失火？

---

[72] 預售制度為建商與購屋者較經濟的生產分配方式。然而，彌來卻淪為炒房之工具。112.1.10 立法院通過修正平均地權條例禁止換約炒作。

乙、解難：

（一）由專責單位開發水源與製造電力。（委由民營）

（二）經常檢驗水質，以達生飲之目標。

（三）電力公司應派員至用戶處，檢查用電情形，並予以維修。

九、住房

甲、問難：（一）何以房價如此昂貴（爲薪水 18 倍）？（二）何以每逢颱風、地震房屋經常受損？

乙、解難：

（一）廣建住宅：政府應大量興建社會住宅，並鼓勵民間興建也提供貸款與建材。

（二）控制品質：隨時派員檢查房屋狀況，必要時予以協助修繕。

十、環保

甲、問難：爲何城市環境如此差呢？（空氣污染、噪音、垃圾）

乙、解難：

（一）城市空氣汙染、噪音原有二：其一爲工廠汙染：空廠排放不潔空氣、噪音與廢棄水：故應對有汙染源之工廠嚴加取締。其二爲汽機車排放：嚴格檢驗並取締有違規之排放。

（二）垃圾：除工廠特別之垃圾外，城市的垃圾可精細算出，應根據其分類作焚化爐或掩埋。[73]

十一、醫療防疫

甲、問難：（一）城市醫療資源爲何常感不足？（二）遇到瘟疫爲何措手不及？

乙、解難：

（一）城市醫療系統之建立基於人口及其分布，醫院大小及其醫療人力配置有一定標準。例如精.神疾病病床數每萬人四床，附帶醫療人員及醫藥亦隨之產生。設置地點要交通方便，最好與其他是民事機構也一起設立。

（二）瘟疫之防制除政府應給予免費之藥劑外，阻止擴散也是較佳方案。其法如下：名曰二分封城法：

1. 首先假設有一 36 個街廓的城市。2. 先將南北從中畫一禁線將城市化爲東西二部。進出有中線管制。3. 若病情縮小時，再分成二部成爲四分法。4. 若病勢再減輕時可在細分爲 8 分法。5. 到了病請更穩定，只某一戶人染疫時，可再分爲 36 分法管控該街廓。（圖 4）

[73] 「疫情期間，我們產生的垃圾比較少，內容物也不同了。人們減少購買不必要的東西。」「垃圾之書」：史坦尼斯瓦夫・盧賓斯基著，鄭凱庭譯，大塊文化 2023.1，P268。

1	7	13	19	25	31
2	8	14	20	26	32
3	9	15	21	27	33
4	10	16	22	28	34
5	11	17	23	29	35
6	12	18	24	30	36

圖例
2 分法
（1～18，19～36）
4 分法
（1～3，7～9，13～15
4～6，10～12，16～18
19～21，25～27，31～33
22～24，28～30，34～36）
8 分法
（1～3，4～6，13～15
10～12，16～18，19～21，25～27
31～33，22～24，28～30，34～36）
36 分法
（1～36）

圖 4：二分封城法/資料來源：本研究

十二、交通

甲、問難：（一）爲何城市交通如此混亂？（二）爲何交通事故層出不窮？

乙、解難：（一）城市交通是隨年代變化最大的事務，在宋代只有馬路及水路，但至今海陸空皆有：1. 海上航線、港口碼頭管控、是由專業者爲之。2. 路上交通含大眾捷運、高速鐵路系統亦莫不由專人管制。3. 航空更是現代文明的象徵亦需由專家處理。4. 交通事故之發生莫非是使用者不按規則，故導致災損。應有主管機關注意行之。5. 運用科技方式解決交通安全問題。

十三、治安消防、水災

甲、問難：（一）爲何城市治安常多起？（二）爲何城市火災不斷？（三）爲何一遇下雨就淹水？

乙、解難：

（一）警察是治安首要職責，治安的好壞除道德勸說外，警力配置也很重要，讓警民同心打擊犯罪。

（二）火災之防範除教育市民小心火燭外。電器用品之保養也很重要，前曾提起由電力公司派員至用戶維修電器。

（三）城市水災通常不過七日[74]，但如何讓多餘水排除有方法是建滯洪池及地下水庫。

十四、商業

甲、問難：（一）爲何城市買賣，買空賣空詐騙時有所聞？（二）何以有些產業一振不闕？（三）市場爲何偷斤減量扒手特別多？

乙、解難：

（一）城市買賣尤其以股票與網路購物詐騙特別多，是因爲在虛擬空間上教人難以管控。因此，必須建置一套虛擬交易安全網絡，使交易者安全交易。

（二）城市產業衰敗是歷史的輪迴：例如紡織業，五十年前方興未艾，如今，像三重區布街，門可羅雀，應把原使用分區（工業區）調整爲住宅或商業區以振興產業。

---

[74] 筆者曾研究過颱風七日如同傷寒論七日。城市水患之治理：傷寒論六經辨證之運用 2018.12.15 都市計畫年會發表。

（三）城市市場係市民每日往來之地，出售品質需優良，價格需公道，並確保交易安全，應設有司以爲掌管。[75]

十五、夜生活

甲、問難：（一）何以夜總會經常滋事案件特別多？（二）宵禁是否妨礙市民生活？

乙、解難：

（一）夜總會是城市繁榮的象徵，尤其是夜生活，可創造更多就業機會與經濟，然而，經常出事殺戮，應加強警力以維持治安。

（二）宵禁是爲了居民安全。例如戒嚴時期或重大災害發生之時，應予以管制夜生活活動。

十六、行會

甲、問難：何以行會功能日趨沒落？

乙、解難：行會（亦稱 GUILD）有商賈與手工藝組織，歐洲中世紀同業組織，現代亦有以站在公司立場之公會以及相對站在勞工立場之工會。資本主義與自由貿易下，由於利益的對立，因此慢慢式微。因此應建立一套貿易買賣制度以保障雙邊之利益之均衡。

---

[75] 東漢時市井租稅一律歸入國庫，五品以上不得入市（至唐代）。參見周長山：漢代城市研究，人民出版社 2001，P.185 頁。

十七、軍隊

甲、問難：城市爲何常遭恐怖分子侵犯？

乙、解難：城市需要軍隊保護，最方便就是自己組成市民兵，全市皆兵，則無懼恐怖。

十八、府會關係[76]

甲、問難：何以府會關係經常不睦，影響市政推動？

---

[76] 綜合各國所採的地方政府體制，不論其型態為何，在「理念學（類型化）」上，我們是可以將各國地方的「府會關係」（executive-legislative relation）分為如下三大類：
一、行政機關與議會機關對等者：地方自治法、地方自治學的通說咸主張，美國的市長議會制（Mayor-Council System），尤其是強權市長制，讓其行政權與立法權相互分立，且市長、議員各自民選產生，二機關間的地位對等、平行且相互制衡。質言之，在強權市長制下，議會與行政機關不僅有各自獨立的權限，也可以彼此相互制衡、對抗。例如議會通過的法案，市長無法接受，就可行使覆議權；惟相對的，若議會對於覆議案有三分之二以上維持原議案時，則市長仍應接受，這可以說是最標準的行政、立法平等模式。
二、議會機關權限超越行政機關者：也就是說，議會之立法、議決權限較行政機關更為優越，行政機關僅是議會的執行機構，而由議會掌握真正的自治決策實權。例如行政機關的首長就由議會任免，必須承議會的意思表示來推動政務，此制最具代表性的，咸認為可以美國的市經理制（Council-manager System）為代表；此制的特色是，地方設有民選的地方議會，但卻透過授權的方式將行政權委由專業公共經理人來行使，但這個專業公共經理人叫做市經理者，卻議會選定的，且議會可以隨時決定其去留。
三、行政機關權限超越議會機關者：理論上，我們也可以建構這種行政機關之權限較議會較為優越的模式，在這種模式下，地方議會形同是地方行政機關的「立法局」，也就是僅扮演橡皮圖章式的功能，在無法案提案權的強況下，只能被動的決定是否通過地方行政機關的提案。質言之，地方議會無法對其行政機關發揮作用，充其量只是地方行政機關的諮詢機構、參贊機關而已。例如省縣自治法、直轄市自治法實施前（1994 年以前）的直轄市、縣市體制即屬之。
整體而言，無論是何種制度，如再按其行政、立法的互動關係，也可以簡化為「權力一元制」與「權力分立制」兩種：

乙、解難：府會關係含三層面：一是府會質詢互動過程，二是府會互動結果的預算刪減幅度，三是府會互動影響的政府提案數及通過情形。必須要跟議會共同合作，相關預算審查編列可以討論，也多聽取議員心聲，議員廣納很多市民的想法，達到市民共享的目標。

十九、未來市政

智慧市政是自動化、數字化和智能化的市政管理平台；智慧市政能夠利用物聯網、雲計算、大數據和 GIS 等先進技術，對城市的燃氣、電力、供排水、熱力、水利、綜合管廊等進行統一管控，以

首先，權力一元制（union of power）：此制係指議會可以決定其首長之產生與地方行政機關職權的地方政府體制，如英國的議會委員制、美國的市委員制（Commission System）均屬之。
其次，權力分立制（separation of power），又可稱為機關對立制，是指地方行政機關與立法機關分別設立，各自民選產生，且各自獨立行使職權，但兩者之間卻必須依法制衡。例如美國的市長議會制（Mayor-Council System）、日本的地方政府體制以及現在的台灣所採的地方政府體制均屬之。
在此，必須補充的是，美國的「市長議會制」實際上還可以分成兩類，分別叫做「強市長制」與「弱市長制」，詳言之：
（一）強市長制（Strong-Mayor Plan）：此制的特徵是，行政權力與責任係集中於民選的地方行政首長，他的法定名稱叫做市長，他享有政策制定權、人事任免權外，更具有整體的政治領導權限。在此制下，地方議會僅扮演附屬性的角色，若扮演得適當，將可肩負起鞭策行政部門暨批評施政的監督角色，而對行政機關仍有一定程度的制衡作用；但若運作不良，則將僅扮演另類「橡皮圖章」的角色，在市長的覆議權下，成為地方行政首長的立法局。
（二）弱市長制（Weak-Mayor Plan）：此制係起源於「傑克遜民主政治氣氛」（Jacksonian democracy）的產物，也就是人民普遍對於政府官員、行政組織不信任，並認為政府所擁有的權力愈少，所受的制衡愈大，則人民就愈能避免政府的侵害。於此理念下，地方政府體制的權力集中於民選的地方議會，地方行政首長儘管仍是民選產生，但充其量其僅是被動的「庶務執行長」而已，換言之，其所擁有的僅是地方議會的「剩餘權」，非有議會之授權即無權力，更何況在此制下，市長是沒有覆議權的。資料來源：陳誠　大學助理教授/曾任國家文官　地方制度法教室：地方府會關係之解析 2003.12.04 about：blank。

達到感知、集中監控、診斷分析、遠程運維、在線模擬、輸配管理城市基礎設施及資源的目的，實現城市指揮中心的統一調度，進行城市功能的智能聯動和快速相應，提高城市市政管理水平。[77]

第三節　城市卦象

按照前述 18 難，分別配以卦位：並賦予權重（圖 5）。

1. 乾卦：人口 5%
2. 坤卦：食 5%
3. 離卦：火災 5%
4. 坎卦：文化 10%
5. 艮卦：公共設施 20%
6. 兌卦：醫療 20%
7. 巽卦：環保 20%
8. 雷卦：保安 15%

[77] 三個皮匠報告 https://www.sgpjbg.com/info/32574.html2023.1.22。

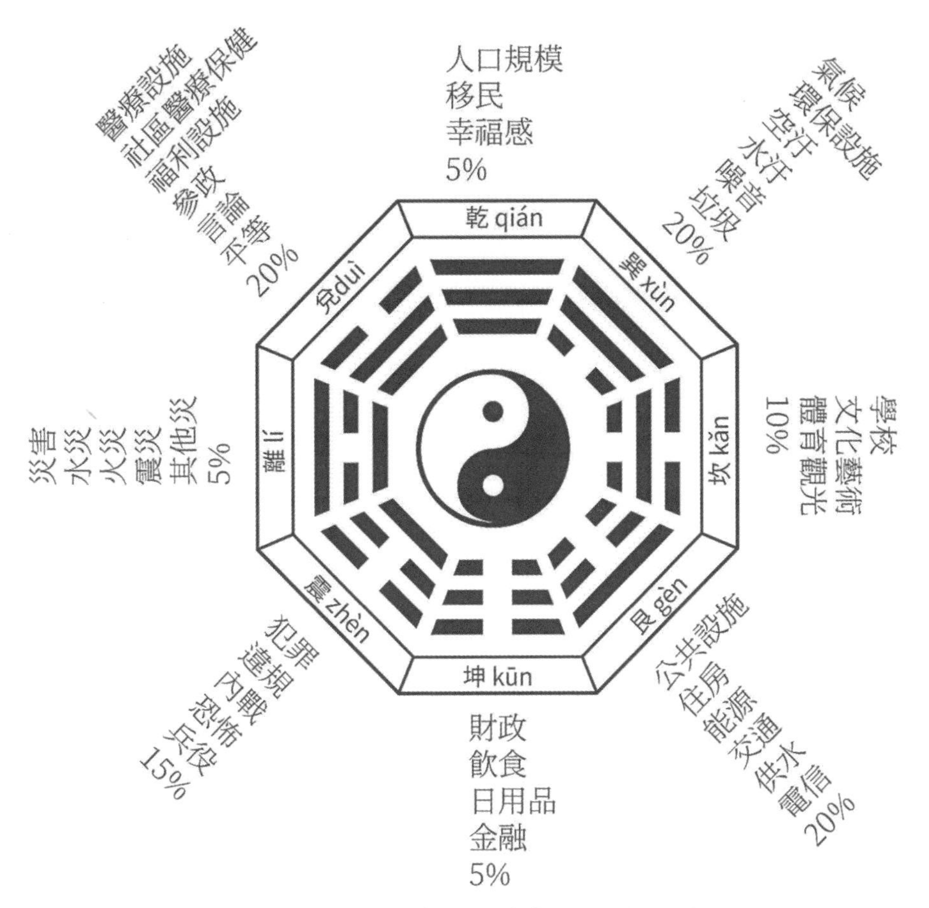

圖 5：城市卦象/資料來源：本研究

市長爲一市之主，市政業務經緯萬端，爲不辜負市民之期許，筆者設計了一個卦象，讓市長在做決策時的參考。（表 5）

表 5：城市卦象

上卦 / 下卦	乾（人口）	兌（醫療）	離（火災）	震（保安）	巽（環保）	坎（文化）	艮（公共設施）	坤（食）
☰ **天** 1 （人口）	1.䷀ 乾 疫情 急切 隨機 應變	43.䷪ 夬 果決 委婉 施恩 得人	14.䷍ 大有 作事 低調 不要 炫耀	34.䷡ 大壯 理直 氣壯 仔細 審查	9.䷈ 小畜 大目 標退 選擇 小的	5.䷄ 需 不宜 妄動 靜待 佳績	26.䷙ 大畜 養精 蓄銳 大膽 前進	11.䷊ 泰 人無 遠慮 必有 近憂
☱ **澤** 2 （醫療）	10.䷉ 履 戒慎 恐懼 嚴守 應對	58.䷹ 兌 喜悅 用人 講習 切磋	38.䷥ 睽 同中 求異 合而 不同	54.䷵ 歸妹 注重 法律 合作 可成	61.䷼ 中孚 需心 誠實 渡過 危險	60.䷻ 節 建立 制度 適當 節制	41.䷨ 損 犧牲 一下 放眼 未來	19.䷒ 臨 作事 持續 可達 境界
☲ **火** 3 （火災）	13.䷌ 同人 與人 結盟 注意 誠心	49.䷰ 革 治勵 明時 不可 守舊	30.䷝ 離 繼明 光照 圓融 中庸	55.䷶ 豐 盛大 舉行 順勢 推舟	37.䷤ 家人 反躬 自省 迎刃 而解	63.䷾ 既濟 先吉 後凶 防走 下坡	22.䷕ 賁 宜作 小事 不可 矜持	36.䷣ 明夷 明哲 保身 求取 生存
☳ **雷** 4 （保安）	25.䷘ 无妄 凡事 守靜 循規 踏矩	17.䷐ 隨 順其 自然 清靜 無爲	21.䷔ 噬嗑 明察 秋毫 明辨 是非	51.䷲ 震 慎戒 恐懼 積極 處事	42.䷩ 益 見善 則遷 積極 進取	2.䷂ 屯 艱難 時刻 努力 進取	27.䷚ 頤 守靜 不動 慎口 化物	24.䷗ 復 閉關 修養 待春 來到

☴ **風** 5 （環保）	44.䷫ 姤 女子 卦施 命誥 四方	28.䷛ 大過 穩固 根本 另謀 良策	50.䷱ 鼎 創新 凝命 不可 守舊	32.䷟ 恒 穩定 則是 不宜 挑戰	57.䷸ 巽 柔順 以對 緩慢 進行	48.䷯ 井 反躬 自省 修德 內涵	18.䷑ 蠱 沉疴 解決 奮發 未來	46.䷭ 升 事緩 勇前 貴人 相助
☵ **水** 6 （文化）	6.䷅ 訟 堅持 危險 放棄 爭訟	47.䷮ 困 堅持 節操 多做 少說	64.䷿ 未濟 小心 觀察 避免 受騙	40.䷧ 解 積極 主動 迎刃 而解	59.䷺ 渙 人心 渙散 化險 爲夷	29.䷜ 坎 求通 達變 化險 爲夷	3.䷂ 蒙 沒有 經驗 求教 專家	7.䷆ 師 出師 有名 運用 老練
☶ **山** 7 （公共設施）	33.䷠ 遯 功成 不拘 急流 勇退	31.䷞ 咸 事有 所感 虛心 傾聽	56.䷷ 旅 情事 不穩 守靜 爲宜	62.䷽ 小過 用過 乎險 以靜 制動	53.䷴ 漸 循序 漸進 不能 躁進	39.䷦ 蹇 諸事 不宜 知難 而退	52.䷳ 艮 不要 輕舉 守靜 爲宜	15.䷎ 謙 修養 自己 以德 服人
☷ **地** 8 （食）	12.䷋ 否 靜待 時機 注意 溝通	45.䷬ 萃 聚眾 謀事 有利 遠行	35.䷢ 晉 肯定 才智 無往 不利	16.䷏ 豫 傾聽 民意 節制 而止	20.䷓ 觀 用心 觀摩 市民 之需	8.䷇ 比 積極 表現 努力 經營	23.䷖ 剝 靜待 時機 再重 新啓	2.䷁ 坤 謙卑 退讓 持之 有恆

資料來源：本研究

從以上各節觀之，城市管理是一多元專業組成的機制。委于各專業者相互合作而成，主事者（市長）應有協調的能力加以統合以給于市民最大的福利，以驗證「人們最大的幸福是生長在有名的城市」。

參考文獻

1. 資料來源：宋代「坊市」到「廂坊」，从城市格局的演变看宋代城市管理模式 023-01-09 13:33:58　来源：目的地旅游　河北 about: blank
2. 徐延輝　史敏：「社會信任對城市外來人口　社會融入的影響研究」學習與實踐 2016 年第 2 期
https://core.ac.uk/download/pdf/323948206.pdf。
3. 周長山：漢代城市研究，人民出版社 2001。
4. 陳誠　大學助理教授/曾任國家文官　地方制度法教室：地方府會關係之解析 2003.12.04 about: blank。
5. 《垃圾之書》：史坦尼斯瓦夫・盧賓斯基著，鄭凱庭譯，大塊文化 2023.1。

第十四章　民衆參與都市計畫規範審查之探討

摘要

伴隨著時代演進，都市計畫已漸漸從上而下變爲由下而上。其中涉及人民財產權與公共利益便有些互爲衝突。爲了解決此衝突，便有仲裁之機制，便是規範審查。本文試圖探討此一機制之運作：全文分八節：第一節前言；第二節法治演進；第三節落實救濟之行政訴訟專章；第四節逐條研析；第五節規範審查制度介紹；第六節過去人民行政訴訟對照；第七節草擬法官判案基準；第八節：修法因應（代結論）。

關鍵詞：財產權、公共利益、規範審查

Abstract

According the time pass. Urban Plan has been from top down to down to up. Which has concern the property right. conflict with public benefit. For solving this conflict, arbitration mechanism Normative review will established. This paper is try to explain the mechanism:

The paper contains 8 sections: 1.Introduction, 2.The process of the law, 3.The Administrative Litigation, 4.Analysis for article, 5.Normative review, 6.Comparison of People's Administrative Litigation, 7.Draft Benchmark, 8.Response to Law Amendment (Substitute Conclusion).

Key words: property right, public benefit, Normative review.

一、前言

都市計畫屬於公眾事務，是政治運作與行政操作的結果。都市計畫技師需更多道德、公平的觀點以使規劃更能符合大眾利益，並保障個人財產權、傳統都市計畫是由上而下，今後更應由下而上，始能符合民權發展。本文試圖探討：1. 歷史脈絡下人民參與之法治演變。2. 過去民眾參與情形。3. 未來如何保障人民權益的參與方式。研究方法是透過文獻整理與調查。從而理出一合理方式，以供將來修法之參考。

二、法治演進

（一）屬法規性質

（1）66.5.6 大法官釋字第一四八號解釋：主管機關變更都市計劃，行政法院認非屬於對特定人所爲之行政處分，人民不得對之提起行政訴訟，以裁定駁回。該項裁定，縱與同院判例有所未合，尚不發生確定終局裁判適用法律或命令是否牴觸憲法問題。

（2）68.3.16 釋字第一五六號解釋：主管機關變更都市計畫，係公法上之單方行政行爲，如直接限制一定區域內人民之權利、利益或增加其負擔，即具有行政處分之性質，其因而致特定人或可得確定之多數人之權益遭受不當或違法之損害者，自應許其提起訴願或行政訴訟以資救濟，本院釋字第一四八號解釋應予補充釋明。

（二）屬行政處分性質

1. 105 年 12 月 09 日釋字第 742 號：都市計畫之訂定（含定期通盤檢討之變更），影響人民權益甚鉅。立法機關應於本解釋公布之日起二年內增訂相關規定，使人民得就違法之都市計畫，認爲損害其權利或法律上利益者，提起訴訟以資救濟。如逾期未增訂，自本解釋公布之日起二年後發布之都市計畫（含定期通盤檢討之變更），其救濟應準用訴願法及行政訴訟法有關違法行政處分之救濟規定。

2. 108 年 1 月 11 日釋字第 774 號：進一步對 156 號補充：「都市計畫個別變更範圍外之人民，如因都市計畫變更致其權利或法律上利益受侵害，基於有權利即有救濟之憲法原則，應許其提起行政訴訟以茲就濟……」至 110 年底台灣地區共有 415 處都市計畫，面積 485,829.89 公頃。（占中華民國面積 36,197.0520 平方公里 13.42%）

上開解釋對人民財產權更有保障、建立違法性審查制度、不適用訴願法及有關違法行政處分之救濟規定、採原告與被告兩造對審之方式。有無效、失效、違法及駁回等裁判態樣。然而，訴訟救濟需專業協助（1）律師：程序；（2）都市計畫技師：實質。

3. 108.12.13 司法院提出：都市計畫行政訴訟專章立法院三讀通過：修法範圍含括原告資格、被告資格、訴訟客體、訴訟要件、訴訟管轄、起訴期間限制、重新自我省查程序、訴訟參加、個案審理及裁判範圍、裁判宣告種類、判決後續效力、保全程序等重要內容，修增 16 條共有 8 大重點，分列如下：

（1）統一救濟途徑：不問都市計畫之種類、內容與法律性質爲何，均統一循專章規定途徑尋求救濟。

（2）預先解決紛爭：法院審查都市計畫，以客觀法秩序維持爲目的，不用等到執行計畫才救濟，兼具保障人民權利之功能。

（3）防止發生濫訴之缺失：限於能具體主張權益受害者，始享有訴訟實施權。

（4）便利民眾參與訴訟：由都市計畫區所在地之高等行政法院專屬管轄，兼收易於就近調查事證之功效。

（5）確保法秩序之安定：定有「都市計畫發布後 1 年」起訴期間之限制。

（6）迅速的救濟程序：定有被告機關於 2 個月內重新自我省查之程序，取代訴願及有關違法行政處分之救濟程序。

（7）正當法律程序保障：賦予利害關係人或涉及其權限行政機關參與訴訟之機會。

（8）即時有效之保全程序：得於本案判決前，聲請暫時停止適用或執行都市計畫，或爲其他必要處置。

三、逐條研析

1. 第九十八條之五　聲請或聲明，不徵收裁判費。但下列聲請，徵收裁判費新臺幣四千元：裁判費太低增加訟源。

2. 第五章　都市計畫審查　程序第二百三十七條之十八　人民、地方自治團體或其他公法人認爲行政機關依都市計畫法發布之都市計畫違法，而直接損害、因適用而損害或在可預見之時間內將損害其權利或法律上利益者，得依本章規定，以核定都市計畫之行政機關爲被告，逕向管轄之高等行政法院提起訴訟，請求宣告該都市計畫無效。主觀訴訟之客觀化/但非客觀訴訟[78]，因審查是否違法即便未侵害權利益亦應判無效，故受納之層面相當廣，恐司法單位會增加工作量。細部計畫：地方政府，主要計畫：內政部。

[78] 林明鏘講座教授，「都市計畫規範審查訴訟對都市計畫法制之影響」，台大社科院梁國樹國際會議廳，2019 年 12 月 27 日下午。惟 2020.7.1 理律律師事務所網頁解釋為客觀訴訟。不得與其他訴訟合併提起。

3. 第二百三十七條之十九　前條訴訟，專屬都市計畫區所在地之高等行政法院管轄。

4. 第二百三十七條之二十　本章訴訟，應於都市計畫發布後一年之不變期間內提起。但都市計畫發布後始發生違法之原因者，應自原因發生時起算。訴訟期雖短，但如有實施後之遭損害亦得提出。

5. 第二百三十七條之二十一　高等行政法院收受起訴狀後，應將起訴狀繕本送達被告。被告收受起訴狀繕本後，應於二個月內重新檢討原告請求宣告無效之都市計畫是否合法，並分別依下列規定辦理：被告爲核定機關非擬定機關。

6. 第二百三十七條之二十二　高等行政法院受理都市計畫審查程序事件，不適用前編第三章第四節訴訟參加之規定。爲另行妥爲建立，自不宜逕行適用以權利救濟目的（主觀訴訟）爲基礎之本法第一編（總則編）第三章第四節訴訟參加之規定。

7. 第二百三十七條之二十三　高等行政法院認爲都市計畫如宣告無效、失效或違法，第三人之權利或法律上利益將直接受損害者，得依職權命其參加訴訟，並得因該第三人之聲請，裁定允許其參加。訴訟客體爲全部或一步採可分說。

8. 第二百三十七條之二十四　都市計畫審查程序事件，高等行政法院認爲具利害關係之第三人有輔助一造之必要者，得命其參加訴訟。有利害關係之第三人亦得聲請參加。

9. 第二百三十七條之二十五　高等行政法院審理都市計畫審查程序事件，應依職權通知都市計畫之擬定機關及發布機關於期日到場陳述意見，並得通知權限受都市計畫影響之行政機關於期日到場陳述意見。

10. 第二百三十七條之二十六　都市計畫審查程序事件已經訴訟繫屬尚未終結，同一都市計畫經聲請司法院大法官解釋者，高等行政法院在解釋程序終結前，得以裁定停止訴訟程序。

11. 第二百三十七條之二十七　高等行政法院認都市計畫未違法者，應以判決駁回原告之訴。都市計畫僅違反作成之程序規定，而已於第一審言詞辯論終結前合法補正者，亦同。

12. 第二百三十七條之二十八　高等行政法院認原告請求宣告無效之都市計畫違法者，應宣告該都市計畫無效。同一都市計畫中未經原告請求，而與原告請求宣告無效之部分具不可分關係，經法院審查認定違法者，併宣告無效。

13. 第二百三十七條之二十九　都市計畫經判決宣告無效或失效確定者，判決正本應送達原發布機關，由原發布機關依都市計畫發布方式公告判決主文。因前項判決致刑事確定裁判違背法令者，得依刑事訴訟法規定提起非常上訴。相關機關應依判決旨意為必要之處置恢復至合法狀態之義務。

14. 第二百三十七條之三十　於爭執之都市計畫，為防止發生重大之損害或避免急迫之危險而有必要時，當事人得聲請管轄本案之行政法院暫時停止適用或執行，或為其他必要之處置。保全措施。

15. 第二百三十七條之三十一　都市計畫審查程序，除本章別有規定外，準用本編第一章之規定。（高等行政法院通常訴訟程序第二節停止執行不適用）

16. 第二百六十三條　除本編別有規定外，前編第一章及第五章（新增）之規定，於上訴審程序準用之。

四、規範審查制度[79]

依憲法第一七一條第一項：「法律與憲法牴觸者無效。」及同法第一七二條：「命令與憲法或法律牴觸者無效。」之規定可知，法具有位階性，下位階法令不得牴觸上位階法令，而法之位階依次爲憲法最高，次爲法律，再次爲命令。審查下位階法令有無牴觸上位階法令的機制，即爲「規範審查制度」。

「規範審查制度」有廣狹兩義，廣義的「規範審查制度」指法院及各行政機關對各該適用之法令進行規範審查而言；狹義的「規範審查制度」則專指司法機關所爲的規範審查。以下分法律違憲、命令違憲及命令違法三個層面探討我國之「規範審查制度」。

（一）法律違憲

依憲法第一七一條第二項規定：「法律與憲法有爲牴觸發生疑義時，由司法院解釋之。」可知我國對法律違憲之審查專屬於司法院。另釋字三七一號則揭示，「法官於審理案件時，對於應適用之

---

[79] 賴丕仁：【台灣法律網】
http://www.lawtw.com/article.php?template=article_content&area=free_browse&parent_path=,1,188,&job_id=28624&article_category_id=219&article_id=13883
大法官黃爾君於 742 號不同意意見書曰：1. 都市計畫法規審查訴訟（抽象司法審查之一種）因憲法無明文，本解釋令立法機關制定，侵越立法權（吳陳鐶大法官亦認為有違權力分立原則）。2. 德國行政法院法第四十七條所定行政審查程序（Nomenkontrollverfaharen）第一項第一款第二款規定邦高等行政法院可對聯邦建設法（如同都市計畫法）所定之法規規章（Satzung）與法規命令（Rechatsordnung）及其他低於法律與邦層級之法規範進行審查即抽象規範審查。並非所有法規均許聲請法規審查。吳陳鐶大法官在不同意意見書並解釋：德國立法之目的：基於實務上及法律政策上之考量，特別是法明確性及訴訟經濟之考量，即以一次判決一次解決紛爭，及早確立及統一法律見解，避免眾多個別訴訟案件及可能之裁判歧異，從而減輕行政法院之裁判負擔。

法律，依其合理之確信，認爲有牴觸憲法之疑義者，自應許其先行聲請解釋憲法，以求解決。」故可知，對於法律違憲之審查固專屬於司法院大法官之權限，惟法官處於適用法律之地位，認爲法律有牴觸憲法之虞時，亦得暫時停止訴訟程序，聲請大法官解釋。釋字三七一號乃極重要之解釋，因其無異賦予法院暫時停止適用法律，並進而聲請解釋之「聲請權」。

（二）命令違憲

對於命令違憲審查，我國是採「分權制規範審查」，即大法官及各級法院均有權對命令是否違憲做審查。大法官依憲法及大法官法規定擁有命令違憲審查權，固無須再論，至於各級法院的命令違憲審查權則屬於「具體規範審查」，亦即須有具體訴訟案件，始進行審查，此與大法官之審查權爲「抽象規範審查」不同。至於審查結果認爲命令違憲之效力，大法官可直接宣告命令無效或撤銷，各級法院則得不予適用。

（三）命令違法

依憲法七十八條：「司法院解釋憲法，並有統一解釋法律及命令之權。」及同法八十條：「法官須超出黨派以外，依據法律獨立審判，不受任何干涉。」規定可知，無論司法院大法官或各級法院，其對命令是否違法自具有實質審查權，至於審查方式則與「命令違憲」之審查方式同。

除以上三種情形外，於「規範審查制度」中須研究者尚有「行政機關之審查」及「自治規章審查」的問題：

1. 行政機關之審查

行政機關無權對法律做規範性審查，惟「上級機關基於監督權限，對下級機關發布之命令違法或不當，得予撤銷；而不相隸屬機關間之命令，則基於相互尊重之原則，自不得拒絕適用。」（參吳庚著行政法之理論與實用七版 76 頁）

2. 自治規章審查

自治規所以須特別提出討論，乃其具有法律與命令之雙重性質，就其經過地方立法程序而言，其具法之效力；就其爲地方機關所訂，而地方機關應受中央機關監督以觀，則又有命令之性質。依地方制度法第三十條規定：「自治條例與憲法、法律或基於法律授權之法規或上級自治團體自治條例牴觸者無效。自治規則與憲法、法律、基於法律授權之法規、上級自治團體自治條例或該自治團體自治條例牴觸者無效。委辦規則與憲法、法律、中央法令牴觸者無效。第一項及第二項發生牴觸無效者，分別由行政院、中央各該主管機關、縣政府予以函告。第三項發生無效者，由委辦機關予以函告無效。自治法規與憲法、法律、基於法律授權之法規、上級自治團體條例或該自治團體自治條例有無牴觸發生疑義時，得聲請司法院解釋之。」總而言之，下級自治條例、自治規則及委辦規則不得牴觸上位之憲法、法令及自治條例或規則。至於宣告無效的機關爲上級或委辦機關，若生爭議則得聲請司法院解釋，至於各級法院亦得自行認定自治規章是否牴觸憲法而拒絕適用。

五、過去人民陳情訴訟分類[80]對照

表 1：過去人民陳情案（以擬定桃園國際機場及附近地區特定區計畫爲例）共 1950 案取典型 19 案

編號	陳請人	陳請理由	處理情形
1	簡麗秋	反對納入都市計畫與徵收	因地緣關細于以納入
2.	簡麗惠	同上	同上
3	簡鴻君	同上	同上
4	張寶雪	同上	同上
5	王德發	同上	同上
6	江秋柏	同上	同上
7	張寶雪	埔心村 12 鄰願意納入	因零星不納入
8	周純如	同上	同上
9	張舟輕	同上	同上
10	王碧瑕	同上	同上
11	張志成	反對區段徵收	採納
12	李應春	同上	同上
13	閎基開發	施工中	採納照原甲建
14	李學德	建案已出售	採納剔除於範圍
15	劉陳邑	反對徵收	採納保留原狀
16	桃園縣政府	福海宮增 3.72 公頃	否決
17	台灣人權會	環評	不予採納

資料來源：內政部營建署都委會 103 年 7 月 29 日第 832 次會議會議紀錄

說明；17 案中因事實認定有 5 案採納。

[80] 依 108 年最高行政法院之判決書整理。

表 2：內政部營建署歷年參加行政訴訟時間及案例表　107.9.15

序號	時間	案例
1	92 年 4 月 3 日、92 年 4 月 15 日	變更土城（頂埔地區）都市計畫（部分住宅區爲產業專用區、綠地及道路用地）案
2	93 年 4 月 1 日	變更新竹科學工業園區特定區主要計畫（部分零星工業區、農業區、保護區、學校用地、機關用地、道路用地、河道爲工業區、農業區、保護區、學校用地、公園、綠地、道路用地）案
3	94 年 9 月 22 日、94 年 11 月 16 日、94 年 12 月 14 日	變更彰化市都市計畫（第一次通盤檢討）案
4	94 年 10 月 11 日、94 年 11 月 22 日、94 年 12 月 15 日、95 年 3 月 21 日、95 年 4 月 7 日	變更北二高臺北聯絡線信義支線工程部分隧道用地爲公墓用地、保護區暨機關用地（地下供隧道及相關設施）都市計畫案
5	97 年 5 月 14 日、97 年 6 月 12 日	變更林口特定區計畫（部分保護區爲土石採取專用區）案
6	97 年 6 月 26 日	爲撤銷「變更關子嶺（含枕頭山附近地區）特定區計畫（第二次通盤檢討）案」，其中人民陳情意見編號第 45 號，變更部分保存區爲墳墓專用區（0.63 公頃）、火葬場專用區（0.06 公頃），部分保護區（0.17 公頃）、道路用地（0.02 公頃）爲火葬場專用區（0.19 公頃）及拆除違章建築納骨塔（2 座）、火葬場及相關設施
7	99 年 2 月 4 日、2 月 25 日出庭準備程序、3 月	爲撤銷本部 98 年 1 月 14 日台內營字第 0980800181 號函核定「變更高速

序號	時間	案例
	16 日出庭言詞辯論、6 月 3 日、6 月 24 日出庭再準備程序、7 月 12 日赴現場勘查、8 月 24 日出庭再言詞辯論	公路頭份交流道附近特定區計畫（部分農業區及綠地用地爲道路用地）案」，提起行政訴訟案
8	99年6月21日、99年7月12日、99年8月2日、99年8月18日、99年11月11日	擬定新竹科學園區竹南基地暨周邊地區特定區主要計畫案
9	99年12月22日	變更高雄市都市計畫主要計畫（配合交通部「臺鐵捷運化-高雄市區鐵路地下化計畫」）案（第二階段：站區及站東）
10	101年8月16日、101年12月27日、102年4月24日、102年5月16日、102年6月5日	變更台中市都市計畫主要計畫（部分住宅區爲醫療專用區）（供澄清綜合醫院中港分院使用）案
11	101年5月14日、101年6月4日、101年7月9日、101年10月25日、101年11月22日	變更新竹科學園區竹南基地暨周邊地區特定區（配合行政院「劃地還農」專案讓售政策指示）主要計畫案
12	102年7月2日、102年10月24日、102年11月28日、102年12月11日	變更新竹科學園區竹南基地暨周邊地區特定區（配合農業區專案讓售分配位置及農水路灌排施作）主要計畫案
13	104年4月14日、104年5月12日、104年6月9日、104年8月20日	變更十分風景特定區計畫（配合設置縣定瀑布公園）案
14	103年4月1日、104年8月25日、104年12月1日、105年4月19日、	臺北市士林區外雙溪地區都市計畫通盤檢討（主要計畫）案（本案繫屬兆亨公司案有成功）

序號	時間	案例
	105年6月2日、106年10月17日	
15	105年10月25日、105年12月1日、106年1月10日、106年2月7日、106年3月9日	配合臺北市捷運萬大—中和—樹林線工程變更沿線土地為交通用地及捷運開發區（LG01站）主要計畫案
16	-	變更大里（草湖地區）都市計畫（不包括擴大都市計畫地區）（第三次通盤檢討）案
17	105年12月15日、106年7月6日、107年4月26日、107年6月21日、107年8月16日、107年9月12日	變更台中市都市計畫主要計畫（不包括大坑風景區）（配合台中都會區鐵路高架捷運化計畫－台中車站地區）（第二階段）案
18	臺北高等行政法院107年訴字第00032號 審理中	春龍開發股份有限公司因區域計畫法事件，不服本部106年4月18日台內營字第1060804751號廢止原開發同意，提起訴訟。原告因不服本部上開號函廢止原開發同意「打鐵厝工業區可行性規劃暨細部計畫」之行政處分，於106年6月7日提起訴願，經行政院106年11月9日院台訴字第1060187040號訴願決定：訴願駁回
19	106年9月21日最高行政法院107年7月17日院獻審八股第1070003057號 106年9月21日最高行政法院107年7月17日院獻審八股第	林凱迪等不服本部102年10月9日台內營字第102810652號函核定變更羅東都市計畫主要計畫，提起訴訟，經最高行政法院107年7月17日院獻審八股第1070003057號原告之訴駁回

序號	時間	案例
	1070003057號：原告之訴駁回	
20	106年9月28日高雄高等行政法院審理106年度訴字第400號準備程序庭	蘇俊文等75原告因臺南市區鐵路地下化都市計畫事件，不服行政院106年8月9日院臺訴字第1060183500號訴願決定，提起訴訟。本案爭點爲台南鐵路地下化是否必須依核定案才能施做及土地徵收是否具備必要性

資料來源：內政部營建署

說明：本表之行政訴訟案除第14案有成功外其餘皆無通過：因行政機關在程序及理由皆完備且公益大於私利。

成功兆亨案分析：行政院107.11.15事實：

自102年5月14日零時生效。

臺北市政府依都市計畫法第26條規定，檢陳臺北市士林區外雙溪地區都市計畫通盤檢討（主要計畫）案（以下簡稱外雙溪都市計畫通盤檢討案）計畫書、圖，報經內政部102年5月6日台內營字第1020804997號函核定，臺北市政府以102年5月13日府都規字第10201401200號公告實施，並自102年5月14日零時起生效。

訴願人不服臺北市政府102年5月13日府都規字第10201401200號公告，於102年5月31日繕具訴願書經由臺北市政府向內政部提起訴願，內政部以102年7月29日台內訴字第1020260428號函將外雙溪都市計畫通盤檢討案全案移由本院管轄，經本院訴願審議委員會102年8月28日102年度第32次會議決議，以據內政部代表列席陳明，該部就縣（市）政府擬定之都市計畫爲核定，係綜合該計畫之法令依據及有無符合上位區域計畫等進行實質審查，並得予變更。該核定非僅預防性監督措施，人民因都市計畫事件提起訴願，仍應以內政部就都市計畫案所爲之核定爲訴願標的，由本院爲訴願管轄。

本院審理結果以外雙溪都市計畫通盤檢討（主要計畫）案，內政部所爲核定核屬法規性質，並非訴願法上之行政處分，於 102 年 12 月 19 日以院臺訴字第 1020157373 號訴願決定不受理。訴願人訴經臺北高等行政法院於 103 年 7 月 31 日以 102 年度訴字第 2024 號裁定駁回，最高行政法院於 103 年 10 月 30 日以 103 年度裁字第 1505 號裁定訴願人與臺北市政府及內政部間都市計畫事件，抗告駁回。訴願人聲經司法院釋字第 742 號解釋，以都市計畫擬定計畫機關依規定所爲定期通盤檢討，對外雙溪都市計畫作必要之變更，屬法規性質，並非行政處分，惟如其中具體項目有直接限制一定區域內特定人或可得確定多數人之權益或增加其負擔者，應許其就該部分提起訴願或行政訴訟以資救濟，釋字第 156 號解釋應予補充。訴願人再申經最高行政法院 106 年度裁字第 1147 號再審裁定，以廢止訴願人興建加油站之建造執照或將臺北市士林區至善段五小段 80、81 及 117 地號土地（以下簡稱加油站用地）變更，其目的均係爲限制加油站用地不得供作加油站使用，外雙溪都市計畫定期通盤檢討變更，形式上雖屬法規性質，惟其中將加油站用地由公園及綠地（細部計畫加油站用地）變更爲交通用地（遊客中心）之具體內容，確已直接限制訴願人就加油站用地之使用用途之權益，具有個案變更之行政處分性質，廢棄該院 103 年裁字第 1505 號及臺北高等行政法院 102 年度訴字第 2024 號裁定關於內政部部分，經臺北高等行政法院更爲判決，以外雙溪都市計畫通盤檢討（主要計畫）案其中關於加油站用地之具體項目，既有限制訴願人權益之效果，應許提起訴願、行政訴訟以資救濟，以 106 年度訴更一字第 55 號判決撤銷本院訴願決定，於 107 年 1 月 8 日判決確定。

訴願人所提之理由：

1. 程序違法：未轉報行政院備案，不符法定程序式，顯然違法。

2. 實質不當：

（1）遊客中心無設置必要。

（2）加油站用地早已核定。違反信賴保護原則。

（3）針對 0.0083 公頃之加油站用地變更爲交通用地（遊客中心）不當。

3. 並附數據證明。

表 3：過去人民訴訟分類表（108 年最高行政法院）

編號	**裁判日期**	**內容**	**說明**	**處裡**	**依法官判案基準（表 1）之結果**
1	108.12.5	違反區域計畫土地使用管制	於林業用地設置墳墓	駁回，上訴人爲私人/被上訴人爲南投縣政府	駁回
2	108.11.28	原住民保留地	違反耕作權	駁回，上訴人爲私人/被上訴人爲海端鄉公所	駁回 已劃編二百八十五公頃。
3	108.10.30	都市計畫變更影響重劃	上訴人爲台中市政府/被上訴人爲私人	上訴駁回	失效（民眾勝訴）

4	108.10.28	測量有誤抗告有理	抗告人：私人/相對人：台南市政府	因測量誤差民眾受損	失效（民眾勝訴）
5	108.10.23	區段徵收不合理	抗告人：私人/相對人：內政部	部分抗告採納	失效（民眾勝訴）
6	108.10.1	未在區段徵收期間內成就	原聲請人：私人/相對人：三重區公所	再審之聲請駁回	駁回
7	108.9.4	適用區段徵收或重劃	因都計變更上訴人爲私人/被上訴人爲內政部	於變更圖說標示不明導致疑義	駁回
8	108.8.22	分區證明之眞僞	上訴人爲私人/被上訴人爲民雄鄉公所	上訴人持未完成細部計畫之農業區土地使用證明	駁回
9	108.2.27	都計變更影響權益原 11 公尺改爲 4 公尺	抗告人：私人/相對人：澎湖縣政府	因道路縮小影響其權益	失效（民眾勝訴）
10	108.2.27	漏列徵收	土地未列入徵收範圍	上訴人：私人/被上訴人：民	駁回

				雄區公所（未漏列）	

資料來源：司法院

說明：1.過去之案例大多只涉及私人之權益,涉及較大範圍包括：

（1）區域計畫是涵攝（subsumption）在內。

（2）原住民保留地是涵攝（subsumption）在內。

（3）都市計畫手段重畫與區段徵收是涵攝（subsumption）在內。

（4）勝訴率 4/10。

（5）判決書應可簡化。

六、草擬法官判案之基準

依據原則（一）違反作成都市計畫之程序規定；（二）較高位階之法規範；（三）利益衡量原則等；（四）違反作成之程序未依法補正：1.未進行民眾參與（內政部舉行聽證要點）；2.地方政府對內政部核定遲未公告（第 82 條）。

法規抽象審查之實體違法標準如表 4：

表 4：法官判案之基準（草擬）

審判類別 狀況	駁回	無效	失效	違法	備註
1. 不合理訴求	V				
2. 違背憲法、法律		V			5.違反上位計畫（區計或國土計畫法第 52 條）
3. 違背行政命令、地方自治條			V（違		施行細則/通檢辦法/擴大都計辦法

例			背部分)		/容獎規定
4. 限制土地使用		V			違反都計法第 6 條
5. 應擬定鄉街計畫				V	違反都計法第 11 條
6. 公共設施未於 5 年內完成/未發布細部計畫而限建		V	V		第 17 條第 1 項/第 2 項
7. 五年不做通盤檢討				V	第 26 條
8. 要求回饋				V	第 27-1 條回饋無正當性
9. 不同分區管制			V		第 32 條
10. 設保護區農業區限建			V		第 33 條
11. 不合分區之限建			V		第 41 條
12. 公園規劃面積少於 10%			V		違反第 45 條
13. 區段徵收只能四成補償			V		第 49 條
14. 公設地限建			V		第 51 條
15. 優先發展區未於 10 年建設發展			V		第 7/57 條
16. 限用區段徵收與重劃		V			第 58 條第 1 項
17. 民意反對不再公告			V		第 58 條第 3 項
18. 重劃範圍 1 年 6 個月禁止移轉			V		第 58 條第 4 項
19. 更新地區限用		V			第 68 條

徵收或區段徵收					
20. 更新地區限建		V			第 69 條
21. 更新整建地區限建			V		第 72 條
22. 新擬定或擴大都計時限建		V			第 81 條
23. 徵收未依計畫項目而未依法變更都市計畫				V	如剝皮寮.

資料來源：本研究

七、修正之因應

（一）輔助起訴人專業能力：建議增訂行政訴訟法第 49 條：當事人得委任代理人爲訴訟行爲。但每一當事人委任之訴訟代理人不得逾三人。

行政訴訟應以律師爲訴訟代理人。非律師具有下列情形之一者，亦得爲訴訟代理人：

1. 稅務行政事件，具備會計師資格。

2. 專利行政事件，具備專利師資格或依法得爲專利代理人。

3. 當事人爲公法人、中央或地方機關、公法上之非法人團體時，其所屬專任人員辦理法制、法務、訴願業務或與訴訟事件相關業務。

4. 交通裁決事件，原告爲自然人時，其配偶、三親等內之血親或二親等內之姻親；原告爲法人或非法人團體時，其所屬人員辦理與訴訟事件相關業務。

5. 都市計畫事件，具備都市計畫技師資格。

委任前項之非律師爲訴訟代理人者，應得審判長許可。……

（二）都市計畫技師公會向律師公會建議如有都市計畫訴訟案件須協助者，公會派員協助。

（三）公會亦可對都市計畫擬定或發布機關做相關之協助（防禦）。

（四）提供法院諮詢協助法官判案。從表 1 及表 2 可以證明：法官判案先遵循三原則：1. 違反作成都市計畫之程序規定 2. 較高位階之法規範 3. 利益衡量原則等，其次根據表 2 即可判定該案之違法態樣，最後表 1 就是利益衡量原則所做成個案處理。

（五）防止訴訟須建立計畫辯護制，[81]也就是在未公布前規劃階段（都計法第 19 條），代表民眾參與，減少訟源。

（六）設立專業法庭：仿造現行勞工醫療之專業法庭。

（七）擬定都市計畫實定法規範以供法院計畫裁量之依據。

（八）制定擬定機關、核定機關與發佈機關之權責。

（九）爲考量都市計畫技師代擬定機關擔任訴訟參加人，宜賦予都市計畫技師有簽證之權責。

---

[81] 都市計畫法第 19 條：主要計畫擬定後，送該管政府都市計畫委員會審議前，應於各該直轄市、縣（市）（局）政府及鄉、鎮、縣轄市公所公開展覽三十天及舉行說明會，並應將公開展覽及說明會之日期及地點登報周知；任何公民或團體得於公開展覽期間內，以書面載明姓名或名稱及地址，向該管政府提出意見，由該管政府都市計畫委員會予以參考審議，連同審議結果及主要計畫一併報請內政。

八、參考文獻

1. 逢甲大學都市計畫學系：台灣都市計畫教育之檢視及未來展望之探討。行政院國家科學委員會專題研究計畫　成果報告 94.10.27。
2. 國外都市計畫參與案例：一、英國：透過建立規劃許可制，以城鄉計劃行政聽證制度，透過一般諮詢會，重大規劃諮詢會，非正式意見聽取會，提供民眾參與規劃權利。地方計畫提供開發準則，審議資訊公開讓民眾可當面陳述意見透過規劃督察機關監督地方政府並提供民眾權力保障，公開民眾閱覽提出書面意見，地方規劃機關必須舉辦督查員主持的公開意見質詢會，提供民眾陳述意見及提出質疑的機會。二、美國：紐約市「土地使用分區管制審議流程作業」（Uniform Land Use Review Procedure，U.L.U.R.P），所規範之都市計畫行政聽證屬非正式聽證。爲保障民眾權益，紐約市設有公共辯護組織（NYC Public Advocate），該組織首長爲民選官員，具有數名辯護員。提供民眾在都市計畫案擬定、變更過程中，適時協調及監督都市計畫主管機關接受民眾異議，在都市計畫過程中舉辦聽證會時，辯護員在辯護、調查及陳述意見等方面過程扮演重要角色，在公共辯護制度配合下，紐約市公共辯護組織在對民眾一再異議的都市計畫案件提出複審，一再異議提案或被聲請程序調查時，得針對既有事實要求舉辦「正式聽證」以制衡行政機關之都民眾參與都市規劃之落實及實踐-以新北市都市計畫諮詢平臺爲例 8 市計畫規劃權力，避免行政失誤。土地使用分區管制審議流程作業 Uniform Land Use Review Procedure (ULURP)- NYC.gov（資料來源：民眾參與都市規劃之落實及實踐-以新北市都市計畫諮詢平台爲例 https://www.planning.ntpc.gov.tw/userfiles/1090800/files/%E6%B0%91%E7%9C%BE%E5%8F%83%E8%88%87%E9%83%BD%E5%B8%82%E8%A6%8F%E5%8A%83%E4%B9%8B%E8%90%BD%E5%AF

%A6%E5%8F%8A%E5%AF%A6%E8%B8%90-
%E4%BB%A5%E6%96%B0%E5%8C%97%E5%B8%82%E9%83%B
D%E5%B8%82%E8%A8%88%E7%95%AB%E8%AB%AE%E8%A9
%A2%E5%B9%B3%E8%87%BA%E7%82%BA%E4%BE%8B.pdf.）。

3. 計畫辯護制（Advocacy Planning）：1960 年代由規畫師與律師 Paul Davidoff 所創主要是爲了貧窮人、被博奪權力的人與弱勢者而發聲。主要是爲正義與公平。主要採取多元規畫理念（Pluralism Planning）與傳統合理規劃問題責問：1. 價值在過程如何切入。2. 是否有效。引發公平計畫運動（Equity Planning Movement）與鄉村行動學院（Suburban Action Institute），在歐洲範圍較廣不限里鄰與地方政府。總之，這個方法能給不具專業者有溝通管道爭取權利的機會。資料來源：SAGE REFERENCE Encyclopedia of Urban Studies。
4. 「都市計畫規範審查訴訟對都市計畫法制之影響」研討會，台大社科院梁國樹國際會議廳，2019 年 12 月 27 日下午。
5. 林茂權：都市計畫行政救濟與展望-淺論於行政訴訟法「都市計畫審查程序」專章實施之際，植根雜誌第 36 卷 9 期/10 期 109.9.20/109.10.20。
6. 陳明燦：我國都市計畫裁量自由與司法審查相關法律問題分析，植根雜誌第 36 卷 9 期/10 期 109.9.20/109.10.20。
7. 附錄：案例（略）

   A. 芝山岩景觀管制：訴訟判決都計違法（台北高等行政法院 108.4.18）（1）違反做成程序。（2）利益衡量。（3）濫用較高位階之法規範。

   B. 兆亨加油站：訴願決定撤銷（內政部訴願委員會 108.11.15）都市計畫違法（1）濫用較高位階之法規範。（2）違反做成程序。（3）利益衡量。

第十五章　新北市之治理——章魚理論之運用

The Governance of New Taipei City-the Application of Octopus Theory

摘要

由於新北市之地理型態較特殊，就像章魚一樣，在治理上較不同於一般集團城市容易控制。本篇借助章魚生理特性作爲新北市政治理之理論，共分七節。第一節前言；第二節新北市地理範圍；第三節章魚，說明其習性與智力；第四節運用章魚機能調整新北市行政治理系統；第五節市政方向；第六節市政構想；第七節結論。

關鍵詞：章魚理論、城市治理、市政構想

第一節　前言

城市是一個有機體，新北市形態上是非常特別，有如動物章魚。本篇借助章魚之機能運用於新北市城市之治理。

第二節　新北市範圍

新北市現劃分爲 29 區，由台北縣時期的 10 個縣轄市、4 個鎮及 15 個鄉改制而來。總面積：2,052.5667 平方公里/總人口 3,992,291 人（2018 年 10 月 31 日止）。

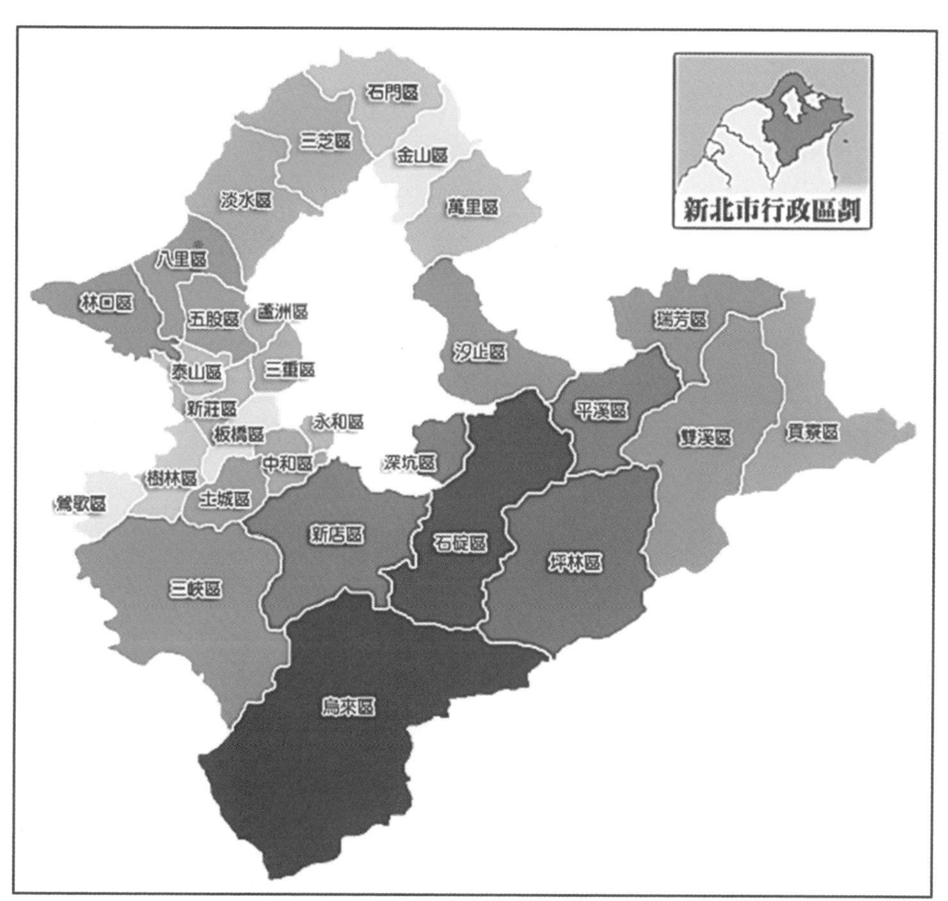

圖 1：新北市行政區圖/圖片來源：Source：Own work；Author：Xy1904312；Permission：(Reusing this file) 由 Stanley 台北縣行政區劃圖(Taipei County.PNG)修改

第三節　章魚[82]

章魚具有3個心臟，血液循環模式爲閉鎖式循環；8條腕，每條腕有 240 個吸盤；雄章魚有一條專門用來交配的腕，稱爲交接腕；章魚的口部具有形似鸚鵡喙的吻部，用以肢解食物，內部具有齒舌，用來刮取微小的食物顆粒。

一、習性

本目動物在台灣又稱 thá-khò（源於日語たこ〔蛸〕，發音 tako），其他亦有「八帶蛸」、「坐蛸」、「死牛」、「石居」、「石吸」、「望潮」等稱呼。

不同的章魚有不同的生活習性。大部分的章魚都生活在海底的洞穴內，甚至在洞穴內等待獵物出現。章魚都有變色能力，這種變色能力來自章魚體內的色素細胞，當遇到危險及靜止時，有僞裝的作用，藉以逃避敵人及伺機獵食。

章魚具有發達的大腦。將食物放在一個有蓋的玻璃瓶子內，放入章魚的魚缸，牠會懂得要打開瓶蓋進食。

章魚是肉食性的，食物包括螃蟹、魚類、貝類、海星，大型的章魚甚至捕食龍蝦、大魚及中小型的鯊魚。章魚的天敵不多，鯨魚是少數能壓倒性制伏章魚的海洋天敵，牠們能將章魚的觸手逐一咬斷。當章魚遇到天敵時，會噴出墨汁逃走，或者以變色僞裝。

章魚墨汁是粘稠的混懸液，每毫升中含 200 毫克球形顆粒，有些章魚可連續六次往外噴射，儲積「墨汁」需要半個多小時的時

---

[82] 八腕目，維基百科：
https://zh.wikipedia.org/wiki/%E5%85%AB%E8%85%95%E7%9B%AE。

間。墨汁的化學成分爲黑色素（吲哚醌）和蛋白多糖複合體，還有痲痹敵人的毒素，對人類無害可食用，甚至可以作爲寫毛筆字用的墨汁。章魚的觸手如被折斷，不久後可以重新長回。

另外，章魚有喜歡鑽進任何的洞穴內的習性，因此一些漁民（特別是日本的漁民）會以此特製出沉在海底的陶製蛸壺，章魚進入蛸壺後便無法逃出來。

二、智力

章魚的智力多寡長久以來一直爲科學家所爭論，迷宮等相關解謎實驗顯示章魚具有短期記憶和長期記憶，有假說認爲章魚幾乎所有的行爲都是由學習得來的，而不是靠天生的本能行爲。因爲章魚無法從親代那邊學習到任何行爲，幼年的章魚間也幾乎無任何交流。

章魚具有相當複雜的神經系統，但是腦部只占一部分，2/3 都位於其腕足，這讓章魚的腕足具有許多複雜的自發性動作。章魚複雜的反射動作顯示章魚至少有三種層次的神經控制系統。某些章魚品種，例如擬態章魚，會去模仿其他海中生物的移動方式。

在實驗室中，章魚可以被訓練，使其能夠快速地分辨不同的形狀的物體。章魚也被認爲可能具有觀察學習的能力，此外也被觀察到似乎具有遊戲的行爲，章魚甚至能夠登上漁船，偷取上面的螃蟹。章魚是唯一被認爲具有使用工具能力的無脊椎動物，目前發現有四隻紋理章魚身上攜帶著椰子殼，並利用椰子殼當做棲身之所。

第四節　運用章魚機能調整新北市行政區治理系統

1. 大腦：板橋區。

2. 心臟：淡水、三重、新店。

3. 八腕：金山、汐止、瑞芳、坪林、烏來、鶯歌、新莊、林口。

第五節　市政方向

1. 利用八腕強化城市化，朝向自足化（self contained）邁進。

2. 改善各區網路系統，並與中心區（台北）連結，邁向都會聚集經濟（Economies of agglomeration）。

3. 訓練各區獨特資源創造更多就業機會，邁向創意城市[83]。

---

[83] 聯合國教科文組織創意城市網絡（UCCN）創立於 2004 年，致力於促進與將創意視為可持續發展戰略因素的城市之間的合作。目前，該網絡由 116 個城市共同參與構成，共同肩負著同一使命：使創意和文化產業成為地區發展戰略的核心，同時積極開展國際合作。維基百科：
https://zh.wikipedia.org/wiki/%E5%85%A8%E7%90%83%E5%88%9B%E6%84%8F%E5%9F%8E%E5%B8%82%E7%BD%91%E7%BB%9C。

第六節　城市發展構想

將台北市與新北市合併。

1. 新北市人口 394 萬，面積 2,052Km^2，密度 1,946/Km^2。台北市人口 267 萬，面積 271Km^2，密度 9,818/Km^2。若合併，人口 651 萬，面積 2,323Km^2，密度 2,845/Km^2。比上海人口 2,400 萬，面積 6,340Km^2，密度 3,814/Km^2，更合理、更有競爭力。

2. 擴建環北捷運：其範圍東起汐止，南至新店，西抵新莊，北達士林的文化大學山下。

範圍涵蓋台北盆地，範圍約 900 平方公里。

第七節　結論

1. 新北市是人爲造成的，非自我成長的都市（By made no by growth），因此各區自成一個單一的個體，在網絡的連結較分歧。必須藉助其形成特色，因此要形塑一個有特色的都市較費心力。

2. 由於地理與政治關係，不能只顧本身的建設也要考慮與主城市的關係。

3. 各區建構一個完整的組織體，與中央（板橋區）緊密結合，才能發揮章魚式行政環節，靈活運用。

第十六章　城市建築物地動力論證

The Argument of Ground Power of Urban Buldings

摘要

城市爲一有機體，如同人體一樣。建築物在空間上分布，從鳥瞰之，如同人們列隊受校。每棟建築物皆有地址，那地址就是她的名字。本文借助姓名學之靈動力預測吉凶，來做建築物吉凶預測，吉者繼續使用，不吉者調整使用，爲市政管理之工具。全文共分四節。第一節前言，說明地動力意涵；第二節方法，說明如何運用姓名學來供建築物評定吉凶方法；第三節驗證，以實例驗證本方法之準確度；第四節結論。

關鍵詞：靈氣、地靈氣、地動力、姓名學

第一節　前言

「靈氣」（Reiki）一詞源於日本十九世紀白井甕男（MIKAO USUI）。意指宇宙能量，是一種利用宇宙能量供應人類所欠缺的能量，加速自癒能力的方法。一般情況，所損耗的能量，可以從運動、飲食和大自然等途徑獲得補充，倘若補充過程長期出現問題，能量耗用過多，便引發身、心、靈的各種不適，使人容易感冒、脾氣轉壞、變得抑鬱，甚至發展成慢性疾病。「靈氣」療法就是一種針對以上原理，簡單和自然地吸收更多能量，重拾生命力。靈氣治療的是一個人的整體，包括身體、情緒、頭腦和精神。

地靈氣，地球本身有許多自然形成的氣洞，地靈氣洞會有無形的地氣排出，形成一個具有能量的磁場，有些地靈氣洞能量頻率較高，會與天界相同能量頻率磁場產生感應，所以會有一道「光」聯繫地靈氣洞與天界磁場。天磁的能量指的是五行能量學，代表著金、木、水、火、土。

1. 金的能量可以帶動領導能力、管理能力、思考能力、團結能力（Management Capabilities）。

2. 木的能量可以提高個人修養能力、人際關係技巧、個人外表談吐能力（Interpersonal Skill）。

3. 水的能量可以提高社交和溝通能力，人面交集氣場會好起來（Social Skill）。

4. 火的能量可以幫助提高智慧，打開慧眼，提高學習能力，尋找方案會來得容易多了（Wisdom）。

5. 土的能量幫助提高機會，好機會來得事事都順利（Opportunity）。

五行磁場也代表身體的五大器官，肺、肝、腎、心和胃。有了天磁，回到家必然會感覺到很舒暢，每天都在修復身體能量，健康指數肯定會很棒！如果一間屋子磁場不足，氣不流通，會受到地靈磁場內外靈干擾，如果居住的人心性又不佳，便會吸引許多的外來靈體生命侵入肉體，而損傷肉體與精神的健康。加上個人的業障纏身，夜夜會難眠。

城市為一有機體，如同人體一樣。建築物在空間上分布，從鳥瞰之，如同人們列隊受校。每棟建築物皆有地址，那地址就是她的名字。本文借助姓名學之靈動力預測吉凶，來做建築物吉凶預測，吉者繼續使用，不吉者調整使用，為市政管理之工具。

第二節　方法

一、總筆劃之吉凶關係

以《康熙字典》之「部首」筆劃數。

二、各格之五行相生剋與天運五行之影響

・尾數 1、2 於五行屬木。
・尾數 3、4 於五行屬火。
・尾數 5、6 於五行屬土。
・尾數 7、8 於五行屬金。
・尾數 9、10 於五行屬水。

相生剋是否吉凶格局可供確實參考：

・由下而上，相生爲吉：「三才」中的天格與人格相生，接著人格再與地格相生。例如，天格屬水，人格屬金，地格屬土，成「土生金」、「金生水」，爲基礎安泰、能發揮才幹、易向上發展，順利成功。

・由上而下，相生爲吉：與前一例相仿。例如，天格屬木，人格屬火，地格屬土，成「木生火」、「火生土」，對後生晚輩有愛護之心、因努力上進可獲成就，亦受父祖餘蔭、受長輩愛護，有發展的實力。

・上下生中，相生爲吉：三才中的天格與地格皆相生予人格。例如，天格屬木，人格屬火，地格屬木，成雙重「木生火」，爲基礎安定、可發揮才能、受餘蔭和長輩愛護，順遂成功發達。

・由中生上下，相生爲吉：三才中的人格、天格與地格相生。例如，天格屬火，人格屬木，地格屬火，成雙重「木生火」，對部屬有愛護之心、努力上進、易發展、獲順利、致成功。

・有二格的五行屬性相同並且由上或下，相生爲吉：例如，天格與人格同屬性者，天格屬金，人格屬金，地格屬土，成「金金土」，可得同性相輔之助，能獲順利成功；人格與地格同屬性者，例如，天格屬木，人格屬火，地格屬火，成「木火火」，基礎穩固、身心安泰、平安幸福。

・有相剋，符合天地自然狀態爲吉：例如，天格屬水，人格屬木，地格屬土，成「水木土」，與大自然循環狀態相符，爲吉兆。

三、五格

1. 天格：以郵遞區號（三位數）加1，屬先天運（姓名學爲姓筆劃加1）。

2. 人格：以街道名筆劃總數，取二位數，可稱爲主運（姓名學爲姓筆劃加第一個名字筆劃）。

3. 地格：門牌號碼加總取二位數，屬基礎運。（姓名學爲名字筆劃加總）

4. 外格：地格加1，副運（姓名學爲第二個名字筆劃加1）。

5. 總格：姓與名加總，即郵遞區號＋街道名＋門牌號碼，取二位數。研究者是重視總格與人格、外格之相生剋關係。

四、數理吉凶

五格之中（天格數、人格數、地格數、外格數、總格數）：

1. 數理含大吉（健全、幸福、繁榮、名望），有 1、3、5、6、11、13、15、16、21、23、24、25、29、31、33、35、37、39、41、47、48、52、57、61、63、65、67、68、81。

2. 數理含中吉（正義、精進、勤奮、耐勞），有 7、8、17、18、32、45、57、58。

3. 數理吉力居 6 成、凶力居 4 成，有 27、36、38、42、49、50、51、53、55、71、72、73、75、77、78。

4. 數理吉力居 4 成、凶力居 6 成，有 2、19、30、40、79。

5. 自然得受洪福而易成樂逸成功吉數，有 1、11、13、21、23、31、33、37、39、48、52、57、67、71。

6. 終因克苦奮鬥而有所成就吉數，有 3、5、6、7、8、15、16、17、18、24、25、29、32、35、37、39、41、45、47、58、68。

7. 洪福隆昌之首領數，有 21、23、33、39。

8. 越挫越勇之吉數，有 7、17、18、25、27、37、47。

9. 能發揮才智或因努力而成爲大財富者之吉數，有 5、15、16、24、29、32、33、41、52（15 之數若予出身貧戶者，將堅定意志及實踐力，以致成功）。

10. 溫和雅量且外緣殊勝之吉數，有 5、6、11、15、16、24、31、32、35、48、63、65、71。

11. 較可能於完工後 36 年前即成功之前運吉數，有 1、3、5、6、11、13、15、16、23、24、25、31、32、33、45、52、61、63、81。

12. 較可能於完工後 36 年後而大成功之後發吉數，有 7、8、17、29、37、39、41、44、47、48、57、58、67、68。

13. 大福分足以蔭益城市之吉數，有 3、5、6、11、13、15、16、24、31、32、35、37、41、47、48。

14. 個性良淑兼具賢聲之女德吉數，有 5、6、15、16、35、37、41、48、57、67。

15. 本身重視外表而特具魅力之數，有 4、12、14、15、18、24、25、31、37、41、51、55、57、61。

第三節　驗證

一、驗證 A

（一）**假設地址為**：台北市中山區中山南路 1 號

1. 天格：以郵遞區號加 1，中山區 100＋1＝101　木

2. 人格：以街道名筆畫總數，取二位數。台北市中山區中山南路 62　木

3. 地格：門牌號碼加總，等於 1　木

4. 外格：地格加 1，1＋1＝2　木

5. 總格：100＋62＋1＝163 取二位 63　火

（二）**評析**

1. 五行：

天人地　木　木　木：由上與由下皆相同。

總格火與人格木相剋，又與外格木相剋。

2. 數理吉凶：

（1）天格：1，健全、幸福、繁榮、名望。

（2）人格：62，煩惱懊悔，事業難成，自防災禍，始免困境。

（3）地格：1，健全、幸福、繁榮、名望。

（4）外格：2，動搖不安，一榮一枯，一盛一衰，榮而無功。

（5）總格：63，萬物化育，繁榮之象，專心一意，必能成功。

（三）小結

立法院自 1919 年日人據台興建，原爲第二女高，1960 年供立法院使用。

1. 爲全國最高立法機關，故名望可以預期。

2. 但從五行觀之，皆相剋，故不宜作立法院之場所。恢復作學校。

3. 由於建築物不像人姓名不合可改之，故不合要變更使用（從 LAND USE 下手）。使每棟建築物皆有所用，充分發揮地利之效。

4. 因此，調整建築物之使用，則爲需要之課體。

二、驗證 B

（一）假設以美國白宮爲例：White House29＋23＝52 住宅

（二）地址：1600 Pennsylvania Avenue N.W.Washing ton DC.20500

1. 天格：以郵遞區號加 1，20500＋1＝20501　木

2. 人格：以街道名筆畫總數，取二位數。Pennsylvania Avenue N.W.Washing ton DC 依據附表之英文對應數字加總爲 141 取二位 41 木

3. 地格：門牌號碼 1600 加總，1＋6＝7　金

4. 外格：地格加 1，7＋1＝8　金

5. 總格：20501＋141＋7＝20649，取二位 49　水

數理吉凶：

1. 天格：1，健全、幸福、繁榮、名望。

2. 人格：41，天賦吉運，德望兼備，繼續努力，前途無限。

3. 地格：7，精力旺盛，頭腦明敏，排除萬難，必獲成功。

4. 外格：8，努力發達，貫徹志望，不忘進退，可期成功。

5. 總格：49，坎坷不平，艱難重重，若無耐心，難望有成。

（三）小結

白宮由愛爾蘭裔建築師詹姆斯·霍本設計，工程期爲 1792-1800 年，自 1800 年美國第二任總統約翰·亞當斯入住以來，白宮就是美國歷任總統在位時的居所。

1. 以名字總筆畫 52：草木逢春，雨過天晴，度過難關，即獲成功。爲美國歷任總統在位時的居所。地位莊嚴。

2. 但從五行觀之，有二格的五行屬性相同並且由上或下，相生爲吉木木金。

3. 外格金總格水有金生水之氣。

第四節　結論

一、從區位理論著眼，是尋找最佳位置

城市中大可分爲住宅區、商業區、工業區與公共建築。

表 1：理想土地使用

R（住宅）	C（商業）	I（工業）	P（公共）
R1	C1	I1	P1
R2	C2	I2	P2
R3	C3	I3	P3

二、由於人口增加，土地利用引起變化

有誤用或不當使用。

表 2：不當土地使用

R（住宅）	C（商業）	I（工業）	P（公共）
R1	C1	I1	P1
C2	R2	I2	P2
I3	C3	R3	P3

說明：表中 C2/I3 爲在住宅區不當使用，故爲凶，應予以調整。

三、調整原則

1. 合乎法規（都市計畫法或建管法等）。
2. 合乎最佳利益。
3. 配合周遭環境之修正。
4. 特殊危險建築，如海砂屋及輻射屋大都凶，應重新改建較有利。

參考文獻

1. 陳雪濤《堪輿道》，台北武陵出版，2015 年 8 月。
2. 姓名筆劃查詢系統。

附錄

一、姓名筆劃81數理吉凶（熊崎八十一靈動數）

（資料來源：https://jikula.pixnet.net/blog/post/2520194）

1. 繁榮發達，信用得固，萬人仰望，可獲成功。一元之始萬物開泰，事半功倍，奏份外之大成，可以享福終世也。　吉

2. 動搖不安，一榮一枯，一盛一衰，榮而無功。志不伸亂離，混沌未定之象，破財辛苦之兆，內外生波瀾，常苦不安，病患，成致廢疾，遭遇之大凶之數。　凶

3. 立身出世，有貴人助，天賜吉祥，四海名揚。名利兩全，吉祥慶福豐厚之運格，諸事隨意成功發遠之好暗示。智遠明敏，心眩神怡，能成大事大業，福祉無窮。　吉

4. 日被雲遮，苦難折磨，非有毅力，難望成功。破壞，滅裂，分離衰亡之象。　凶

5. 陰陽和合，精神愉快，榮譽達利，一門興隆。福壽雙美，藏偉大成功之運格，精神暢達，心身健全，福祿，長壽，富貴，繁榮，無所不至。　吉

6. 萬寶集門，天降幸運，立志奮發，得成大功。富裕安穩，福祉豐厚，興家立業之運格，富裕安穩，福祉豐厚，興家立業之運格。　吉

7. 精力旺盛，頭腦明敏，排除萬難，必獲成功。情剛俊敏，獨立，權威，勇往邁進，成功榮達之運格，婦女切要留神養德，免其流於男性之情形。　吉

8. 努力發達，貴徹志望，不忘進退，可期成功。堅剛不拔之數，以鐵石之意志，粉碎硬敵之象，意志剛堅之運格。　吉

9. 雖抱奇才，有才無命，獨營無力，財力難望。興盡凶始，利去名空之象，孤獨窮迫，心身疲憊，破家亡產。　凶

10. 烏雲遮月，黯淡無光，空費心力，徒勞無功。寥落零暗，神哭鬼號，一生嘗盡苦楚辛酸，家財破散，萬事乏氣力，諸事不如意。　凶

11. 草木逢春，枝葉沾露，穩健著實，必得人望。發榮滋長，萬物更新，平靜和順，挽回家運之運格，富貴繁榮，子孫挺秀，亦葉增華之最大吉慶。　吉

12. 薄羽無力，孤立無援，外祥內苦，謀事難成。不足不滿，薄弱，挫折之凶象，家屬緣薄，終陷於孤獨，遭難，逆境，病弱，不如意，困難等。　凶

13. 天賦吉運，能得人望，善用智慧，必獲成功。奇略縱橫，智慧充滿，富於學藝，才能文武雙全運格。　吉

14. 忍得苦難，必有後福，是成是敗，唯靠堅毅。浮沉破財，家屬緣極薄，喪親，亡子，或兄弟姐妹分離等之孤獨暗示，諸事不如意。　凶

15. 謙恭做事，外得人和，大事成就，一門興隆。慈祥有德，福壽圓滿，富貴榮譽之運格，承蒙上峰之惠澤，得受下屬之敬慕，無上萬幸之吉數。　吉

16. 能獲眾望，成就大業，名利雙收，盟主四方。宅心仁厚貴人得助，化凶反吉，財壽福俱全之首領運格，能成大事大業，富榮發達之好數。　吉

17. 排除萬難，有貴人助，把握時機，可得成功。剛健不屈，成就大志大業之好運格，但易剛情過於無理，以致與人不和，變成固執，恐反成失敗，必招厄患。　吉

18. 經商做事，順利昌隆，如能慎始，百事亨通。權力發達，賴智謀，貫通目地，功成名就之運格，財旺官旺。　吉

19. 成功雖早，愼防虧空，內外不如，障礙重重。失意流亡，如風雨後之河流之象，頗有智能，但此風雲蔽月，易陷於病弱，廢疾，不具，率倒，孤寡，寂寞之非運，有短運之凶誘導。　凶

20. 智高志大，歷盡艱難，焦心憂勞，進退兩難。破滅衰亡，物將壞之象，短命，非業之誘導濃厚。　凶

21. 先歷困苦，後得幸福，霜雪梅花，春來怒放。獨立權威，光風齊月，明月光照之首領之運格。　吉

22. 秋草逢霜，懷才不遇，憂愁怨苦，事不如意。志節中折，心身沮喪，寂寞無聊，百事不如意之凶意。　凶

23. 旭日昇天，名顯四方，漸次進展，終成大業。壯麗果敢，威勢沖天，有如旭日東昇，猛虎添翼之狀，聲勢嚇之強大首領運格，功名榮達，大志，大業可成，誠偉大之昌隆暗示也婦人不適此數。吉

24. 錦繡前程，須靠自力，多用智謀，能奏大功。金錢豐惠，白手起家而奏大功之象，健康，名譽，財產俱備。　吉

25. 天時地利，只欠人和，講信修睦，即可成功。資惟英敏，柔中帶硬，成功發達之運格，但易有怪脾氣。　吉

26. 波瀾起伏，千變萬化，凌駕萬難，必可成功。波瀾重疊艱難纏身，海中逢大暴風雨之象，爲變怪數奇之運格，又名曰英雄運，艱難纏身，賦性穎悟，富有義氣俠情。　凶帶吉

27. 一成一敗，一盛一衰，唯靠謹愼，可守成功。自我增長，迎新去舊，頓挫中折之象，多受誹謗攻擊，剛情過強，內外釀出不和，招致失敗之凶暗示。　吉帶凶

28. 魚臨旱地，難逃惡運，此數大凶，不如更名。禍亂別離，辛勞不絕之險惡運格，多於波瀾變動，難免批難誹謗，時或厄難襲來，至於婦女多陷於孤寡，禍亂不息之運格也。　凶

29. 如龍得雲，青雲直上，智謀奮進，才略奏功。不足不平，慾望難成，智謀奮進，才略奏功，有財力，權力之運格，富於活動

力，而成就大業，致於婦女，易流於男性，或釀出荒亡猜疑之災。吉（吉帶凶）

30. 吉凶參半，得矢相伴，投機取巧，如賭一樣。浮沉不安，吉凶未定，時利時敗，善惡難分之運格。　吉帶凶

31. 此數大吉，名利雙收，漸進向上，大業成就。和順圓滿，智，仁，勇三德具全之首領運格，意志堅固，千折不撓，地步確實，可成大志。　吉

32. 池中之龍，風雲際會，一躍上天，成功可望。溫良親和，如龍得水，性溫良，寬大仁愛，克臻僥倖之運格。　吉

33. 意氣用事，人和必失，如能愼始，必可昌隆。剛毅，果斷之數，富於權威，智謀優秀，盛運昌隆至極，名滿天下之吉祥運也，但婦女爲孤寡運。　吉

34. 災難不絕，難望成功，此數大凶，不如更名。破家亡身，亂數之禍象，子女別離，破壞之凶兆，孤苦貧賤之格。　凶

35. 處世嚴謹，進退保守，學智兼具，成就非凡。保守平安，溫良和順，智達之象，但不足爲首領之路。　吉

36. 波瀾重疊，常陷窮困，動不如靜，有才無命。波瀾萬丈，浮沉萬態，捨己成仁之英雄運，情義敦厚，爲其美點，一生難得平安也。　凶

37. 逢凶化吉，吉人天相，以聽取眾，必成大功。慈祥忠實，獨立權威，權威顯達之運格，熱誠忠烈，物事和暢通達，成就大志，大業。　吉

38. 名雖可得，利財難獲，藝界發展，可望成功。薄弱平凡，望洋興嘆，失意，難以成功，女人體弱多病。　凶帶吉

39. 雲開見月，雖有勞碌，光明坦途，指日可期。榮華富貴，風平浪靜，權名壽祿俱高，才謀盈身，財帛豐富，德澤及四方，婦女必陷孤鸞寡鵠。　吉

40. 一盛一衰，浮沉不定，知難而退，自獲天佑。退守得安，多浮沉變化，正處吉凶之岐路，但富於智略才幹。　吉帶凶

41. 天賦吉運，德望兼備，繼續努力，前途無限。德望高大，純陽獨秀之象，富榮，長壽，膽力，才謀齊備，和順，暢達，有展大志，成大業之實力。　吉

42. 事業不專，十九不成，專心不取，可望成功。博達多能，十藝九不成之運格，須專心研究一藝，中年易獨，病弱者。　吉帶凶

43. 雨夜之花，外祥內苦，忍耐自重，轉凶為吉。薄弱散漫，雨夜之花，零落繽紛，因循姑息，散財破產之運格，雖有才能，智遠，意力不確定，諸事不能遂行。　吉帶凶

44. 難用心計，事難遂願，貪功好進，必招失敗。逆境，煩悶，破家亡身之最惡兆，事與願異，萬事不能如意，勞苦，失意，病患，遭難，家屬，生離與別。　凶

45. 楊柳遇春，綠葉發枝，衝破難關，一舉成名。德量宏厚，一帆風順，志業成就，博得榮名，財帛之運格，智謀遠大，可遂大志，大業。　吉

46. 坎坷不平，艱難重重，若無耐心，難望有成。載寶沉舟，薄弱悲哀之暗示，欠乏精力，困難，辛苦，破壞，失敗者多。　凶

47. 有貴人助，可成大業，雖遇不幸，浮沉不大。禎祥吉慶，美花結實，得權威，尊榮，財帛之運格。　吉

48. 美花豐實，鶴立雞群，名利俱全，繁榮富貴。英邁有德，備有顧問，師資之威望，智謀充滿，才能惠溢，功利榮達，財壽齊全也。　吉

49. 遇吉則吉，遇凶則凶，唯靠謹慎，逢凶化吉。吉祥含凶之數，易生變轉之運格，女人守寡，剋夫刑子。　凶（吉帶凶）

50. 吉凶互見，一成一敗，凶中自吉，吉中有凶。離愁孤寡，一成一敗之象。　吉帶凶

51. 一盛一衰，浮沉不常，自重而處，可保平安。吉凶參半，一盛一衰之象，晚年出生浮沉，挫折，失敗，困苦。　吉帶凶（凶）

52. 草木逢春，雨過天晴，度過難關，即獲成功。卓識達眼之吉數，具遠見卓識，有先見之明，富投機心，而機略超群，成就大業，名利雙收，想富榮也。　吉

53. 盛衰參半，外祥內苦，先吉後凶，先凶後吉。禍患內憂，外觀福群，內實困亡之象，乃盛衰參半之運也，大都前半生幸福，後半生陷於不幸。　吉帶凶

54. 雖傾全力，難望成功，此數大凶，最好改名。刑傷橫死，大凶，遂致破產亡家，或病患、離別、廢疾、孤獨、刑傷、橫死。凶

55. 外觀隆昌，內隱外患，克服難關，開出泰運。爲吉凶相半之運格，外形榮華，裡面卻是災害續出，凡事不能安心。　吉帶凶

56. 事與願違，終難成功，欲速不達，有始無終。萬事齟齬，阻敗之象，乏實行之勇氣，損失、災厄、亡身，所謂禍不單行者。凶

57. 雖有困難，時來運轉，曠野枯草，春來花開。資性豪放，成功享福之運格，但一生必遭大難一次，然後得享吉祥，繁榮，萬事可以如意。　凶帶吉

58. 半凶半吉，浮吉多端，始凶終吉，能保成功。禍福無常，浮沉多端，或失敗後成功，皆經患難，方得富貴幸福。　吉帶凶

59. 遇事猶豫，難望成事，大刀闊斧，始可有成。損失亡產，意志衰退之象，乏忍耐，缺勇氣，無成事之才能。　凶

60. 黑暗無吉，心迷意亂，出爾反爾，難定方針。黑暗無光，搖動不安，盡任風波之運格。　凶

61. 雲遮半月，內隱風波，應自謹愼，始保平安。榮達，繁榮富貴之吉兆，享天賦之幸福，一生盛運也，但傲慢不遜，恐釀成內外不和。　吉帶凶

62. 煩惱懊悔，事業難成，自防災禍，始免困境。心身衰退，如雪上加霜，不徹底之凶相，志望離遠，漸入衰敗之象。　凶

63. 萬物化育，繁榮之象，專心一意，必能成功。享名譽，信望，財祿之運格，樂樂如意，榮顯可傳子孫之大吉慶也。　吉

64. 見異思遷，十九不成，徒勞無功，不如更名。沉浮滅離，意外之災害來襲，或嘗骨肉離散之苦，或病患非命臨身，困厄重來。凶

65. 吉運自來，能享盛名，把握機會，必獲成功。長壽圓滿，權、名、財三德俱全之貴重運格，家道昌隆，福壽綿長。　吉

66. 黑夜逝長，進退維谷，內外不和，信用缺乏。內外不和，損害災厄交至，終招身家破滅。　凶

67. 獨營事業，事事如意，功成名就，富貴自來。物事通達，諸事四通八達，承襲長上之援助，萬事無障礙，宏展志望，達成目標，家道繁昌。　吉

68. 思慮周詳，計畫力行，不失先機，可望成功。智慮周密，志操堅固，富於發明創見之機能，克得眾信，願望上達。　吉

69. 動搖不安，常陷逆境，不得時運，難得利潤。病災、窮迫、滯塞，搖動不安之凶運。　凶

70. 慘淡經營，難免貧困，此數不吉，最好改名。廢疾滅亡，空虛寂寞，一生險厄，慘澹，命運多劫，難免殺傷，廢疾，刑罰，離散等，憂愁不絕也。　凶

71. 吉凶參半，唯賴勇氣，貫徹力行，始可成功。吉祥含苦，吉凶參半之運格，缺乏實行貫徹之氣力，進取敢行之勇氣稀少，至愿失敗。　吉帶凶

72. 利害混集，凶多吉少，得而復失，難以安順。外觀吉祥，內實凶禍，前半生幸福者，後半生難免悲慘，其者晚年遭破家亡身之危。　凶

73. 安樂自來，自然吉祥，力行不懈，必能成功。高無勇，盛衰交加，實行貫通之勇，然備自然之福祉，大都平安無憂，倘若振起勇往之精神，亦得遂志奏功也。　吉（吉帶凶）

74. 利不及貴，坐食山空，如無智謀，難望成功。無智，無能，窮途莫展之運格，且生意外之災厄也，辛苦繁多，到老愈甚。　凶

75. 吉中帶凶，欲速不達，進不如守，可保安詳。退守保吉，雖有自然之吉相，內面招破財，所以進取必陷失意災厄，反之，退守可保吉祥也。　吉帶凶

76. 此數爲凶，破產之象，宜速改名，以避厄運。寸步難移，內外不和，傾覆資財，汙辱名譽，或病弱、短命，骨肉分散，妻子離愁，逆境凶煞無限。　凶

77. 先苦後甘，先甘後苦，如能守成，不致失敗。凶中帶吉，開花不結實，獲上位之援護，享福至中年，然後陷落災厄，不幸。吉帶凶

78. 有得有失，華而不實，需防劫財，始保安順。禍福參半，元來智能齊備，中年以前，得成功發達，中年以後，漸自衰退，陷於困苦，招大辛慘。　吉帶凶

79. 如走夜路，前途無光，希望不大，勞而無功。窮極不伸，乏欠精力，精神又不足，無節義道德，失信用。　凶

80. 得而復失，枉費心機，守成無貪，可保安穩。波瀾障害接踵之象，早入隱遁之生活者，可以安心立命，化凶爲吉。　吉帶凶

81. 最極之數，還本歸元，能得繁榮，發達成功。復元吉瑞之數，陽氣來復，春風及第之象，尊榮無比之貴重運格。　吉

二、英文名字

英文字母有一定的編碼，可以用靈數去推算這個名字有什麼影響，英文名字總數的計算方式：

表 3：英文字母的數字對照表表

1	2	3	4	5	6	7	8	9
A	B	C	D	E	F	G	H	I
J	K	L	M	N	O	P	Q	R
S	T	U	V	W	X	Y	Z	

A＝1、B＝2、C＝3，依此類推……

1. 先把你的英文名字寫在紙上，然後查詢英文字母的數字對照表，把每個字母的數字寫下來。

2. 把英文名字的每個字母的數字都相加起來，超過二位數的再加一次，直到加成個位數爲止。

3. 例如：英文名字是 BETTY，BETTY＝2＋5＋2＋2＋7=18，1＋8＝9，所以英文名字 BETTY 的總數是 9。

計算出來後，對應到如下九個總數，便可知道其中的意義。

【1】

名字總數 1 會帶給你直接率性的感覺，加強你的創造力與領導力，讓你的個人風格與色彩非常的強烈；你會漸漸的訓練出堅強的自信心，也會把握機會去表現自我，對於想要培養獨立自主的個性非常有幫助唷！不過 1 也給人孤單及強硬的感覺，所以缺點是如果太我行我素的話，孤僻的個性非常不利於人際關係與愛情關係的發展喔！

【2】

名字總數 2 給人的感覺是相當柔順與體貼的，它會讓你的人際關係非常的融洽，因爲你會漸漸學會一顆包容與關懷的心，更重要的是談戀愛的時候，會是個善解人意的好對象，總是給人一種好人緣好相處的感覺喔！不過 2 也有種依賴的感覺，所以缺點是如果總是以他人的主的話，遇到事情容易缺乏主見，或是不知道如何對別人說「不」呢！

【3】

名字總數 3 能夠增進你的感受力與藝術才能，不但對人與人之間的溝通交流有幫助，而且還會讓你的人際關係非常的活絡；對於一些娛樂活動或語言文字的創作會漸漸感興趣，總是給人一種聰明伶俐且才華洋溢的感覺呢！不過 3 也容易顯得神經大條的模樣，缺點是如果興趣太廣泛而沒有專精的話，對很多事情容易三分鐘熱度喔！

【4】

名字總數 4 會帶領你朝向耐性與穩定的特質發展，你對課業或感興趣的事會越來越專注，願意腳踏實地的學習，以及磨練有效率的辦事能力，不但能夠忍受無聊與單調的事物，而且對於研究專業才能與適應規律的生活非常有幫助唷！不過 4 也容易流於太呆版無趣，所以缺點是太自閉的話，會妨礙人際關係及愛情關係的發展喔！

【5】

名字總數 5 會加強你活潑好動的一面，讓你對許多新鮮有趣的事情都躍躍欲試，漸漸充滿活力的你，會不斷的開拓自己的生活與人際關係，哪裡有前衛好玩的事物，你就往那裡跑，所以你會給人一種熱情奔放的自由形象囉！不過 5 也容易因過動而靜不下來，所以缺點是無法專心的學習，常常到處闖蕩或遊戲，正經事卻放著沒有時間管喔！

【6】

名字總數 6 能夠增進你感情的滋潤，對加強愛情運勢及人際關係非常有幫助喔，你會漸漸的培養出溫柔與浪漫的胸懷，不管是對待朋友或情人，總是拿出最柔和溫暖的態度去對待，所以生活總是過得非常的平靜與順利唷！不過 6 也給人一種過於情緒化的感覺，缺點是容易因爲感情用事而喪失理智，或是成天沉溺在幻想裡喔！

【7】

名字總數 7 對於增強學業運勢非常的有幫助，因爲你會漸漸的喜歡探索學問的感覺，對於學習、思考、與智慧的東西，越來越有心得與興趣，而且頭腦會越想越多、越動越快，而讓別人感覺你是一個很有想法很有創意的人唷！不過 7 也給人一種冷漠的感覺，所以缺點是容易有怪癖或寧願孤獨，常常拒絕人際關係或愛情的交往喔！

【8】

名字總數 8 充滿了滿足與福氣的感覺，所以會加強你對於金錢與物質的感受，你漸漸的會對美食、服裝或是消費感興趣；你非常重視身體的舒適與生活的享受，所以會嚮往成功與富裕的未來，讓人感覺你非常的重實際。不過 8 也給人一種功利與勢利的感覺，所以缺點是容易太重視金錢或斤斤計較，而增加人際關係上的距離感喔！

【9】

名字總數 9 會帶領你朝向靈性的發揮，你的靈感直覺力與精神力會越來越強，而且總是散發出熱烈的光芒，非常容易增加你的人緣與魅力喔！而且你也會漸漸的充滿了理想性，對於提升個人人氣魅力指數或領導力非常有幫助唷！不過 9 也給人一種夢幻的感覺，缺點是容易幻想多而行動力不足，無法提供你實際面的幫助呢！

（資料來源：http://cloudylin.pixnet.net/blog/category/519032）

輯三　治理論

第十七章　城市的靜脈

Urban Veins

摘要

都市是一個有機體，它有動脈（Arterial）與靜脈（Venous），自來水是動脈；垃圾、下水道（雨水與汙水）是靜脈。依中醫理論，自來水屬上焦[84]，下水道屬於下焦，垃圾屬於膀胱。本文針對垃圾做討論，全文共五節。第一節前言。第二節城市靜脈：膀胱經。第三節台灣一般廢棄物清理概況。第四節資源回收。第五節解決固體廢棄物——垃圾之策略。

關鍵詞：動脈與靜脈、五俞穴、膀胱經、資源回收、循環經濟

第一節　前言

如果將都市看成是一個有機體，它也有動脈（Arterial）與靜脈（Venous）[85]，那麼，自來水是動脈；垃圾、下水道（雨水與汙水）

84 《素問・靈蘭秘典》:「三焦者，決瀆之官，水道出焉。」《靈樞・營衛生會》:「上焦如霧，中焦如漚，下焦如瀆。」可見三焦狀態之異。

85 靜脈（veins）和它的功能：收縮與擴張，1.收縮：靜脈回流量（venous return 每分鐘流入心臟速率），心臟因心肌收縮力（Frank-Starling Law of the heart），可自動地將所有自靜脈進入到右心房血液推送出去。2.心臟對心跳的增加作用，伸張右心房壁的竇房結（sinus node）對其節律性有直接的影響，可增加心跳速率10-15%。參見 GUYTON & HALL 醫用生理學（樓迎統等譯）第 11 版，2008 年

是靜脈。依中醫理論，自來水屬上焦[86]，下水道屬於下焦，垃圾屬於膀胱經。

一、城市五俞穴

表 1：城市五輸穴表

五臟		五俞				
		井（木）	滎（火）	俞（土）原	經（金）	合（水）
手	肺	少商（鄰里公園）	魚際（社區公園）	太淵（水岸發展區）	經渠（保護區）	尺澤（大公園
三	心包	中沖（收費站）	勞宮（銀行）	大陵稅捐處）	間使（產業局）	曲澤（財政局）
陰	心	少沖（鄰長）	少府（里長）	神門（區長）	靈道（副市長）	少海（市長）
足三	脾	隱白（變電所）	大都（加壓站）	太白（瓦斯儲存槽）	商丘（發電廠）	陰陵泉（電力公司）
	肝	大敦（里幹事）	行間（里辦公室）	太沖（區公所）	中封（秘書長）	曲泉（市政府

5 月，台灣愛思唯爾公司出版，頁 176、233。

[86] 《素問・靈蘭秘典》:「三焦者，決瀆之官，水道出焉。」《靈樞・營衛生會》:「上焦如霧，中焦如漚，下焦如瀆。」可見三焦狀態之異。

陰	腎	涌泉（派出所）	然谷（消防局）	太溪（警分局）	復溜（督察）	陰谷（警察局）

六腑					**五俞**		
		井（金）	滎（水）	俞（木）	原 原（火）	經（火）	合（土）
手	大腸	商陽（巷道）	二間（街道）	三間（廣場）	合谷（運動場）	陽溪（街口）	曲池（主要幹道）
三	三焦	關沖（水溝）	液門（排水管）	中渚（雨水管）	陽池（防洪池）	支溝（大圳）	天井（水庫）
陽	小腸	少澤（巴士站）	前谷（捷運站）	后溪（總站）	腕骨（轉運站）	陽谷（港口）	小海（車航站）
足	胃	厲兌（停車場）	內庭（公共設施）	陷谷（學校）	衝陽（工業區）	解溪（農業區）	足三里（住商工區
三	膽	足竅陰（議員服務處）	俠溪（活動中心）	臨泣（市場）	丘墟（販賣場）	陽輔（里民大會場）	陽陵泉（市議會）
陽	膀胱	至陰（垃圾收集站）	通谷（垃圾車）	束骨（分類場）	京骨（修理廠）	昆侖（回收廠）	委中（焚化廠）

資料來源：本研究

第二節　城市靜脈：膀胱經[87]

一、膀胱經五俞穴

井：垃圾收集站	滎：垃圾車	輸：分類場	原：修理廠	經：回收廠	合：焚化廠

二、五輸穴功能

井穴：爲經氣所出，如水之源頭。

滎穴：爲經氣所溜，如剛出的泉水微流。

輸穴：經氣所注，如水流由淺入深。

經穴：經氣所行，如水流在江河中暢流。

合穴：經氣充盛，恰如百川匯入大海，由此深入匯於臟腑。

原穴：是正經元氣出入的總開關，12 條正經上各有一個原穴，陰經五臟之原穴，即是五腧穴中的輸穴，就是以輸爲原，陽經六腑則不同，輸穴之外，另有原穴。能使三焦原氣通達，調節臟腑經絡功能，從而發揮其維護正氣，抗禦病邪的作用。

[87] 膀胱者，州都之官，津液藏焉，氣化則能出矣。

三、膀胱經

膀胱經的走向是從頭開始的，然後沿著頭後邊一直到腳外側小趾邊緣的至陰穴。打通這條經絡，能夠防治全身上下的疾病。

膀胱經主治疾病

主治呼吸系統疾病的感冒、發燒、哮喘、肺炎；消化系統疾病的消化不良、痢疾、胃下垂、肝炎；其他疾病的失眠、關節炎、中風後遺症、腰背痛。如果膀胱經瘀阻了，我們的身體會出現：惡風怕冷、頸項不舒、腰背肌肉脹痛；腰膝酸軟、靜脈曲張、尿頻尿多；尿黃、攝護腺肥大[88]。

---

[88] https://kknews.cc/zh-tw/health/ezjye8z.html。

第三節　台灣一般廢棄物清理概況

一、統計

表 2：一般廢棄物清理概況

年（度）別 Year (Fiscal Year)	一般廢棄物產生量按項目別分 Amount of Municipal Waste Generated by Type			
	總計 Total	一般垃圾 Garbage	資源垃圾 Recyclable Waste	廚餘 Food Waste
	公噸			
86年度 FY 1997	8,880,775	8,880,775	—	—
87年度 FY 1998	8,992,240	8,880,487	111,753	—
88年度 FY 1999	8,715,575	8,565,699	149,876	—
89年 2000	8,729,502	7,875,511	853,990	—
90年 2001	8,333,806	7,277,054	1,056,753	—
91年 2002	7,984,837	6,743,000	1,241,837	—
92年 2003	7,708,019	6,160,260	1,379,158	168,601
93年 2004	7,714,959	5,862,890	1,552,804	299,265
94年 2005	7,828,685	5,525,253	1,839,231	464,201
95年 2006	7,791,606	5,032,672	2,188,758	570,176
96年 2007	7,949,448	4,873,237	2,413,421	662,791
97年 2008	7,537,374	4,374,154	2,472,026	691,194
98年 2009	7,746,019	4,223,484	2,801,063	721,472
99年 2010	7,957,601	4,072,603	3,115,834	769,164
100年 2011	7,554,589	3,610,848	3,132,541	811,199
101年 2012	7,403,948	3,379,390	3,190,018	834,541
102年 2013	7,332,694	3,300,151	3,237,330	795,213
103年 2014	7,369,439	3,272,669	3,376,397	720,373
104年 2015	7,229,290	3,236,389	3,383,195	609,706
105年 2016	7,461,342	3,133,582	3,751,828	575,932
106年 2017	7,870,896	3,130,735	4,188,829	551,332
107年 2018	9,740,671	4,317,339	4,828,340	594,992
108年 2019	9,812,418	4,290,856	5,023,517	498,045
109年 2020	9,869,675	4,062,029	5,278,079	529,567
110年 2021	10,049,062	3,895,153	5,666,869	487,041

資料來源：環境保護統計年報 111 年，頁 2-86

二、垃圾收集站

垃圾站，又名垃圾收集站，是收集垃圾的中途站，也是物料回收的中轉站。交廢料來的是附近的居民、住宅和商廈的垃圾收集員等。優點是方便；缺點是發生惡臭，影響週圍環境衛生。

三、垃圾車

圾車：好處是垃圾不落地；缺點是定時與定點居民不方便。

四、「智慧垃圾桶」（iTrash）

「智慧垃圾桶」，分爲一般垃圾收集機與資源回收機兩種功能，垃圾機以每 500 公克 4 元計價接收垃圾，估計可以容納 1,000 戶每天的垃圾量（200 公斤）；回收機則祭出獎勵，累積 10 個寶特瓶或 8 個鐵鋁罐，就能獲得 1 元，估計一台機器可裝進 800 個寶特瓶、600 個鐵鋁罐[89]。這套垃圾收集機設備包含冷藏、壓縮、除臭等功能。

五、垃圾分類場

傳統垃圾收集後到分類場分類，現在於投置垃圾時就分類了。

---

[89] 智慧垃圾桶第一個據點選在中正區的住宅區（臨沂街 63 巷 1 號），2018 年 8 月先行，也是首度垃圾跟回收兩機一次到位。業者表示，接下來還要進駐北投，2018 年底前要在台北市設置三個據點，2019 年的目標則是 120 站。

六、修理廠

即保養廠，台北市於 1968 年設立，1973 年修正爲修車廠。

七、焚化廠

台北市於 1987 年 5 月 1 日成立內湖垃圾焚化廠，該廠不但是國內首座焚化廠，亦爲當時 14 項重要經濟建設之一。其成立目的，乃利用現代化之設備及最新焚化技術，以減少垃圾體積，節省傳統掩埋空間，有效控制二次汙染，並回收能源。

第四節　資源回收

一、種類

1. 巨大廢棄物回收再利用

巨大垃圾包括廢沙發、床鋪、桌椅、櫥櫃、腳踏車及修剪庭院的樹枝等，這些廢棄物由於體積龐大，不易定點定時收集清除，以往國內普遍缺乏完善的回收再利用體系，故多以焚化或掩埋處理，未能有效利用資源。廢家具、腳踏車等巨大垃圾如具有修繕價值，可加以修復後再使用；無修繕價值的，經過分類、破碎、選別後，回收其中的塑膠、金屬、木料等物質再利用，不僅可減少巨大垃圾產生及其處理費用，亦可節約自然資源使用，減輕環境負荷，有助於達成垃圾「全分類、零廢棄」的目標，建立資源永續利用的社會。

2. 工業廢品回收

雖然許多政府項目專注於家庭廢品回收，但不列顛 64%的廢品來自工業[90]。

3. 廚餘回收

廚餘是丟棄的生、熟食物及其殘渣或有機性廢棄物，主要成分爲有機物，具有再利用價值。以往國內未建立完善的回收再利用體系，故多以焚化或掩埋處理，未能有效利用資源。

二、2017 年台灣資源回收成果[91]

1. 截至 10 月底之垃圾回收率達 60.34%。每人每日垃圾清運量，由 1997 年的 1.143 公斤，至 2017 年 10 月已下降爲 0.359 公斤。2017 年截至 10 月底垃圾清運量較歷史最高（1998 年）減少 65.24%。

2. 廢電子電器及廢資訊物品回收量約 13.7 萬公噸，經處理後可產出鐵、鋁、銅、玻璃及塑膠等資源化物質，資源回收再利用比率達 83%。

---

[90] UK statistics on waste – 2010 to 2012 *(PDF). UK Government. UK Government： 2 and 6. September 25, 2014* [March 7, 2015].

[91] 《中華民國國情簡介》，2018 年 7 月 21 日，中文（台灣）。

3. 廢容器回收量達 48.8 萬公噸，可回收再生料產值達新台幣 33 億元。

4. 回收廢汽車約 32.2 萬輛，廢機車約 65.8 萬輛，廢車殼粉碎分類處理後之資源再利用率達 75%。

5. 廢輪胎回收量達 14.3 萬公噸，經處理後資源回收再利用比率約 99.43%；廢鉛蓄電池回收量達 7.4 萬公噸，廢鉛蓄電池資源回收再利用比率約 83.84%。

6. 回收廢照明光源量超過 4,300 公噸，回收的廢照明光源經處理後，可產出玻璃、銅、鋁、塑膠、汞及螢光粉等，可作爲原料使用。2017 年 1 月 1 日起回收直管型、環管型、緊密型及安定器內藏式型 LED 照明光源。

7. 廚餘回收作爲養豬飼料或堆肥再利用，截至 10 月底止，廚餘回收量爲 47 萬公噸，平均每日回收量爲 1,546 公噸。

8. 巨大廢棄物清運量，截至 10 月底止爲 11.7 萬公噸，其中經修繕成爲再生家具、腳踏車再使用及破碎成木屑作爲鍋爐燃料或堆肥副資材等，合計再利用量爲 4.5 萬公噸。

三、資源回收的問題

1. 環境汙染

中國和印度在回收電氣電子設備時造成大量汙染。在這些國家裡，非正式回收是個地下經濟，造成環境和健康惡果[92]。

---

[92] 資源回收，維基百科：
https://zh.wikipedia.org/wiki/%E8%B3%87%E6%BA%90%E5%9B%9E%E6%94%B6#%E7%8E%AF%E5%A2%83%E5%BD%B1%E5%93%8D。

2. 生態影響

《我爲什麼不是環境保護主義者》作者經濟學家史蒂文・蘭茲伯格[93]，他稱紙張回收實際上減少了樹木數量。他認爲，造紙公司希望林木再生，對紙張的大量需求會刺激大規模植樹造林，但減少紙張需求導致植樹造林減少[94]。

3. 資源回收用地

台灣目前依「應回收廢棄物回收處理業管理辦法」於 2016 年 5 月 17 日公告修正。於都市計畫區內住宅區、商業區、甲乙種工業區、農業區、保護區，以及非都市甲乙丙丁種建築用地、遊憩區等申請使用。而尚無規劃完整之資源回收用地。

4. 拾荒者

拾荒者是非正式經濟，而無關注其工作條件與機會。

5. 資源回收貿易

（1）一些國家對未經處理的回收品買來買去。有抱怨稱這些賣出去的回收品最終命運不得而知，可能是一埋了事，汙染環境。

（2）廢品被非法賣入經濟較差國，拆解回收不過是爲了掙錢，完全不顧工人的健康或環境的破壞。

---

93 Steven E. Landsburg. Why I Am Not An Environmentalist: The Science of Economics Versus the Religion of Ecology Excerpt from The Armchair Economist： Economics & Everyday Life (PDF) (PDF). [July 6, 2016].

94 Landsburg, Steven A. The Armchair Economist. p. 81.

（3）經濟下濾作用[95]：對低所得國家固然是好，但阻礙了低所得國的創新成長。

第五節　解決固體廢棄物——垃圾之策略

1. 循環經濟[96]：利用資源回收、增進經濟有效循環。台灣光宇材料股份有限公司，擁有從半導體及太陽能產業事業廢棄物中回收高純度矽粉及碳化矽粉技術，以及環拓科技股份有限公司，研發出全球唯一廢橡膠裂解再生技術[97]。

2. 廣設資源回收用地：在都市或非都市內適當分布資源回收用地。

3. 透過立法保障拾荒者之就業，包含生存權與工作環境權。

4. 建立資源回收港口處理回收物資之分類再製加工區[98]。

5. 公平補貼：廢清法第 15 條，由主管機關公告的應回收項目，包括食品類平板容器，也就是拿來裝食物的薄片塑膠，回收了有錢拿。但廢清法又有另一條：第 5 條第 6 項，也明列清潔隊應回收塑膠類廢棄物，像是裝玩具、電池這類軟殼薄片塑膠雖然要回收，但

---

[95] 下濾理論（theory of filtering down）是一種房屋往往會傳遞給較低經濟群體的原則，隨著有可用的優質新房屋，人們往往會向上提升，因此會留下更多可用的邊緣住宅給較低經濟規模（lower economic scale）的人們。回收的資源也有相同作用，高所得國家將其用過的物品運到低所得國。

[96] 黃育徵、陳慧琳〈台灣為什麼需要經濟循環？〉，台灣建築學會會刊雜誌 91 期，2018 年 7 月，頁 5。

[97] 華爾街日報網站 2016 年 5 月 17 日以「台灣：全球的垃圾處理天才（Taiwan: The World's Geniuses of Garbage Disposal）主題報導，台灣如何從缺乏垃圾掩埋場到迄今成為全球垃圾處理的天才，而人口如此稠密的國家，資源回收卻可媲美德國等先進開發國家之列。

[98] 可增加就業、政府稅收及經濟成長。

並沒有在源頭向製造、輸入業者收錢，因此就算認眞回收，也沒補貼可拿。故避免只重視回收率不重視再利用率，應皆可補助。

參考文獻

1. 《GUYTON &HALL 醫用生理學》，樓迎桶等譯，第 11 版，2008 年 5 月。
2. 《台灣愛思唯爾公司環境保護統計月報》第 355 期，2018 年 7 月。
3. 《台灣建築學會會刊雜誌》第 91 期，2018 年 7 月。
4. （中國）張寶兵《我國靜脈產業體系構建研究：以城市固體廢棄物處理產業爲例》（簡體書），經濟科學出版社。
5. Recycling Economic Information(REI)Report. https://www.epa.gov/smm/recycling-economic-information-rei-report
6. Circular Economy Overview. https://www.ellenmacarthurfoundation.org/circular-economy/overview/concept

第十八章　城市五音與五味

Five Sounds and Five Flavors of the City

摘要

本文探討城市中聲音與味道，借用中醫五聲與五味說明城市聲與味產生原因、問題與治法，全文共分七節。第一節前言，說明五聲五味對人們生活影響。第二節中醫五聲，說明呼、笑、歌、哭、呻。第三節城市五聲，說明城市五種聲音。第四節城市五聲評析。第五節對城市五聲的建議。第六節城市五味：酸、苦、甜、辣（辛）、鹹，並說明問題與治法。第七節結論。

關鍵詞：五音與五味、噪音、惡臭、空氣汙染

第一節　前言

人體有五聲與五味，城市爲一有機體如同人體，如有不適予以診治。例如噪音影響居民生活，工廠排出之惡臭味亦影響環境衛生，因此市政管理者應設置專責單位予以管制。

第二節　中醫五聲[99]

《素問・陰陽應像大論》:「肝，在聲爲呼；心，在聲爲笑；脾，在聲爲歌；肺，在聲爲哭；腎，在聲爲呻。」指明了何爲五聲，並說明了五聲與五臟的對應關係。《素問》以呼、笑、歌、哭、呻爲五聲。《醫宗金鑑》進一步闡明:「聲爲音本，音以聲生。五音之變，變則病生，肝呼而急，心笑而雄，脾歌以漫，肺哭促聲，腎聲低微。」

第三節　城市五聲

垃圾車少女祈禱聲——心笑。

救護車哀嗚聲——腎哀。

消防車緊急聲、汽機車馬達聲、工廠噪音、施工聲——肺哭。

選舉拜託聲——肝呼。

賣東西呼叫聲；修理門窗、夏日冰淇淋叭噗聲；收破銅爛鐵聲——脾歌。

第四節　城市五聲評析

1. 垃圾車少女祈禱聲：是城市最受歡迎的聲音，有時居民追著

---

[99] 五聲，百度百科：https://baike.baidu.com/item/%E4%BA%94%E5%A3%B0/20275386。

車跑，人們自然有笑聲，因爲替家中清除垃圾。

2. 救護車哀鳴聲：尤其是晚上三更半夜，當車聲越近時越恐怖，若停止，一定是鄰居有人生病急救送醫。

3. 消防車緊急聲、汽機車馬達聲、工廠噪音、施工聲，這些是讓人們生厭聲音。

4. 選舉拜票聲：每當選舉季節，大街小巷都是拜票聲，而平時是人們向當選人拜託的聲音。

5. 賣東西呼叫聲：修理門窗、夏日冰淇淋叭噗聲；收破銅爛鐵聲：這些聲音是居民需要，如換玻璃、修紗窗、收破銅爛鐵（雖然現在越來越少）是人們等待的聲音。

有這些聲音，交織而成美麗樂章，讓城市得以持續成長。

第五節　對城市五聲的建議

對第 1 種聲音：可以變換曲目，使之活潑。

對第 2 種聲音：尤其是晚上最好不要，建議使用燈光以示警以免擾人安寧。

對第 3 種聲音：要嚴格管制，不僅音量而且時間也要限制。

對第 4 種聲音：以後應絕對避免，因平日服務總比到時拜託重要，況且，沒有人會因廣播而選您。

對第 5 種聲音：讓其自然淘汰。除非在鄉下，否則城市這些聲音越來越少了。

以上，讓我們的城市保持寧靜而安詳。

第六節　城市五味

一、中醫五味[100]

中醫認爲酸、苦、甜、辣（辛）、鹹分別與人體的五臟相對應，各有其作用。中醫典籍《黃帝內經・素問・宣明五氣篇》:「五味所入，酸入肝，辛入肺，苦入心，鹹入腎，甘入脾。」而《彭祖攝生養性論》中強調:「五味不得偏耽，酸多傷脾，苦多傷肺，辛多傷肝，甘多傷腎，鹹多傷心。」說明五味適量對五臟有補益作用，過量則會打亂人體平衡，對臟器造成損傷。

二、城市五味

1. 化學工廠——酸味：工廠所排放出來的臭氣等都是惡臭
2. 瀝青工場——苦味
3. 食品工廠——甘味
4. 焚化爐——辛味
5. 豬雞舍——鹹味

五味有相生相剋之關係。

---

100 〈酸甜苦辣鹹與五臟的相生相剋〉，http://www.epochtimes.com/b5/14/10/1/n4261754.htm。

三、城市五味之防治

1. 制定嚴格排放標準。避免已符合標準，但仍有使人難以接受之氣味或臭味。

2. 建立完善的監控系統。

四、臭味防制[101]

1. 基本方法

（1）製程改善與管理。

（2）臭氣之抽除。

（3）設控制設備。

2. 輔助方法

擴散或遮飾。

3. 空氣汙染防制[102]

（1）汙染物的測量：空氣品質指數和空氣汙染指數一般用 μg/m3（微克/每立方米）作爲單位；也有用 PPM（parts per

---

[101] 財團法人台灣產業服務基金會，司洪濤、郭治軍彙整，2007 年 10 月，https://www.google.com/search?q=惡臭汙染物之防治&ie=utf-8&oe=utf-8&client=firefox-b。

[102] 指一些危害人體健康及周邊環境的物質對大氣層所造成的污染，https://zh.wikipedia.org/wiki/%E7%A9%BA%E6%B0%A3%E6%B1%A1%E6%9F%93。

million，百萬分率）作爲單位。測量的標的爲一般常見單一汙染物，例如可吸入懸浮粒子、一氧化碳。在不同天氣、風向、風速、氣溫、相對濕度下測量得的各項數值有差異。在週末/工作天、繁忙/非繁忙時段、空氣汙染高峰時間/平時，所測量得的數值皆有差異。

空氣品質預報，是指利用各種技術對空氣中的汙染物濃度及其時空分布進行預測。就預報方法而言，空氣品質預報方法包括：數值預報（運用大氣擴散模型[103]）、統計預報、潛勢預報。空氣汙染指數（Air Pollution Index, API）是一個表達空氣汙染程度的數值，而每個國家的標準不同，其優點是簡單易記，但缺點則是含糊抽象、太籠統，或以空氣品質指數（Air Quality Index, AQI）表達。

（2）減低汙染措施：A. 土地合理規劃。B. 減少汙染物移動來源。C. 控制設備。

第七節　結論

1. 美好的聲音讓人愉悅，但噪音讓人產生厭煩，控制良好聲音讓居民生活在愉悅的環境中。

2. 新鮮空氣有益健康，城市密度高更應有良好空氣品質管制。

---

[103] 資料來源同上。

第十九章　城市五色

Five-Color City

摘要

城市如人體一樣是有機體，望城市的顏色即知其狀態。建築師埃羅・沙里寧（Eero Saarinen）曾說：「讓我看看你的城市，我就能說出這個城市的居民在文化上追求的是什麼。」色彩是公眾空間的復甦，喚起了人們已失去的，對這城市的歸屬感，對自己居住地的驕傲。

本文說明城市色彩對人民影響，以及借用中醫望診理論建構城市色彩方法，本文共分八節。第一節前言，說明色彩對人們的重要。第二節城市色彩歷史，說明色彩之演變發展。第三節城市色彩對人們影響說明色彩種類。第四節中醫望診學說，說明中醫望診爲診斷工具之內涵。第五節台灣六大城市色彩，評估其缺失。第六節城市色彩規劃原則。第七節五色城市色彩規劃方法。第八節結論，提出建議。

關鍵詞：中醫五色、城市色彩、景觀法、診斷學、天際線

第一節　前言

《難經》[104]說：「望而知之者，望見其五色，以知其病。」城市如人體一樣是有機體，望城市的顏色即知其狀態。

科學研究者稱，人們在觀察物體時，最初的 20 秒中色彩感覺占了 80%。我們目睹高天紅霞，雖不知如何言表，心卻已爲其深深觸動。而民間對人的相貌「一白遮百醜」之說，也自有其樸素的道理。色彩也是城市競爭力的重要一環。著名建築師埃羅·沙里寧（Eero Saarinen）[105]曾說：「讓我看看你的城市，我就能說出這個城市的居民在文化上追求的是什麼。」

阿爾巴尼亞首都地拉那（Edi Rama）市長說：「色彩，公眾空間的復甦，喚起了人們已失去的，對這城市的歸屬感。人們對自己居住地的驕傲[106]。居民說：「有新的顏色、有街燈，路也重新鋪過沒有坑洞，還有新的樹。它變漂亮了，變安全了。」

本文借用中醫診斷學「色診」，說明色彩對城市的影響，以及如何建立城市色彩方法。

---

104 《難經》是中國古代醫學著作《黃帝八十一難經》的簡稱，共三卷（亦有分五卷的）。《難經》書名的含義，有二種解釋：以難字作為問難，另以難字做為難易來解讀。難，讀音為「ㄋㄢˋ（nàn）」。《難經》是闡發《黃帝內經》的疑難和要旨的第一部書。後世將其列為中醫四大經典之一。第六十一難望色。資料來源：維基百科。

105 埃羅·沙里寧（芬蘭語：Eero Saarinen，又譯薩里寧，1910 年 8 月 20 日-1961 年 9 月 1 日）是 20 世紀著名的芬蘭裔美國建築師和設計師，尤其擅長以項目的需要而靈活改變風格。

106 阿爾巴尼亞首都地拉那（Edi Rama）市長〈用色彩找回你的城市〉，https://www.ted.com/talks/edi_rama_take_back_your_city_with_paint/transcript?language=zh-tw。

第二節　城市色彩歷史

古羅馬帝國即重視城市色彩（紅褐色）

從表 1 世界城市色彩規劃發展主要脈絡及重要事件，近代 19 世紀初義大利北部古城都靈即發布色彩圖譜。除先進國英法外，核威北部朗伊爾也在 1980 年代公布城市色彩以吸引觀光。更有進者，日本東京在 2004 年通過「景觀法」[107]。使色彩成爲城市規劃一環，居民生活的一部分。

表 1：世界城市色彩規劃發展主要脈絡及重要事件

年分	城市/國家	色彩規劃發展主要脈絡及重要事件
1800-1850	都靈	近現代城市色彩規劃的起源地，1845 年市政府發布城市色彩圖譜。
1961、1968	巴黎	進行了兩次調整，確立了現在所呈現出的城市色調。
1980	倫敦	爲泰晤士河沿岸進行色彩規劃，協調兩岸各個色彩對象。
1981-1998	朗伊爾	通過色彩規劃和建設，使一個煤礦小城轉型爲重要旅遊城市。
1990	波茨坦	進行色彩規劃，以德國民族建築色彩爲基礎確立城市色調。
21 世紀初	韓國	在調研基礎上對高層住宅色彩進行提煉，得出一套色彩搭配體系，以及規劃指南。

[107] 2004 年 6 月，日本參議院通過了「景觀法」、「實施景觀法相關法律」及「都市綠地保全法」等，通稱為「景觀綠三法」之法律，並於同年 12 月正式實施。日本「景觀法」共分總則、景觀計畫及計畫之施行、景觀地區、景觀協定、景觀整備機構、雜則及罰則等七章，共 107 條條文。〈淺析日本景觀法〉，國家政策研究基金會，https://www.npf.org.tw/1/11725。

1970-1972	東京	形成《東京色彩調研報告》並在此基礎上誕生了世界第一部具有現代意味的城市色彩規劃。
1976	宮崎	對自然協調色的標準進行研究。
1978	神戶	頒布《城市景觀法規》，限制城市色彩的濫用。
1980	川崎	為主要的海灣工業區制定色彩規劃，並規定每 7-8 年重新粉刷一次。
1981、1992	日本	推出《城市規劃的基本規劃》和《城市空間的色彩規劃》法案，規定色彩設計作為城市規劃或建設設計的最後一個環節，必須得到專家組成的委員會批准，整個規劃和設計才能生效和實施。
1994	立川	色彩設計家主持了該市的色彩規劃，確立「安靜、中性」的複合色譜。
1995	大阪	制定《大阪市色彩景觀計畫手冊》，為大阪的色彩建設進行了指導和規範。
1998	京都	對城市的廣告、路牌等進行調查研究，減少高彩度的廣告。
2004	日本	通過《景觀法》，以法律形式規定城市建築色彩及環境。

資料來源：你的城市是什麼色彩？文章出自：《中國國家地理》2014 年第 08 期，作者：秦昭、方春暉

第三節　城市色彩對人們影響

1. 政治，顯示國家強盛，如古代中國北京。
2. 文化特徵，如西藏拉薩市。
3. 觀光，如摩洛哥舍夫沙萬（Chefchaouen）。
4. 景觀城市，如美國芝加哥的千禧公園（Millenium Park）。
5. 環境城市，因應氣候環境，如突尼斯馬特馬他（Matmata）。

第四節　中醫望診學說

一、四診心法[108]

1. 望、聞、問、切，為識病之要道。望以目察，聞以耳占、問以言審、切以指參，明斯診道，識病根源，能合色脈，可以萬全。

2. 天以五行，人以五臟，化生五色，相生如環之常德。五行五色，青赤黃白，黑復生青，如環常德。

3. 五色生剋順逆，相兼合化之變色。變色大要，生剋順逆，青赤合化，赤黃合一，黃白淡黃，黑青深碧，白黑淡黑，白青淺碧，赤白化紅，青黃變綠，黑赤紫成，黑黃黧立。

4. 色之本原，出於天，徵乎人，五藏不病常色之診法。天有五氣，食人入鼻，藏於五藏，上華面頤，肝青心赤，脾藏色黃，肺白腎黑，五藏之常。

---

[108] 四診新法，https://www.theqi.com/cmed/four_zen.html。

5. 四時不病常色之診法。藏色爲主，時色爲客，春青夏赤，秋白冬黑，長夏四季，色黃常則，客勝主善，主勝客惡。

6. 色脈相合相反，生死之診法。色脈相合，青弦赤洪，黃緩白浮，黑沉乃平，已見其色，不得其脈，得剋則死，得生則生。

7. 色脈相合，診病新久難易之法。新病脈奪，其色不奪，久病色奪，其脈不奪，新病易已，色脈不奪，久病難治，色脈聚奪。

8. 五色合五氣之診法。色見皮外，氣含皮中，內光外澤，氣色相融，有色無氣，不病命傾，有氣無色，雖困不凶。

9. 氣色病至容狀之診法。縞裹雄黃，脾狀並臻，縞裹紅肺，縞裹朱心，縞裹黑赤，紫豔腎緣，縞裹藍赤，石青屬肝。

10. 四時百病五藏五部五官五色生死之診法。青如蒼璧，不欲如藍，赤白裹朱，血赭死原，黑重漆炱，白羽枯鹽，雄黃羅裹，黃土終難。

二、內經診斷學[109]

皇帝曰：「得其形，不得其色，何如？」

岐伯曰：「形勝色，色勝形者，至其勝時[110]年加，感者病行，失則憂矣。形色相同者，富貴大樂。」

---

[109] 吳國定《內經診斷學》，昭人出版社，1987 年 5 月，頁 53。

[110] 七歲起，依次相加九年，即為年忌。

三、中醫診斷學[111]

望色分常色與病色。常色分主色與客色，主色是原種族顏色，客色是人與自然關係造成的顏色。病色有善惡之分，潤澤含蓄則爲善色，枯槁暴露則爲惡色。病色也有相應與不相應之分，相應的爲疾病的正常發展，不相應中又有相生相剋的關係。此外，也有色脈證合參，若色與脈不合，則需找出原因，別其相生相剋。

第五節　台灣六大城市色彩

1. **台北市**：台北市偏於黃色。
2. **新北市**：偏向綠色。
3. **桃園市**：偏向白色。
4. **台中市**：偏向藍色。
5. **台南市**：偏向灰色。
6. **高雄市**：偏向黑色。
7. **評估**：從台灣六都之顏色與都市結構觀之，幾乎千篇一致。毫無特色。

（1）建物配置無系統與條理。

（2）顏色無特殊之色彩。

（3）台南與高雄開放空間不足。

（4）天際線（Sky Line）不整齊。

[111] 馬建中《中醫診斷學》，國立編譯館，1982年，台北，頁19。

第六節　城市色彩規劃原則

一、氣候

按氣候決定色彩（圖 1）。

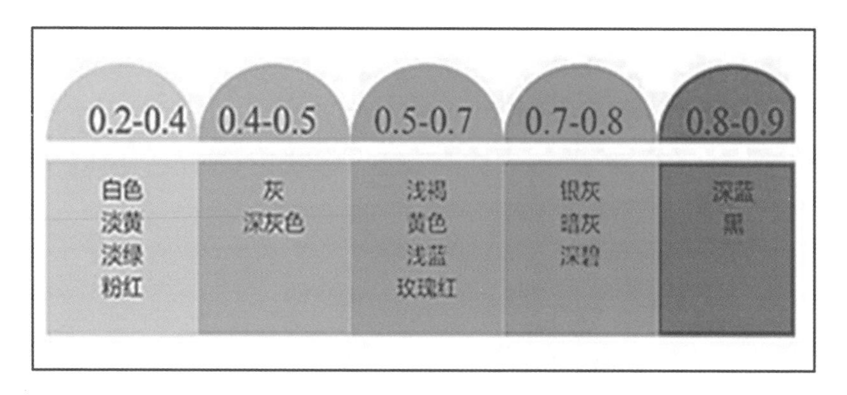

圖 1：不同色彩熱吸收係數

資料來源：你的城市是什麼色彩？文章出自：《中國國家地理》2014 年第 08 期，作者：秦昭、方春暉

http://www.dili360.com/cng/article/p53e08a99618a806.htm

上網日期：2023.2.12

二、與環境配合

地理環境構成城市建築主要材料，建築物與當地環境融合。摩洛哥的馬拉喀什（Marrakech）另外一個名字叫做「紅色的城市」（Red City），因爲當時建造的材料以紅色的砂岩爲主。

三、文化

居民信仰與習俗，摩洛哥的舍夫沙萬（Chefchaouen）藍色即是猶太人喜歡的顏色，也是水的顏色，所以是用來欺騙蚊子的視覺效果。

四、功能

城市建築是居民的容器。各容器有不同功能，用顏色區分。城市規劃師用不同顏色表示不同分區，各分區有不同的建築管制條件。因此，建築物色彩難道不也一樣可行嗎？（圖 2）

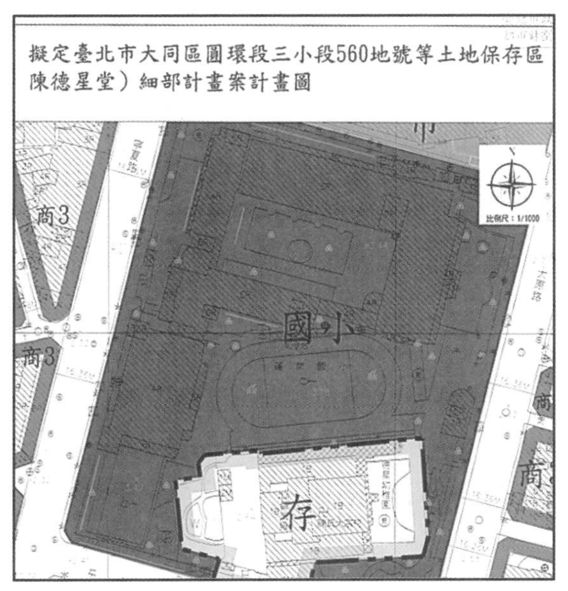

圖 2：都市計畫圖

資料來源：https://www.webgis.udd.gov.taipei/upis/
上網日期：2023.2.12

五、辨識

城市街道紅綠燈即是有辨識功能。用不同顏色代表特殊功能使用。中國傳統的五色體系把黑、赤、青、白、黃視爲正色[112]。

黑色在《易經》中被認爲是天的顏色。「天地玄黃」之說源於古人感覺到的北方天空長時間都顯現神祕的黑色。他們認爲北極星是天帝的位置，所以黑色在古代中國是眾色之王，也是中國古代史上單色崇拜最長的色系。古代中國的太極圖，以黑白表示陰陽合一。

白色在中國古代色彩觀念中，具有多義性。「五行」說把白色與金色相對應，證明中國古人感覺到白色象徵著光明，列入正色，表示純潔、光明、充盈的本質。紅色在民間象徵吉祥喜慶。

黃色是中心色，象徵大地的顏色。在中國有「黃生陰陽」的說法，把黃色奉爲彩色之主，是居中位的正統顏色，爲中和之色，居於諸色之上，被認爲是最美的顏色。青色（含綠）象徵著生機勃發的春天。

在城市建設、壁畫和繪畫方面，對於色彩的運用也是多樣的。比如明朝以後，在故都北京，只有皇親國戚才能住在紅牆黃瓦的建築中，百姓的建築只能是青磚青瓦。但在雕梁畫柱方面，色彩的使用也十分豐富。民間建築多爲黑瓦白牆。在傳統風俗中，色彩文化更是濃郁。黃色是帝王之色，皇宮、社稷、壇廟等主要建築多用黃色；黃色又被視爲超凡脫俗之色，是佛教奉崇的顏色，和尙服飾是黃色的，廟宇也是黃色。紅色是中國人喜歡的色彩之一，每到過年過節、喜慶吉日、親友聚會，都缺少不了紅色。紫色是祥瑞、莊重之色，民間有「畫梁紫燕，對對銜泥，飛來又去」。白色是凶喪之色，中國人只遇凶事服白，素衣、素裳、素冠，至今如此。

---

112 〈中國傳統文化中的顏色〉，http://www.epochtimes.com/b5/6/6/14/n1350125.htm。

六、新理性主義[113]

1. 強調歷史性和地域性的建築色彩。

2. 羅西的色彩策略就是「組合」。建築風格的多樣性，材料的多樣性加上色彩的多樣性，使得整個街區的改建妥善表達了羅西對於城市建築歷史性的理解。淺藍色或銀灰的屋頂，綠色或黃色的線腳，紅色或白色的牆面。

第七節　五色城市規劃方法

一、大陸學者規劃[114]

對主要城市做色彩規劃。

二、五色城市規劃芻議

按照五行五色（青赤黃白黑）與對應城市機能：肝，市政府/心，市長/脾，能源（土地使用）/肺，公園/腎，警局。相互配對其功能顏色。換言之：市府（機關）塗青色/商業區塗紅色/住宅區塗

---

[113] 阿爾多・羅西（義大利語 Aldo Rossi，1931 年 5 月 3 日-1997 年 9 月 4 日），一位在在四個不同的領域理論、繪畫、建築和物品設計中，均獲得世界認可的義大利建築師。

[114] 秦昭、方春暉〈你的城市是什麼色彩？〉，《中國國家地理》2014年第08期，http://www.dili360.com/cng/article/p53e08a99618a806.htm。

黃色（工業區塗黑色）/公園維持綠色/警局塗黑色，其餘參考都市計畫圖之顏色。

第八節　結論

1. 參考日本，制定景觀法，設置景觀技師。

第 16 條申報及勸告等：欲在景觀區域內從事下列行爲時，應事先將行爲種類、場所、設計或施行方法、預定著手日期、其他國土交通省令所規定之事項向景觀地方主管機關之首長申報。1. 建築物之新建、增建、改建、遷移、改變外觀之修繕或變更模樣或色彩時（以下簡稱爲「建築等」）。2. 工作物之新建、增建、改建、遷移、改變外觀之修繕或變更模樣或色彩時（以下簡稱爲「建設等」）。3. 爲都市計畫法所規定之開發行爲或其他政令所定之行爲時。

第 70 條：對不適合形態意象限制之建築物之措施。1. 市町村長對於不適合形態意象限制之建築物，如認爲該建築物之形態意象對景觀地區之良好景觀之形成有顯著之妨礙時，得經該市町村議會之同意，命令該建築物之所有人、管理人或占有人在相當期限內，就該建築物進行改建、修繕、變更模樣、變更色彩或其他必要措施。市町村對因該命令所產生之通常損失應予補償。2. 對前項之補償金額不服者，得在一個月內請求徵收委員會解決。

2. 按照五行五色（青赤黃白黑）與對應城市機能：肝，市政府/心，市長/脾，能源（土地使用）/肺，公園/腎，警局。相互配對其功能顏色。換言之：市府（機關）塗青色/商業區塗紅色/住宅區塗黃色（工業區塗黑色）/公園維持綠色/警局塗黑色，其餘參考都市計畫圖之顏色。

3. 鼓勵居民重新依功能塗色。政府編列預算補助居民改善。
4. 鼓勵城市美學比賽，讓居民有歸屬感。
5. 建築及相關學系增設都市美學課程。

參考文獻

1. 元・滑壽《難經本義》，世一書局，1984年，台北。
2. 秦昭、方春暉〈你的城市是什麼色彩？〉，中國國家地理，2014年第08期。
3. 吳國定《內經診斷學》，昭人出版社，1987年5月，台北。
4. 郭紅雨〈廣州城市色彩規劃研究〉，嶺南大講壇・公眾論壇，2007年5月19日。
5. 台北色彩議題 Taipei Color Issue，http://www.cityyeast.com/passion_show.php?newstype_id2=71&news_id=782。
6. Lynch, Kevin A.: The image of the city. MIT Press.1960.

第二十章　城市能源——用鼻子發電之闡述

Urban Energy- An Explanation of Power Generation With Nose

摘要

2018 年 10 月 15 日經濟部沈榮津部長引述「用鼻子發電」引起很大爭議，本文試圖從中醫角度說明用鼻發電之理，全文共分六節。第一節前言，說明鼻準爲脾，脾爲人之氣血能源，相對於城市脾爲能源，插頭爲其能源出口。第二節中醫能源說，說明氣血爲中醫能源之理論。第三節城市能源問題。第四節歐洲能源城市，說明歐洲能源城市協會的三十條建議及城市節能之運用。第五節解決城市能源方法，包括開源與節流。第六節結論。

關鍵詞：城市能源、氣血、能源問題、開源與節流

第一節　前言

2018 年 10 月 15 日經濟部沈榮津部長引述「用鼻子發電」引起很大爭議，本文試圖從中醫角度說明用鼻發電之理。據筆者曾論及

[115]城市爲一有機體對照脾臟爲城市能源。從中醫言就是氣血。鼻準屬脾，故用鼻發電不爲過也。

脾是人體最大的淋巴器官。在成體內的主要功能爲儲存免疫細胞、濾血，以及儲血[116]。脾臟內有各類淋巴球，主要由 B 細胞（大約 60%）和 T 細胞組成，另外亦有少量 NK 細胞，當機體受病原體入侵時，脾內的免疫細胞即會做出免疫反應。脾臟的濾血作用主要由巨噬細胞執行，脾內的巨噬細胞可以清除血液中的異物、抗原，以及衰老的紅細胞。另外，脾內可以儲存一定的血液，馬、犬的脾臟的儲血量甚至可達總血量的 1/4，但人脾儲血量較少，只有 40 毫升。機體缺血時，脾臟被膜和小梁中的平滑肌會發生收縮，將其中的血液擠出。

在胚胎發育早期，脾亦有造血功能，但紅骨髓開始造血後，脾即逐漸喪失造血功能，惟成年後，脾內仍有少量造血幹細胞，當機體嚴重缺血或出現嚴重造血障礙時，脾可恢復造血功能。

中醫中的「脾」，中國古代典籍中（比如《難經》）有對脾的描述，其中對脾的色澤和形狀的描述均與現代解剖學的結論相接近。但有說法指出，中醫因解剖條件的限制，把難以觀察的胰腺歸爲脾的附屬器官，故中醫上的「脾」應包括現代解剖學中的胰腺和脾臟。

---

115 〈都市診治〉，載於《都市發展診斷與策略》，五南，2018 年 8 月。

116 脾臟，維基百科：https://zh.wikipedia.org/wiki/%E8%84%BE%E8%84%8F。

第二節　中醫能源說

一、人之能源

氣血爲其源[117]。

1. 氣，是構成人體的最基本物質。「人以天地之氣生，四時之法成」，「天地合氣，命之曰人」(《素問‧寶命全形論》)。這就是說，人是自然界的產物，也就是「天地之氣」的產物。人的形體構成，實際上也是以「氣」爲其最基本的物質基礎，故曰「氣聚則形成，氣散則形亡」(《醫門法律》)。

2. 氣，又是維持人的生命活動的最基本物質。《素問‧六節藏象論》:「天食人以五氣，地食人以五味。五氣入鼻，藏於心肺，上使五色修明，音聲能彰；五味入口，藏於腸胃，味有所生，以養五氣。氣和而生，津液相成，神乃自生。」人的生命活動，需要從「天地之氣」中攝取營養成分，以養五臟之氣，從而維持機體的生理活動。所以，氣是維持人體生命活動的最基本物質[118]。

3. 在血方面，中焦，《靈樞‧營衛生會》:「此所受氣者，泌糟粕，蒸津液，化其精微，上註於肺脈，乃化而爲血。」指出了心肺在化生血液中的作用，一是營氣、津液等化生血液的物質，凝聚於心肺而生新血；二是周身的血液會聚於肺，通過肺的司呼吸功能，吸清呼濁，而參與血液的生成。

4. 脾統血，「諸血者皆運於脾」(《類證治裁》)，脾爲氣血運行上下之總樞，「其氣上輸心肺，下達肝腎，外灌溉四旁，充溢肌膚，所謂居中央暢四方者如是；血即隨之運行不息，所謂脾統血者亦即如

---

117 〈神農氏：中醫的氣〉，http://www.shen-nong.com/chi/principles/qi.html。

118 〈中醫的氣是什麼？氣的運動形式和生理功能有哪些〉，https://kknews.cc/zh-tw/health/z8k5na.html。

是」（《血證論》）。若脾虛不能統血，則血無所主，因而脫陷妄行。氣不攝血則可見出血之候，故治療時，必須用補氣攝血之法，方能達到止血的目的。如臨床上每見血脫之危候，治本「血脫者固氣」之法，用大劑獨參湯補氣攝血而氣充血止。故氣之功能有：推動、濕煦、固攝、氣化。

二、脾與鼻之關係

鼻爲血脈聚集之處，有賴脾之滋養。鼻準爲脾。脾病影響鼻竅。脾熱鼻先赤（《素問・刺熱篇》）。故鼻爲脾連通之管道也。鼻既具此功能，那麼，脾既爲能源之所，鼻爲能源之出口，不爲過也。

第三節　能源問題

一、能源來源

人之氣血來源包括有三：一空氣，二食物，三水。城市也是如此，但城市又包含陽光。

二、氣之流行

由先天之腎氣（元氣）往上加後天脾水穀之氣，稱為宗氣，再往上加肺部之氣（由外部吸入之空氣）構成營氣與衛氣再由鼻孔呼出。城市之脾即電網，由發電、輸送配電、負載、儲存。插座則為最終輸出。插座為城市鼻孔，故由鼻孔生電，良有宜也。

三、城市能源問題

1. 源不易：雖然核電為較省之來源，由於政治因素改由較費錢之綠能。且綠能之穩定度尚有不足，又如改燃煤且又涉及二氧化碳排量之環保問題，因此能源來源始終令人費解。

2. 於集中：有四種耗電，包括電梯、空調、照明、馬達（水幫）。

3. 大：包括建築物 20%、交通 20%、產業 60%。晚近前兩項有增加之趨勢。

4. 境問題：除綠能外，能源燃燒會產生二氧化碳。

第四節　歐洲能源城市

一、歐洲能源城市協會關於城鎮能源轉型的三十條建議[119]

1．加強地方的行動能力

1.1 履行地方能源供應的責任。1.2 建立地方能源聯盟，聯合所有利益相關方。1.3 確保能源的正外部性和負納入公共預算。1.4 共同構建長期願景，並圍繞該願景制定各項政策。1.5 消除地方燃料貧困。1.6 通過改變市政能源管理方式來樹立榜樣。1.7 制定能源轉型的行動計畫。

2．了解區域資源及其流動狀況

2.1 了解區域代謝狀況，以優化地區潛力，減少人類活動對生態系統的影響。2.2 確定當地的能源潛力，量入而出。2.3 制定當地供暖計畫，對接需求與可利用的資源。2.4 制定並執行區域有機廢棄物的處理計畫。2.5 鼓勵各利益方進行協作，充分利用能源流及材料流。

3．重新反思財政問題

3.1 將能源支出「留在家裡」。3.2 收集地方儲蓄，投資當地可持續能源項目。3.3 在做出投資決策前，將未來的能源價格納入經濟計算中。3.4 投入金融工程方面的人力資源。3.5 爲能源轉型建立專門的金融結構。

---

[119] 這些建議主要針對歐洲城市提出，其他所有城市均可根據各自的歷史和特性從中獲得一定的啟發。這些建議也是「能源城市」協會為「里約＋20 峰會」和「人人享有可持續能源國際年（2012）」做出的實際貢獻。

4. 發明地方治理的新模式

4.1 建立政府與社會之間的連接能力。4.2 建立跨部門聯繫，避免孤島思維。4.3 證明機制的有效性，創造雪球效應。4.4 提高積極參與者公民的社會知名度。4.5 增加嘗試新做法的機會，並加大傳播。4.6 讓藝術與文化成爲能源轉型進程的一部分。

5. 區域治理，減少能源消耗

5.1 通過城市規劃體系推動鎮能源轉型。5.2 針對全部建築存量，制定節能改造計畫。5.3 確保 100%可再生新建居民區。5.4 規劃交通模式轉換，實現可持續。5.5 將火車站改造成區域功能結構的樞紐。5.6 制定優先步行與騎車的《街道法規》。5.7 制定與實施貨物配送方案。

二、歐洲典型低碳城市建設概況[120]

1. 倫敦

倫敦能源策略，市長氣候變化行動計畫提出，能源更新域低碳技術應用，發展熱電冷聯供系統，用小型可再生能源裝置代替部分由國家電網供應的電力，改善現有和新建建築的能源效益，引進碳價格制度，向進入市中心的車輛徵收費用，提高全民的低碳意識。

2. 哥本哈根

哥本哈根氣候計畫，大力推行風能和生物能發電，建立世界第二大近海風能發電工程，推行高稅的能源使用政策，制定標準推廣節能建築。

---

[120] 《新能源示範城市能力建設研究報告》Study of the Capacity Building of New Energy Demonstration Cities (Industrial parks) in China，能源基金會、中華能諮詢有限公司，2016 年 1 月。

3．弗萊堡（德國）

氣候保護理念發展策略集中在能源和交通上，推行城市建築太陽能發電且並入電網，進行城市有軌電車和自行車專用道建設，其弗班區和里瑟菲爾德新區被視爲低碳城市建設的樣本，通過示範區的形式推進低碳城市建設。

4．阿姆斯特丹

氣候變化行動計畫，政府出資進行城市基礎設施的低碳化改造，在 Zuidas 區抽取深層湖水減低建築室空氣溫度取代傳統空調制冷，鼓勵使用環保交通工具，目前 37%的市民騎單車出行。

5．斯德哥爾摩

關於氣候和能源行動計畫，大力推行城市機動車使用生物質質能，城市車輛全部使用清潔能源，向進入市中心交通擁堵區的車輛徵收費用，制定綠色建築標準促進建築節能，建設自行車專用道鼓勵自行車出行，其哈默比湖城已成爲低碳生態城市建設的樣本。實踐中城市作爲一個完整的生態系統，使能源使用與環境排放成本、新能源投入資本與社會效益取得平衡，從城市的可持續發展與經濟運營角度上展現了城市低碳化發展的策略。可持續發展城市的建設實際上是對城市要素的綜合整治，對未來城市建設的目標、內容、方法和實施對策全過程進行規劃建設，實現城市生態系統動態平衡。實踐重點包含了能源利用、城市交通、政策措施等方面，不同城市根據自身特點均有所側重。

第五節　解決城市能源方法

基本原則：1. 供需穩定平衡（因電不能儲存）。2. 價格便宜。3. 兼顧環保，有益環境。4. 安全舒適。

一、開源

1. 空氣發電[121]：除傳統風力發電外，用空氣發電，二氧化碳一度電排放量約 10-15 公克。約為燃煤 1/20[122]。

2. 水力發電：海浪發電，澳洲西部伯斯正式啓用，該系統耗資 3,200 萬美元（約 10 億台幣）、17 個月建造完成，產生的能源可提供澳洲最大海軍基地用電及用水，過程完全零汙染。

3. 食物發電：廢棄食物無須送到垃圾掩埋場，又能變成園區需要的電力，不僅讓食物旅程有了最好的歸宿，更解決了食物廢棄物的資源浪費與汙染。

全球已有超過 100 個城市，其電力 7 成以上來自再生能源[123]。

再生能源電力達 7 成以上的知名城市，包括：西雅圖（94%）、溫哥華（98%）、蘇黎世（72%）、巴塞爾（100%）、奧克蘭（80%）、奈洛比（85%）。

101 個再生能源占比超過 70%的城市中，多數以水力發電為主，特別是巴西東南部、瑞士、挪威、冰島與加拿大這些原本水力發電即具有高占比的國家。全球城市提高了對再生能源的投資，570 個城市中有 184 個城市已將太陽能電力納入電力結構，189 個擁有風電。此外，肯亞首都奈洛比（Nairobi）、墨西哥第五大城萊昂（León）、冰島首都雷克雅維克（Reykjavik）擁有地熱發電，美國的佛蒙特州的伯靈頓（Burlington）則有 44%電力來自木屑生質發電廠。

---

121 〈空氣發電技術〉，https://baike.baidu.com/item/%E7%A9%BA%E6%B0%94%E5%8F%91%E7%94%B5%E6%8A%80%E6%9C%AF。

122 燃氣發電 469 克。火力發電廠，維基百科：https://zh.wikipedia.org/zh-hans/%E7%81%AB%E5%8A%9B%E7%99%BC%E9%9B%BB%E5%BB%A0。

123 〈全球已有超過 100 個城市，其電力七成以上來自再生能源〉即時資訊，2018 年 3 月 13 日，https://km.twenergy.org.tw/Data/db_more?id=2477。

4. 亞洲僅有韓國江原道的麟蹄郡名列地圖中，其人口僅有 3 萬多人，電力來自水力、風力與地熱。

二、節流

1. 城市規劃

緊湊城市（compactness city）、分散城市、綠能城市（智慧型，互聯網加智慧能源）。

（1）**緊湊城市**：節省建築與交通能源[124]。美國波特蘭市人口增加一半但土地僅使用 2%[125]。

（2）**分散城市**：本文著眼於能源的角度，要分散避免過度集中增加能源浪費[126]。

與城市化的關係，在城鄉發展中城市化是必然的趨勢，而且農村市場化值愈高，相信其所需空間也加大，可以創造規模經濟[127]，不像已過度集中之都市要分散的觀念。

（3）**綠能城市（智慧型）**：構建城市能源互聯網，將解決城市能源電力就地平衡的瓶頸，促進各類能源與電能轉換，提高清潔能源在供給側和電能在消費側的使用比重，優化城市能源結構、提高能源利用效率、促進清潔能源開發利用，最終實現城市能源消費的基本無碳化。建立可穩定供給、儲存、調度使用潔淨能源的城市，

---

124 Elizabeth Burton, Mike Jenks, Katie Williams, Taylor & Francis，2004 年 3 月 9 日《Compact City: A Sustainable Urban Form》以「緊湊城市」概念作主。

125 馬奕鳴〈緊湊城市理論的產生與發展〉，http://www.mur.cn/nsfiles/b04c415dfbadc1593606e9cd608cc10a.07-04-02.pdf。

126 Jeremy Wallace, Cities and Stability: Urbanization, Redistribution, and Regime Survival in China，牛津大學出版社，講述了中國避免城市化（過度集中）而引起政治動盪，是從政治角度觀察。

127 習近平博士論文《中國農村市場化研究》，2001 年 12 月清華大學。

實現「城市創能」、「城市儲能」、「城市能源管理」政策[128]。

2. 能源效率

典型的節約能源是將將用電節省，美國能源效率之父亞瑟・羅森費爾德（Arthur H. Rosenfeld）先生研發了螢光燈（LED.2.DOE）、建築節能軟體（智慧型窗戶，low-emissivity smart windows）[129]，提倡白色屋頂建築[130]，估計至 2030 年爲全球節省 1.5 兆美元。

三、法規

地方自訂能源計畫與自治法規。2018 年 9 月 12 日民間團體組成的能源轉型推動聯盟公布 2017-2018 年縣市能源政策評比結果，新北市以城市節電文化、整合商家參與及政策整合蟬聯第一名，非六都的屏東保持第二，但台北慘跌至第八名，台中則列六都最末位。桃園市與嘉義市則獲得最佳進步獎[131]。「台南市低碳城市自治條例」於 2012 年 12 月 22 日公告實施，部分條文並於 2017 年 4 月 17 日以府法規字第 1060376036A 號令發布實施。其中第 16 條，本市之區域計畫及都市計畫應以低碳城市之理念，妥適規劃土地使用計畫、公共設

[128] 王怡方〈打造具能源韌性城市〉，資策會 MIC 產業分析師，工商時報，https://www.chinatimes.com/newspapers/20170716000144-260204，開發複合式儲能及能源管理系統。

[129]〈唐獎永續發展獎　頒給能源效率教父羅森費爾德〉，https://pansci.asia/archives/100177。這種窗戶使用雙層玻璃，中間隔著惰性氣體如氬氣，而內層玻璃表面有一層薄薄的塗布，在冬天能將熱保留在室內，在夏天可將外界的熱隔絕在室外，但不影響光線的穿透。

[130] 2005 年美國加州實施。

[131] 環境資訊中心〈能源治理大比拚：新北第一　台北台中六都最慘〉，https://e-info.org.tw/node/213987，2018 年 9 月 12 日。

施計畫與交通運輸計畫，增設公園綠地，減少非必要之交通旅次，規劃自行車道及人行步道系統，並檢討訂定都市設計審議原則，建設本市成爲低碳都市。例如：中國大陸：國家新型城鎮化規劃（2014-2020年）的重點項目[132]。

第六節　結論

一、人體的脾臟爲能量氣血之源，鼻準爲脾，故鼻爲能量之管道；城市爲一有機體，對應脾爲能源，而插座即爲能量產生之所，故用鼻子發電是有其道理。

二、城市能源問題包括：1. 來源不易。2. 過於集中。3. 消耗量大。4. 汙染環境。

三、解決城市能源方法：1. 開源：包含空氣、水、食物等之發電。2. 節流：（1）城市規劃：緊湊城市（compactness city）、分散城市、綠能城市（智慧型）；（2）能源效率：節約能源器具。3. 法規：地方自訂能源計畫與自治法規。

---

[132] 是通過構建新型能源供應與消費體系，發揮眾多部門和行業在新能源建設和應用方面的作用，從而達到全社會合理開發應用新能源，提高新能源應用比例的目的，因此新能源城市要基於建設和運營兩個方面，其核心就是城市新能源城市建設體系的構建與運營。《新能源示範城市能力建設研究報告》，能源基金會，中華能諮詢有限公司，2016年1月。

參考文獻

1. 〈城市能源變革下的城市智慧能源系統頂層設計研究〉，《中國電力》雜誌，2018 年 9 月 27 日。
2. 許雅音《全球智慧城市發展於能源領域的應用與影響——發展由下而上（Bottom-up）的規劃模式，解決城市居民的問題》，國家能源發展策略規劃及決策支援能量建構計畫，工業技術研究院綠能與環境研究所，
https://km.twenergy.org.tw/ReadFile/?p=Reference&n=2017320132854.pdf。
3. 王怡方《打造具能源韌性城市》，資策會 MIC 產業分析師，工商時報，
https://www.chinatimes.com/newspapers/20170716000144-260204。
4. 即時資訊：https://km.twenergy.org.tw/Data/db_more?id=2477，2018 年 3 月 13 日。
5. 環境資訊中心〈能源治理大比拚：新北第一 台北台中六都最慘〉，https://e-info.org.tw/node/213987，2018 年 9 月 12 日。
6. 《新能源示範城市能力建設研究報告》，能源基金會，中華能諮詢有限公司，2016 年 1 月。

第二十一章　城市治安問題——中醫霍亂解釋

Urban Safety Issues-the Explation of Cholera with Chinese Traditional Medicine

摘要

（本文發表於 2019 年 5 月 18 日台北第三屆兩岸城市管理研討會）
爲使居民安居樂業，城市主政者應對城市提供保障安全之環境，本文透過城市犯罪事實了解，進而找出防止城市犯罪之預防方法，由於犯罪如同人之霍亂，上吐下瀉，故以霍亂比喻，全文共分六節。第一節前言，說明治安之定義。第二節霍亂（Cholera），說明原因與症狀。第三節犯罪，說明犯罪種類與成因。第四節犯罪與霍亂之比較。第五節犯罪預防方法。第六節結論。

關鍵詞：治安問題、霍亂、犯罪學

第一節　前言

爲使居民安居樂業，城市主政者應對城市提供保障安全之環境，本文脈絡：1. 文獻：古代與現代。2. 研究地區：任何城市適用。3. 方法：比較法。4. 資料：透過台灣城市犯罪事實了解。5. 結果：找出防止城市犯罪之預防方法。6. 結論與建議。7. 參考文獻。

由於犯罪如同人之霍亂，上吐下瀉，故以霍亂比喻。治安，主要指社會秩序的安寧[133]。更細言之，包括：1. 治理（百姓）使之安定。也謂治理與安定兩種理平政措。2. 謂政治清明，社會安定。3. 指社會秩序安寧。亦指維護社會秩序安寧。4. 指西漢賈誼的《治安策》[134]。

城市治安，指爲了有效地建設和維護城市治安秩序，城市政府及其公安機關依法進行的對城市社會公共秩序的維護，以及對各種違法犯罪活動的打擊和處理。

第二節　中醫霍亂[135]

上吐下瀉是指嘔吐和腹瀉症狀同時發生或交替出現，與單純性嘔吐或腹瀉有所不同。

此症在歷代文獻中稱爲霍亂，意即這種疾病起於倉卒，揮霍撩亂不安。霍亂之名首見於《內經》。《素問・六元正紀大論》：「太陰所至爲中滿，霍亂，吐下。」又說：「土鬱之發……故民病心腹脹，腸鳴而爲數後，甚則心痛脅䐜，嘔吐霍亂。」在《傷寒論》和《金

---

133 治安，百度百科：https://baike.baidu.com/item/%E6%B2%BB%E5%AE%89。西醫觀點，霍亂（Cholera）是由霍亂弧菌的某些致病株感染小腸而導致的急性腹瀉疾病。症狀可能相當輕微，也可能相當嚴重。通過被含該細菌的人糞便污染的水或食物傳播。未經徹底烹飪的海鮮也是一個常見的傳播途徑。霍亂弧菌僅對人類造成影響。約翰・斯諾（JOHN SNOW, 1813-1858）在 1849 到 1854 年間對霍亂的研究成就了流行病學域很顯著的進步。

134 西漢文學家賈誼，生於高祖七年（前 200），卒於文帝十二年（前 168）。《治安策》是從維護國家統一、社會安定的立場出發的，是順應歷史發展要求的，至於他不避權貴，不顧安危，直截了當地指斥諸侯王心懷叵測，建議削弱其勢力，尤見過人膽識。

135 〈上吐下瀉〉，http://yibian.hopto.org/shu/?sid=4092。

匱要略》中分別載有「嘔吐而利，名曰霍亂」、「驢馬肉合豬肉，食之成霍亂」的條文。《諸病源候論・霍亂候》具體地描述了霍亂病的症狀：「其亂在於腸胃之間者，因遇飲食而變發則心腹絞痛，其有先心痛者則先吐，先腹痛者則先利，心腹並痛者則吐利俱發，挾風而實者，身發熱，頭痛體痛而復吐利，虛者但吐利，心腹刺痛而已。」

此後歷代醫家，凡提到霍亂，除描述吐瀉症狀外，常述及心腹絞痛。所以民間又有絞腸痧之稱。但必須知道，我國醫學所說的霍亂，主要是指以上吐下瀉症狀表現爲主的胃腸道病證。而對於時疫霍亂的症狀和傳染性，《醫林改錯》和《霍亂論》中有較詳細的描述。上吐下瀉一症，致病原因不一，臨床表現各異，症狀有常有變。另有欲吐不吐，欲瀉不能者，俗稱「乾霍亂」，雖不具備上吐下瀉的典型症狀，但揮霍撩亂，煩悶欲絕，腹部絞痛與吐瀉證相似，且腹痛悶亂乃急性吐瀉之先兆。治當利氣宣壅，辟穢解毒，行軍散或玉樞丹均可選用。針灸（內關、三里、中脘、天樞等穴）亦頗有效。

第三節　犯罪學[136]（Criminology）

是一門社會科學，主題是尋找犯罪行爲的現象與規律，尋找犯罪發生的原因，藉此尋找方法以減輕犯罪對社會的影響（最後這項於今日已被更精緻地分科爲刑事政策在研究方法上，當世的犯罪學特別著重於應用社會學、心理學和經濟學的理論及研究方法來觀察和了解犯罪現象、成因。此外，隨著大腦神經科學和基因的研究興盛，這兩種領域的觀點也越來越受犯罪學的歡迎。

一、治安之種類

大體分兩大類：

1. 違反社會秩序維護法：台灣地區 2017 年違反社會秩序維護案件計 4,919 件，較 2016 年 4,841 件增加 78 件（＋1.61％）；其中以妨害善良風俗 3,186 件占 64.77％居首，妨害安寧秩序 959 件占 19.50％次之，妨害他人身體財產 715 件及妨害公務 59 件則分別占 14.54％及 1.20％。

2. 違反刑法：現行刑案統計總體指標爲全般刑案。

---

[136] 犯罪學，維基百科：
https://zh.wikipedia.org/wiki/%E7%8A%AF%E7%BD%AA%E5%AD%B8。

2017 年台灣地區各類刑案發生比較：
發生件數總計 252,925 件：
駕駛過失 3.43%
妨害自由 2.50%
妨害名譽 2.31%
侵占 1.92%
毀棄損壞 1.89%
賭博 1.65%
違反保護令罪 1.02%
兒童及少年性剝削防制條例 0.98%
妨害電腦使用 0.79%
性交猥褻 0.77%
僞造文書 0.73%
槍彈刀械 0.67%
著作權法 0.63%
妨害風化 0.61%
公共危險 25.89%
毒品 20.52%
竊盜 18.77%
詐欺 6.99%
傷害 4.02%
其他 3.90%
資料來源：內政部警政署

說明：刑案發生率（或稱犯罪率）係以每 10 萬人口中計算受理刑案之發生件數。各類刑案以公共危險案件發生最多占 25.89%，違反毒品危害防制條例次之占 20.52%，竊盜案件又次之占 18.77%，詐欺案件占 6.99%居第四位。

惟有些案件如酒後駕車、駕駛過失等與治安並無直接關係，參考美國 UCR 分類[137]，將暴力犯罪、竊盜、一般恐嚇取財及一般傷害納入，並增加詐欺案，定義爲「與治安最直接關係之案類」(簡稱直接關係案類)。

台灣地區 2017 年直接關係案類發生數計 88,456 件，較 2016 年減少 6,603 件，破獲率 90.48%則增加 3.89 個百分點。以歷年資料觀察，發生數自 2007 年以後呈下降趨勢，2017 年仍持續下降，主要係竊盜及暴力犯罪案減少所致。就地區言，城市地區占絕大多數。

警察機關受理全台刑案發生件數以新北市爲最多占 15.46%，台北市占 13.69%次之，高雄市占 10.11%又次之，台南市占 9.54%居第四位，台中市占 9.3%居第五位，桃園市占 7.53 占第六位。

2017 年各縣市全般犯罪比較：

新北 15.46（%）
台北 13.69
桃園 7.53
台中 9.30
台南 9.54
高雄 10.11
宜蘭 2.88
新竹 2.57
苗栗 2.03
彰化 4.97
南投 2.33
雲林 2.59
嘉義 2.13
屏東 3.82
台東 0.88
花蓮 1.96
澎湖 0.37
基隆 2.20
新竹 1.47
嘉義 1.32
金門 0.33
連江 0.02
資料來源：內政部警政署

[137] UCR 係指 Uniform Crime Report。

2005 年是歷年台灣刑案發生數量最多，也是整體變化的分界線。1992 年到 2005 年，案件是逐漸增多，中間 1996-1999 年間，曾有下降過。而 2005 之後，案件則是逐年減少。

二、美國情形

1930 年紐約在 500 人以下，但由於失業及無家可歸人數增加相對升高至 1990 最高達 2,245 人後，又逐漸降低，至 2010 年降至 500 人以下。相對台北市殺人犯罪數，1995 年 354 人，2017 年 124 人。

三、犯罪原因

前三大犯罪原因：1. 個人的人格特質。2. 家庭或朋輩的影響。3. 社會環境因素造成。

查台灣近十年來（2001-2010 年，新入監受刑人前三大犯罪原因變化，投機圖利者除 2009 年 29.6%外，其餘年度皆大於 30.0%，2001-2004 年間起伏較大，2005-2010 年間則微幅波動；觀念錯誤者除 2004 年稍降外，自 2001 年 17.5%逐年緩步上升迄 2010 年 25.6%；不良嗜好者自 2001 年 15.2%大幅升至 2004 年 23.8%後平穩至 2006 年，2007 降至 20.3%，2008-2010 年間呈些微波動。除前三大犯罪原因外，犯罪習慣者 2001、2002 年分別占 6.3%、6.6%，2003-2006 年平穩於 4.6%上下，2010 年回升至 6.1%。一時過失者 2002 年最高 7.2%、2010 年最低 5.2%，其餘各年小幅波動。性情暴戾者除 2001 年占 5.7%外，餘逐年下降，2009 年最低占 2.0%。其餘外界引誘、交友不慎、不良環境、缺乏教育、情慾衝動及其他等所占比率皆較微小。

2010年新入監受刑人——按犯罪原因分析
總計37,159人：
一時過失 1,944人，5.2%
情慾衝動 655人，1.8%
性情暴戾 839人，2.3%
犯罪習慣 2,276人，6.1%
缺乏教育 21人，0.1%
不良嗜好 7,983人，21.5%
不良環境 275人，0.7%
交友不慎 909人，2.4%
投機圖利 11,237人，30.2%
外界引誘 377人，1.0%
觀念錯誤 9,497人，25.6%
其　　他 1,146人，3.1%
資料來源：新入監受刑人犯罪原因分析，【專題分析】法律宣導100年7月

四、實證研究

新北市研究結果[138]發現，犯罪少年的人口特性在不同犯罪地區、不同犯罪類型及不同犯罪原因間有其差異；此外，犯罪類型及犯罪原因在不同犯罪地區有所差異且相互呼應。

---

[138] 陳耿賢、黃冠禎《少年犯罪類型及其地區特性之研究——以新北市為例》，新北市政府警察局少年警察隊、新北市政府少年輔導委員會，2016年12月31日。趨勢研究比較2005年及2015年，檢視少年犯罪10年前、後的差異是否仍然存在。

第四節　犯罪與霍亂之比較

表 1：犯罪與霍亂之比較

霍亂	犯罪
由於溫涼不調 陰陽輕濁二氣相干	個人人格與家庭環境 交友不愼與社會刺激
上吐是指嘔吐	擾亂社會秩序
下瀉是指腹瀉	家庭暨個人名譽受損
欲吐不吐，欲瀉不能者，俗稱「乾霍亂」	潛在犯罪者（有犯罪事實未被發覺者）
治法：行軍散[139]或玉樞丹[140]均可選用。針灸（內關、三里、中脘、天樞等穴）[141]	教育、家教、監控預防

資料來源：本研究

---

139 行軍散，西牛黃、麝香、珍珠、冰片、硼砂各 1 錢，明雄黃飛淨 8 錢，硝石精製 3 分，飛金 20 頁。

140 玉樞丹，山慈菇 3 兩、紅大戟 1.5 兩、千金子霜 1 兩、五倍子 3 兩、麝香 3 錢、雄黃 1 兩、朱砂 1 兩。

141 〈補注黃帝內經素問卷第八〉，霍亂，刺俞傍五「霍亂者，取少陰俞傍志室穴。」（新校正云：「按楊上善云：『刺主霍亂輸傍五取之。』」）。足陽明及上傍三「足陽明，言胃俞也，取胃俞兼取少陰俞外兩傍向上第三穴，則胃倉穴也。」http://www.donglishuzhai.net/books/00/00/117/10.html。

第五節　治安預防方法

一、教育

國民教育爲基本防止犯罪方法，人人守法罪從何來？

二、監控

利用各社區守望相助，以防止不法行爲發生。

三、都市計畫規劃設計

1. 規劃的挑戰[142]

（1）**城牆**：城市要發展，第一要務其實是安全性。讓城市免受外敵和水火危害，才能讓城中居民安居樂業，從而改善自己的生活。爲了讓城市生活的安全性提高，古人（漢代）在最關鍵的城牆防禦設施上下了很大的工夫。

（2）**城市分區**：至隋唐時期，將住、商、宮分開。今日分區使用之濫觴（圖 1），到了宋代改爲開放型（圖 2）。

---

[142] 冬之陣〈中國古代城市為什麼長期領先世界？〉，地球知識局，https://ek21.com/news/1/51118/。

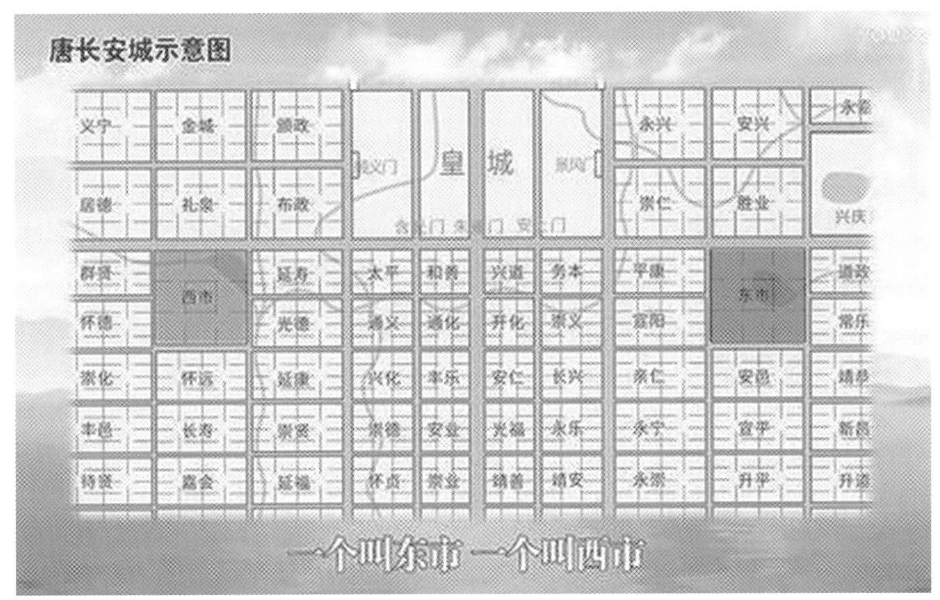

圖 1：唐代長安坊市制度/資料來源：2020.6.14
https://kknews.cc/zh-tw/history/g492bj1.html

圖 2：宋代廂坊制度/資料來源：2020.6.14
https://kknews.cc/zh-tw/his2ory/g492bj1.html

（3）**雙重城市**：到了重商的宋代，這種模式又得以改進，變成了商住雜居，城市居民沿河而分布的格局。這樣自然生長的城市，方便了居民的生活，也讓官兵調度變得流暢，汴京城是中國古代城市智慧規劃的典範。

（4）**住宅設計方面**：三進院（四合院）的規劃也是最安全的居住環境。

2. 現代城市規劃

（1）**囊底路**（cul-de-sac）：早期是防止異族入侵所使用的道路型態。現代是把它作爲避免通過性道路設計。

（2）**法規**：1989 年 12 月 26 日中華人名共和國頒布，城市規劃法第 15 條：「編制城市規劃應當貫徹有利生產、方便生活、促進流通、繁榮經濟、促進科學技術文化教育事業的原則。編制城市規劃應當符合城市防火、防爆、抗震、防洪、防泥石流和治安、交通管理、人民防空建設等要求；在可能發生強烈地震和嚴重洪水災害的地區，必須在規劃中採取相應的抗震、防洪措施。」

（3）**智慧城市**[143]：A. 即時擷取相關資料。B. 打造整合且可靠的共享資訊平台。C. 提升勤務人員洞察力。D. 主動規劃與決策。E. 統一評估並回應風險。2018 年 11 月 8 日，新北市市長候選人侯友宜發表「神捕侯」影片與治安行動政見，表示要利用大數據、AI 人工智慧，精準警察勤務並整合各單位情資，組織綿密的社會安全網，提升裝備確保都市安全[144]。2009 年墨西哥市政府與 THALES.TELMEX 公司合作[145]配置照相機、錄影設備與官方聯絡網，打擊城市犯罪，

---

[143] 台灣 IBM 公司黃慧珠總經理〈智慧城市治安管理　確保城市長治久安〉，記者廖于嬋整理，科技產業報，2015 年 1 月 20 日。

[144]〈警系力挺　侯友宜提治安政見〉，news.ltn.cm.tw/news/local/paper/1245193。

[145] https://www.thalesgroup.com/en/activities/security/city/urban-security

其效益：a. 5 年內減少 48.9％犯罪率。b. 緊急應變時間由 12 分減爲 2 分 9 秒。c. 汽車竊盜減少一半。d. 清除無照計程車。e. 警察辦事績效增進 19.1％[146]。

（4）**都市設計**：2007 年美國聯邦緊急局（FEMA）提供一套都市設計規範以保障基地與建築物安全。

第六節　結論與建議

一、結論

1. 治安是城市管理者應盡的職責，確保居民生命財產的安全。

2. 由於犯罪像人之霍亂上吐下瀉，故以霍亂比諭。

3. 就地區言，城市地區占絕大多數。

4. 美國紐約 1930-2010 年，在 1990 年最高達 2,245 人後，又逐漸降低，至 2010 年降至 500 人以下。

5. 2005 年是歷年台灣刑案發生數量最多，也是整體變化的分界線。1992-2005 年，案件是逐漸增多，1996-1999 年間，曾有下降過。而 2005 之後，案件則是逐年減少。

[146] 在 1987 年成立的歐洲安全議程：European Forum for Urban Security（Efus），已有 16 國 250 個地方區域參與，共同防止城市犯罪，計畫在 2018-2013 年執行：資訊交換、法律合作、人員訓練。
https://efus.eu/en/about-us/about-efus/public/1450/。

二、建議

治安預防方法：1. 教育，國民教育爲基本防止犯罪方法，人人守法罪從何來？2. 監控，利用各社區守望相助，以防止不法行爲發生。2009 年墨西哥市政府與 THALES.TELMEX 公司合作配置照相機、錄影設備與官方聯絡網，打擊城市犯罪。3. 都市計畫規劃設計，透過程式規劃與設計可以減少城市犯罪。

參考文獻

1. 〈補注黃帝內經素問卷第八〉，http://www.donglishuzhai.net/books/00/00/117/10.html。
2. 隋巢元方《諸病原侯論》，集文書局，台北，2002 年。
3. 翁里、潘建珍《城市規劃在防控犯罪之理論探討》，中國人民公安大學學報 2003 年第 2 期總第 102 期。
4. 陳佳佑《台北市都市犯罪空間之研究——以治安顧慮地圖爲研究方法》，2009 年台北大學都市計畫研究所碩士論文。
5. FEMA: Risk Management Series Site and Urban Design for Security Guidance Against Potential Terrorist Attacks FEMA 430 / December 2007.
6. THALES: ttps://www.thalesgroup.com/en/activities/security/city/urban-security
7. European Forum for Urban Security (Efus): https://efus.eu/en/about-us/about-efus/public/1450/

第二十二章　經絡學說在城市交通管理之運用

Meridian Theory is Applied in the City Traffic Management

摘要

城市爲一有機體，如同人體一樣。人體經絡系統上下左右橫貫全身，滋養全身。城市交通系統正如同經絡一樣，貫穿全市，提供居民往來之便捷。本文借助中醫經絡學說應用在城市交通系統之治理，期盼能給有司做管理之參考，全文共分八節。第一節前言。第二節經絡學說。第三節城市交通。第四節經絡學說在城市交通治理結構上之運用。第五節經絡學說在交通病理上之運用。第六節經絡學說在交通診斷上之運用。第七節經絡學說在交通問題解決上之運用。第八節結論。

關鍵字：經絡學說、城市交通、門閥理論

第一節　前言

城市爲一有機體，如同人體一樣。道路如人之血脈，氣血通暢則人健康，道路四通八達，則城市居民出入方便。本文借助中醫經絡理論。比喻成是交通系統，從而探究診斷與解決城市交通問題。

第二節　經絡學說

一、定義

黃帝問于歧伯曰：「人之血氣精神者，所以奉生而周於性命者也；經脈者，所以行血氣而營陰陽、濡筋骨，利關節者也；衛氣者，所以溫分肉，充皮膚，肥腠理，司開闔者也；志意者，所以御精神，收魂魄，適寒溫，和喜怒者也。是故血和則經脈流行，營復陰陽，筋骨勁強，關節清利矣；衛氣和則分肉解利，皮膚調柔，腠理致密矣；志意和則精神專直，魂魄不散，悔怒不起，五藏不受邪矣；寒溫和則六府化穀，風痺不作，經脈通利，肢節得安矣，此人之常平也。」[147]

二、系統

《難經》[148]二十三難曰：「經脈者，行血氣，通陰陽，以榮於身者也。其始從中焦，注手太陰、陽明；陽明注足陽明、太陰；太陰注手少陰、太陽；太陽注足太陽、少陰；少陰注手心主、少陽；少陽注足少陽、厥陰；厥陰復還注手太陰。別絡十五，皆因其原，如環無端，轉相溉灌，朝於寸口、人迎，以處百病，而決死生也。」

經絡大數，二十五難曰：「有十二經，五藏六府十一耳，其一經者，何等經也？然：一經者，手少陰與心主別脈也。心主與三焦爲

[147] 《黃帝內經・靈樞經・本藏》，中國哲學書電子化計畫：https://ctext.org/huangdi-neijing/ben-cang/zh。

[148] 《醫學・難經》，中國哲學書電子化計畫：https://ctext.org/huangdi-neijing/ben-cang/zh。

表裡，俱有名而無形，故言經有十二也。」二十六難曰：「經有十二，絡有十五，餘三絡者，是何等絡？然：有陽絡，有陰絡，有脾之大絡。陽絡者，陽蹻之絡也；陰絡者，陰蹻之絡也。故絡有十五焉。」

奇經八脈，二十七難曰：「脈有奇經八脈者，不拘於十二經，何謂也？然：有陽維，有陰維，有陽蹻，有陰蹻，有衝，有督，有任，有帶之脈。凡此八脈者，皆不拘於經，故曰奇經八脈也。經有十二，絡有十五，凡二十七氣，相隨上下，何獨不拘於？然：聖人圖設溝渠，通利水道，以備不然。天雨降下，溝渠溢滿，當此之時，雱霈妄行，聖人不能復圖也。此絡脈滿溢，諸經不能復拘也。」

蓋經者徑也，像徑路之無所不通，絡者羅也，像網羅之包羅連接，因而構成全身整體之聯絡網[149]。

1. **十二經別**：乃十二正經以外之別行部分，主要作用在互相表裡之陰經與陽經之間，出入離合，作爲中途聯繫之通路。十二經別均在十二經脈之四肢部位別出，先深入內臟，然後復出於頭項。其六陽經之經別，別行之後，仍還合於本經；六陰經之經別，別行之後，並不復還於本經，而與本經互相表裡之經別相會合。遂成六組稱經別六合。

2. **孫絡**：經脈爲裡，之而橫者爲絡，絡之別者爲孫。絡與孫絡職司藏與府間，經與經間，以及臟腑與皮部間之職絡工作。

3. **十二經筋**：十二經脈所循行部位之筋肉，受十二經脈經氣之濡養，而司連綴百骸，維絡周身之作用。

4. **十二經皮部**：十二經之絡浮行於體表之皮膚部位，各有一定之分布區域。亦爲受經脈中氣血濡養部分，與十二正經循行部位一致。

---

[149] 黃維三《針灸科學》，國立編譯館，2006 年台三版，頁 117。

表1：經絡系統表

編號	名稱
1	十二經　奇經八脈
2	十五別絡（支脈）　十二經別（支別絡脈）
3	孫絡
4	十二經筋　皮部

資料來源：本研究

三、系統特性[150]

1. **曲折不定**：上、下、貫、挾、環、還、直、橫、斜、曲。

2. **深淺不同**：出（由深出膚）入（由膚入裡）。

3. **有分合**：一經中有其支者、支別者、合者。

4. **兩經之間互相啣接**：如手陽明大腸止於鼻孔，足陽明胃經起於鼻之交頞中，兩經在鼻旁迎香銜接。

5. **經脈之交會**：共 101 穴，（1）交併。（2）相會：A. 同一平面。B. 不同平面。

6. **整體觀念**：人身爲一整體，經絡乃擔任相互間之聯絡與調劑之任務。

[150] 黃維三《針灸科學》，國立編譯館，2006年台三版，頁167-169。

第三節　城市交通

一、運輸組織[151]

都市交通問題包含眾多層面，主要與車輛的快速增加息息相關，並且衍伸出居住品質、環保或交通安全等重要都市發展議題。其中，路網的問題即是影響車流的重要因素，道路層級與路口幾何的問題不得不在都市發展的過程中被重視，不僅交通工程專業人士必須精通此一領域，都市計畫相關從業人員也應對交通工程的概念有所認知。

二、系統

不同的機構針對道路功能分類有許多不同的架構。若論及國際上較為流通的架構，即是 AASHTO[152]研擬的道路功能分類方式，即是高速公路（Freeway）、快速公路（Expressway）、主幹道（Principal Arteral）、次幹道（Minor Arteral）、主集散道路（Major Collector）、次集散道路（Minor Collector）、地區道路（Local），以及私設巷道。

---

[151] 都市運輸組織，Facebook：
https://www.facebook.com/org.urbantransit/posts/817339898452958/。

[152] American Association of State Highway and Transportation Officials，
https://www.transportation.org/

三、特性

甲、日本[153]

依日本2017年發布之都市交通特性（表2）：

1. 城市市民每日約80%外出率。
2. 每日約2.7次從家產生之旅次（英國2.4美國3.9）[154]。
3. 交通工具以大眾運輸鐵路爲主（30-60%）。
4. 汽車持有愈多，旅次產生也愈多（3台2.81大於1台2.09）。
5. 有小孩比單身之外出率大（93.3%大於70.7%）。
6. 單身男性老人外出率大於女性（74.5%大於51.9%）。
7. 健康老人外出率大於不健康老人（81.3%大於56.3%）。

---

153 日本全國都市交通特性調查2017年　集計データ https://www.mlit.go.jp/common/001129436.pdfhttps://www.mlit.go.jp/common/001129436.pdf。

154 英：National travel survey./美 national household survey.

表 2：日本交通特性

		表1:	日本都市交通特性			2016年國土交通省		
項目	屬性		平時		假日		英國2012	美國2009
1.外出率			80.90%		59.90%			
2.出門旅次	(每日)		2.7		2.83			
3.年齡層	20-29歲		2.94					
	10歲至19歲			2.36			2.4	3.9
	50至59歲				2.94		2	3.2
	10歲至19歲					2.57		
4.正規			93.20%	2.56	2.85			
非正規			90.80%	2.75	2.77			
5.交通工具	30-39歲	火車	30.50%					
	(男上班)	公車	2.50%					
		汽車	40.40%	共乘2.5%				
		摩托車	7.10%					
		自行車	12.20%					
		步行	4.80%					
	20-29歲	火車	64.30%					
	(女就學)	公車	3.90%					
		汽車	8.30%	共乘3.3%				
		摩托車	4.20%					
		自行車	12.80%					
		步行	3.10%					
6.汽車持有率		1台	85.90%	2.09	2.56			
		2台	88.00%	2.07	2.8			
		3台	86.40%	2.81	2.63			
7.家庭組成	外出率	單身(男)	70.70%	2.32	2.67			
		夫婦	89.70%	2.37	2.3			
		有小孩	93.30%	2.45	2.83			
		單身(女)	80.10%	2.36	3.37			
8.老年		單身(男)	74.50%	2.82	2.77			
9.75歲以上單身		女性	51.90%	2.29	37.20%			
					2.04次			
10.老人健康			81.30%	3.4	67.60%			
	(男性)				2.89次			
	不健康		56.30%	2.61	29.30%			
					2.55次			
11	(女性)	健康	74.30%	2.96	62.60%			
					2.77次			
		不健康	56.20%	2.7	41.70%			
					2.5次			
資料來源::日本國土聽2017年交通特性調查								
	https://www.e-stat.go.jp/stat-search/files?kana=11&toukei=00600545&result_page=1&tstat=							

乙、台北市[155]

1. 交通工具：運具次數市占率達 1 成以上者，捷運占比 17.1%、市區公車 17.0%、步行占比 15.3%、私人機車占比 24.7%、自用小客車占比 14.0%（表 3）。

表 3：運具次數市占率

單位：%

各運具占比	綠運輸	公共運具	捷運	市區公車	計程車	高鐵	交通車	免費接駁公車	臺鐵	公路客運	國道客運	非機動運具	步行	自行車(含公共)	私人自行車	私人機動運具	私人機車	自用小客車	其他
	60.7	42.0	17.1	17.0	6.1	0.4	0.4	0.3	0.2	0.2	0.2	18.8	15.3	0.3	3.2	39.3	24.7	14.0	0.6

註：1.運具次數市占率為該運具使用次數占所有運具總使用次數比率。
2.僅列出公共運具、非機動運具及私人機動運具中占比較高的運具。

資料來源：委託單位：台北市政府交通局　調查單位：全方位市場調查有限公司　中華民國 108 年 6 月
https://www-ws.gov.taipei/Download.ashx?u=LzAwMS9VcGxvYWQvMzkwL3J1bGZpbGUvNDMyNzMvODAzNDY5OS80Yz11Yj11ZS0zZDZmLTQ3ZjctYmNjNi04YTEwMTk5ZThhZjIucGRm&n=MTA35bm06Ie65YyX5biC5rCR55y%2B5pe15bi45L2%2F55So6YGL5YW354uA5rOB5pGY6KaB5YiG5p6QLnBkZg%3D%3D&icon=.pdf

2. 旅次目的：以通學採綠運輸最高 79%；業務外出採機動運具最高 56.6%，綠運輸最低 43.4%（表 4）。

---

[155] 台北市政府交通局委託全方位市場調查有限公司調查「107 年台北市　民眾日常使用運具狀況摘要分析」，2019 年 6 月。

表 4：運具次數市占率—按旅次目的分

旅次目的＼運具	綠運輸	公共運具	捷運	市區公車	非機動運具	步行	自行車(含公共)	私人機動運具	私人機車	自用小客車
通勤	**51.0**	**42.7**	19.4	17.7	**8.3**	6.4	1.9	**49.0**	32.3	16.1
通學	**79.0**	**70.0**	37.6	30.4	**9.0**	5.3	3.7	**21.0**	15.0	6.0
商務	**55.6**	**43.6**	13.6	1.6	**11.9**	10.5	1.4	**44.4**	9.8	29.1
業務外出	**43.4**	**39.7**	11.0	7.5	**3.7**	2.0	1.7	**56.6**	19.0	37.6
購物	**69.1**	**29.1**	8.4	16.8	**39.9**	34.6	5.3	**30.9**	25.3	5.4
家庭/個人活動	**68.8**	**46.6**	15.4	17.0	**22.2**	17.7	4.5	**31.2**	17.6	13.3
休閒	**66.9**	**28.8**	10.4	11.8	**38.1**	31.9	6.1	**33.1**	18.3	13.9

註：1.運具次數市占率為該運具使用次數占所有運具總使用次數比率。
2.僅列出公共運具、非機動運具及私人機動運具中占比較高的運具。

資料來源：同前表

3. 外出比率目的通勤學採捷運及公車最高 65.2%、57.6%（表 5）。

表 5：外出旅次目的占比－按使用運具分

單位：%

運具＼旅次目的	總計	通勤學	通勤	通學	商務	業務外出	購物	家庭/個人活動	休閒
公共運具	**100.0**	**54.4**	**42.0**	**12.4**	**2.4**	**2.1**	**9.8**	**22.9**	**8.4**
捷運	100.0	65.2	48.5	16.7	1.7	1.9	6.5	17.4	7.3
市區公車	100.0	57.6	44.2	13.4	0.2	1.3	13.1	19.5	8.2
計程車	100.0	23.5	23.5	0.0	8.1	8.3	8.4	42.0	9.7
非機動運具	**100.0**	**22.0**	**18.5**	**3.5**	**1.4**	**0.6**	**28.2**	**22.8**	**25.0**
步行	100.0	20.0	17.4	2.6	1.5	0.4	30.0	22.3	25.7
私人自行車	100.0	31.2	23.2	7.9	0.4	1.0	20.0	24.3	23.0
私人機動運具	**100.0**	**57.1**	**53.0**	**4.1**	**2.5**	**4.3**	**10.4**	**15.3**	**10.4**
私人機車	100.0	60.4	55.7	4.6	0.9	2.3	13.6	13.7	9.1
自用小客車	100.0	51.9	48.7	3.2	4.5	8.0	5.1	18.2	12.1

資料來源：同前表

4. 旅次花費時間：10-20 分鐘最高 37.6%，50-60 分鐘最低 3.2%（圖 1）。

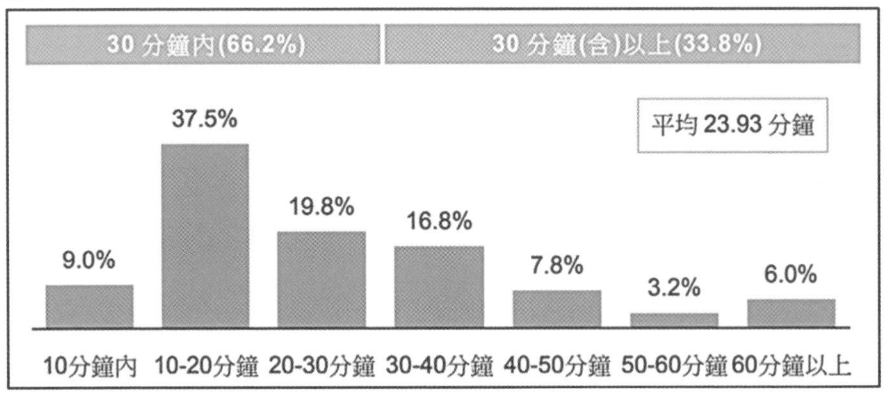

圖 1：旅次花費時間/資料來源：同前表

5. 外出旅次目的：以通勤 41.7%最高，商務 2.1%最低（圖 2）。

6. 外出旅次年齡：以 15-17 歲 90.8%最高，65 歲以上 7.6%最低。

7. 自行車[156]：

（1）2014 年曾經周轉率達 13.2 次，爲世界最高。

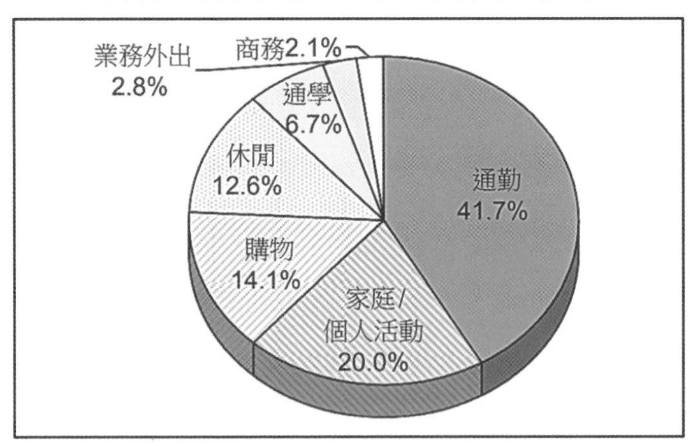

圖 2：外出旅次目的占比/資料來源：同前表

[156] 至 2017 年底市政府建置 400 點 13,072 輛車供市民租用。

（2）逾4成一月租一次，以非經常使用者占多數。

（3）使用黏著度逐年增高。

（4）易受天氣影響。

（5）同區借還比率高。

（6）平日有兩高峰，假日則以下午爲主。

（7）30分鐘以內借還達8成。

（8）假日租借較長。

（9）熱門站多在捷運及大學附近。

8. 機車：2016年台北市有95.4萬輛，停車74.9萬格，尚不足20.5萬格。停車問題[157]：（1）2017年機車馬路三寶：違停占40.5%，超速19.7%，蛇行8.6%。（2）平均停車4.4小時。（3）7成贊成收費，每日可接受停車費52.2元。

9. 捷運：台北市自1996年營運後，已服務7億6,547萬人，2018年底平均每日載客209萬7千人。已成爲市民主要交通工具。

第四節　經絡學說在城市交通治理結構上之運用

一、經絡學說在生理上之作用有二

1. 溝通上下內外：靈樞海論篇：「夫十二經脈者內屬於臟腑，外絡於肢節。」

2. 通行氣血營衛：衛氣營血爲保護身體之二大主幹（表6）。

157〈從數看機停車問題〉，台北市政府交通局，共享智慧安全有序。

表 6：人體之主幹

項目	說明
1. 經氣	12 經氣
2. 絡脈	別絡十五
3. 營氣	使血之氣運行
3-1. 專營	循行於 12 經脈之中
3-2. 營衛偕行	由左至右
4. 衛氣	由陽至陰

資料來源：本研究

二、相對於城市

將人體之經絡系統對照於城市（表 7）。

1. 經氣：就是十二經、奇經八脈與城市的捷運、鐵路、高速公路路網相對構成城市的大動脈。

2. 絡脈：十五別絡系統與城市快速公路對應是城市第二大動脈。

3. 營氣[158]：十二經別對應城市主要幹道是城市第三大動脈。

4. 專營：人體孫絡對應於城市是主次要幹道。

5. 營衛偕行：人體十二經筋次集散道路。

6. 衛氣：人體的皮部對應城市的地區與私設巷道。

以上城市系統與人體一樣、上下左右相互聯繫。

---

[158] 中醫提到的「營氣」和「衛氣」是人體主要的兩種元氣：氣走在脈外，分布全身，沿經絡循行的稱為「衛氣」；在皮表上有一定聚會的地方，就是我們常說的穴道（氣穴）；而具有滋養五臟六腑轉為血的稱為「營氣」。人能活著，就是這些「氣」在升降出入、循環轉化，推動著人體的生長、發育，如此規律的運行（和），通暢無阻（通），以保持機體的健康。〈在中醫裡說的「營氣」跟「衛氣」是什麼？〉，https://tw.answers.yahoo.com/question/index?qid=20051122000014KK09315。

表 7：城市之主幹

人體項目	城市	說明
1. 經氣	捷運鐵路路網 高速公路	十二經 奇經八脈
2. 絡脈	快速公路	十五別絡
3. 營氣	主要幹道	十二經別
3-1. 專營	主要幹道 次要幹道	孫絡
3-2. 營衛偕行	主集散道路 次集散道路	十二經筋
4. 衛氣	地區道路 私設巷道	皮部

資料來源：本研究

第五節　經絡學說在交通病理上之運用

一、經絡學說的病理

經絡在病理上有：虛、實、寒、熱、結、陷、厥、絕。

1. 虛：氣血虛弱之謂。

2. 實：氣血充盈。

3. 寒：寒性體質。

4. 熱：熱性體質。

5. 結：瘀結之謂。

6. 陷：陷下：因清瘦下陷。

7. 厥：如手少陰氣亂而生逆冷、麻木、酸楚之臂厥。足陽明胃之足脛部氣血阻逆之干厥。

8. 絕：氣絕：十二經臟器衰竭敗絕。

二、城市交通的病理

1. 虛：道路開闢不足，無法滿足居民之需。
2. 實：道路過度興闢車輛使用稀少。
3. 寒：道路鋪設不佳常有大小坑洞或塌陷。
4. 熱：道路交通安全可慮，經常事故發生。
5. 結：道路交通壅擠不堪經常打結。
6. 陷：道路經常遇風災路基陷下。
7. 厥：道路經常遇土石流而中斷。
8. 絕：道路被地震坍方而淹沒。

第六節　經絡學說在交通診斷上之運用

一、經絡學說在診斷上

1. 切脈：(1) 陰經：實證，寸口大於人迎；虛證，寸口小於人迎。(2) 陽經：實證，人迎大於寸口；虛證，人迎小於寸口。

2. 審證：(1) 診斷：同一症狀不同病灶，查其不同病灶之經絡。(2) 同一症狀相同病灶：查其共同病灶之經絡。(3) 疑難證：審度其原由之經絡。

二、經絡學說在城市交通診斷上

1. 實證：交通量大於道路。

2. 虛證：交通量小於道路。

3. 同一問題不同原因，如交通壅擠：(1) 路線調度不當。(2) 交通號誌失調。

4. 同一問題交通問題，有共同原因，如交通中斷：(1) 土石流。(2) 地震。

5. 疑難證，如交通事故的火車出軌：驗車不當、通訊不良。

第七節　經絡學說在交通問題解決上之運用

一、經絡學說在針灸治療

1. 經脈取穴：(1) 經脈病。(2) 臟腑病。(3) 經脈臟腑併病。(4) 奇經病。(5) 絡脈病。(6) 經筋系統病。

2. 寧失其穴，不失其經：不能失其經絡系統。

3. 迎隨補泄：有餘時，迎其穴而泄之；不足時，順其經而補之。(1) 子母補泄：虛者補其母穴實者泄其子穴。(2) 針芒補泄：迎穴爲泄，順穴爲補。(3) 插提：增強隨補，減弱迎泄。

二、經絡學說在城市交通問題治療

1. 針對城市交通系統，予以特定診治：（1）大眾運輸方面：特殊軌道之管控。（2）道路系統之紓解。（3）交通工具之監管。（4）駕駛人員之教育。

2. 運用門閥理論（Gate Control Theory）[159]：周邊痛覺神經傳達到中央脊隨，而匯聚的痛覺會排隊卡在一道門外，當門打開則痛覺齊來。故控制門的大小就是針灸止痛原理。運用在控管車流上，把號誌控制作爲針灸下針之點，擁擠時在其上游開放出口（逆而泄之）；反之，在車流少時在其下游補進車輛（隨而補之）。

第八節　結論

1. 針灸最大的功能爲止痛[160]，故運用在城市交通壅擠有特殊意義。交通系統有如人之經絡系統[161]。

---

159 〈為什麼會疼痛——門閥理論？針灸、肌內效等療法如何止痛？〉，生活誌 http://well-being-me.blogspot.com/2010/10/blog-post_18.html。

160 〈直接刺激有刺激與抑制之作用〉，參見王維三《針灸科學》，國立編譯館，2006 年台三版，頁 7。

161 城市是一個鮮活的有機體，各部分密切聯繫，通過關鍵性的「經脈」傳遞能量。因此，針對關鍵性的「敏感穴位」給予精準而細緻的局部治療，能夠帶來關聯區域的連鎖反應，最終促進城市整體振興。安邦智庫首席研究員陳功先生在走訪全球數個國家數十個城市之後提出了 POD（Pedestrian Oriented Development Principles）原則：行人優先的城市空間策略和發展策略。POD 原則強調的是，人在城市開發中是第一優先級的，各個層級的步行道系統開發是第一優先級的，公共交通系統以及私人交通系統僅僅是一種區塊的鏈接體系，它必須建立在完善而有效的步行道系統的基礎之上，作為步行道系統的延伸和跨越。安邦智庫：「POD 式城市針灸：我們需要為人而存在的城市。」資料來源：https://zhuanlan.zhihu.com/p/70249835。

2. 根據日本城市交通特性：城市居民外出率 80%，每日有 3 旅次，通勤大多以火車爲主，男性、健康老人外出大於女性。

3. 台北市民交通特性：通勤以捷運及火車爲主，自行車近年有增長趨勢。業務者以機動工具（汽機車）爲主，機車之停車位尚不足 20 萬格。機車因便於交警之檢查尾部車牌向外，但以交通安全觀點車頭向外爲佳。

4. 閘門理論（Gate Theory）運用在控制車流上有重大價值。

5. 台北街頭經常有橫衝直撞之機車，如果有賽車場將可紓解年輕人之血氣方剛的玩心，關渡平原是最佳之地，應可考慮。

參考文獻

1. 台北市政府交通局委託全方位市場調查有限公司調查「107 年台北市民眾日常使用運具狀況摘要分析」，2019 年 6 月。
2. 日本全國都市交通特性調查 2017 年　集計データ，
   https://www.mlit.go.jp/common/001129436.pdf。
   https://www.mlit.go.jp/common/001129436.pdf。
3. 黃維三《針灸科學》，國立編譯館，2006 年台三版。
4. 黃舒楣〈都市隱喻：治療或養生〉，
   https://www.urstaipei.net/article/14174。
5. 聶子修《針灸城市——在不同的都市尺度中操作中醫的可能性》，東海大學建築研究所碩士論文，2006 年。
6. 張佳梁《以「都市針灸術」理念探討歷史街區之再生——以泉州蟳埔漁村爲例》，台灣科技大學建築碩士論文，2016 年。
7. 〈都市交通控制系統：建構暢行無阻的交通服務水準〉，
   http://www.iisigroup.com/Solutions/Tra-city。

第二十三章　都市地下管線疾病的診治

The Dignosis of Urban Under Ground Pipeline Disese

摘要

城市中地下管線的危害，讓市民感到不安，如何防範爲本文之主旨。本文係根據中醫理論作爲診治城市地下管線問題，全文分五節。第一節前言，說明地下管線之問題是中醫癥瘕積聚。第二節說明地下管線種類。第三節說明診查地下管線問題。第四節說明治理地下管線的方法。第五節結論。

關鍵詞：地下管線、癥瘕積聚、水患、氣爆

第一節　前言

城市的發展日益擴大，尤其是地上建設更是突飛猛進。然而較不爲人注意的是地下管線問題，實因規劃與維護不周而導致問題，致使人員傷亡與物質之損害劇烈。本文以中醫理論爲基本，先就城市地下問題提出，再找出問題癥結，最後提出防範治理。

中醫理論有癥瘕積聚病，癥瘕積聚是一種病症，指腹內積塊，或脹或痛。癥和積是有形的，而且固定不移，痛有定處，病在臟，屬血分，瘕和聚是無形的，聚散無常，痛無定處，病在腑，屬氣分。積聚中焦病變爲多，癥瘕下焦病變及婦科疾患爲多，因而有不同名稱。癥瘕積聚的產生，多因情志抑鬱，飲食內傷等，致使肝脾受傷，臟腑失調，氣機阻滯，瘀血內停，日久漸積而成[162]。

金匱要略《五臟風寒積聚病脈證并治》：「問曰：病者積、有聚、有槃氣，何謂也？師曰：積者藏病也，終不移；聚者府病也，發作有時，展轉痛移，爲可治；槃氣者，脅下痛，按之則愈，復發爲槃氣。諸積大法，脈來細而附骨者，乃積也。寸口積在胸中；微出寸口，積在喉中；關上積在臍傍；上關上，積在心下；微下關，積在少腹。尺中，積在氣衝。脈出左，積在左；脈出右，積在右；脈兩出，積在中央，各以其部處之。」《醫宗金鑒婦科心法要訣・癥瘕積痞痃癖疝諸證》：「凡治諸癥積，宜先審身形之壯弱、病勢之緩急而治之。如人虛，則氣血衰弱，不任攻伐，病勢雖盛，當先扶正，而後治其病；若形證俱實，宜先攻其病也。經云：「大積大聚，衰其大半而止，蓋恐過於攻伐，傷其氣血也。」

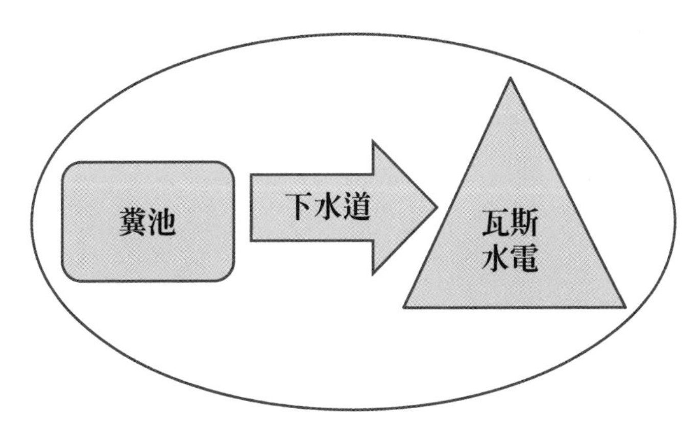

圖 1：癥和積、瘕和聚、槃氣示意圖/資料來源：本研究

---

[162] 癥瘕積聚，百度百科：https://baike.baidu.com/item/%E7%97%87%E7%98%95%E7%A7%AF%E8%81%9A。

第二節　城市地下管道種類

一、下水道管

1. 雨水。2. 汙水。3. 水利。

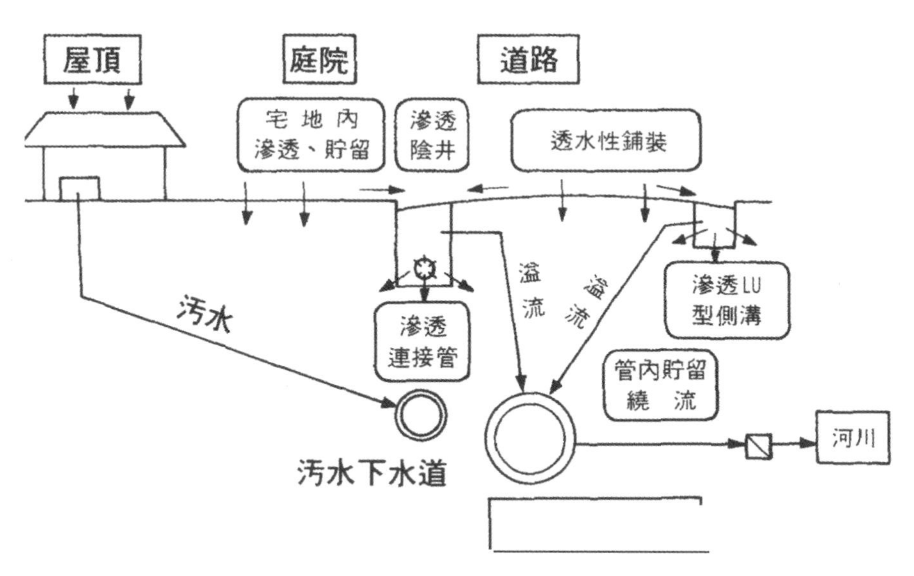

圖 2：雨汙水下水道位置

資料來源：歐陽喬暉《都市發展與水患》，頁 185

1. 汙水排放之方式

（1）重力流方式

爲在有適當坡度的地形，當地面坡度之走向與埋管路線相接近時，可平行埋設重力流汙水管，因此在這種地形，汙水管之埋設的深度上、下游幾乎相近，且汙水流至汙水處理廠後並不需要抽水機抽水，而可自然以重力流放式流下。

（2）**處理廠內抽水方式**

在平坦的地形，汙水管愈往下游埋設愈深，到達汙水處理廠時由於已深達數公尺甚至數十公尺，而必須於處理廠設置抽水機將汙水揚起後，再藉重力流流經各處理設施之方式。

（3）**中繼抽水站**

在相當平坦的地形，汙水管埋設很深時採用的方式，或者在汙水管流經途中穿越河川、地下埋設物等設施，而不能採用重力方式時，所採用之方式。

二、自來水、瓦斯等管類

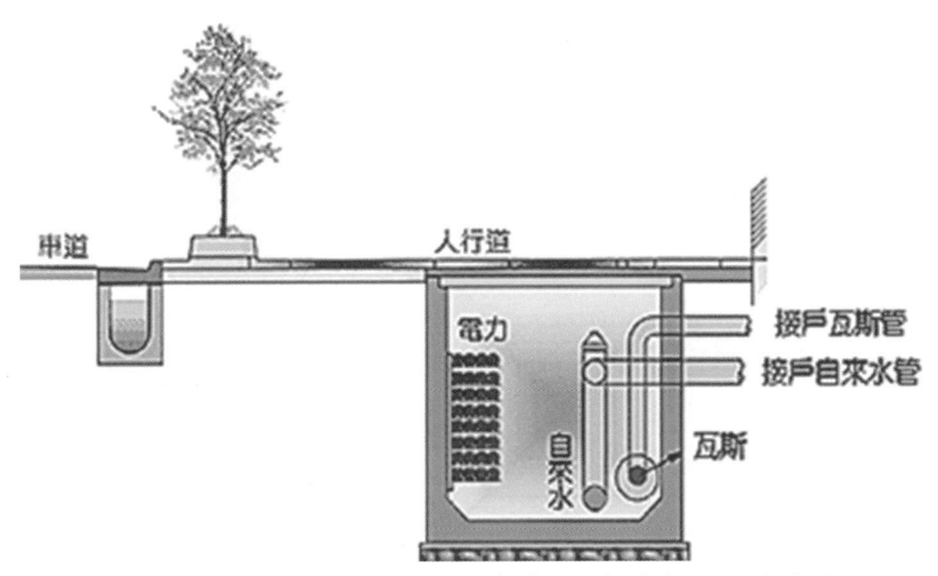

圖3：自來水、瓦斯及電力管線圖/資料來源：營建署

三、電纜管線

電力、電信、交控、路燈、軍訊、警訊及有線電視等之電纜類纜線。

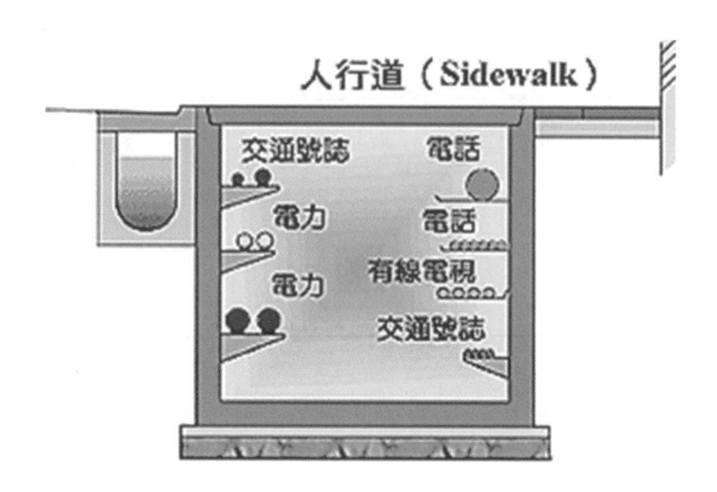

圖 4：電纜管線圖/資料來源：營建署

四、輸油管線與工業管線[163]

包括地下輸油與瓦斯電線排水等管路。

[163] 經濟部之「工業管線災害防救業務計畫」內容，將工業管線定義為：「產業基於產業鏈之大量供應、生產與輸出入需求，藉由廠際間之工業管線，串連國內石油煉製業、石化產業、化工業及倉儲業，進行工業原料之輸送。」

第三節　診察問題

一、水患

1. 大陸

根據 2018 年 7 月 14 日自由時報即時新聞綜合報導，中國近期以來，多地受到強降雨影響，暴雨成災、汛情嚴重。中國水利部 12 日統計，全中國有 241 條河流發生超警洪水，有 24 省區市遭受洪澇災害，受災人口超過千萬人，造成 52 人死亡，直接經濟損失約人民幣 259 億元（約新台幣 1,200 億元）。

2. 台灣

根據國科會 2011 年台灣氣候變遷科學報告，我國發生極端強降雨發生的頻率，2000 年以前平均每三至四年發生一次，2000 年以後平均每年就發生一次。造成我國近年來淹水災情的強降雨的「時雨量」都大得驚人，大量的雨水集中在很短的時間之內降下來，動輒超過 100 毫米，淹水地區民眾常形容雨像是用倒的，因此僅想借由加高堤防、建造抽水站及攔砂壩的方式來防堵水患的治水思維，早已不敷現實所需。另 1993 至 2003 年台灣附近海平面上升速率，爲過去 50 年的 2 倍，高於全球平均值[164]。

---

[164] 唐慧琳《水患治理不能淪為政治作秀》，國政研究報告，2013 年 10 月 23 日。

二、氣爆

2014年高雄氣爆事故	
凱旋路氣爆現場：範圍遍及凱旋三路、三多一、二路、一心一路等	
地點	中華民國高雄市前鎮區與苓雅區
座標	22°37'21"N 120°19'48"E 座標：22°37'21"N 120°19'48"E
日期	民國103年7月31日－8月1日
時間	7月31日23時至8月1日凌晨（UTC+8）
事故原因	石化氣洩漏和爆炸
影響地區	三多一、二路（中正運動場至凱旋路口）、武慶三路（至178巷口）、凱旋三路、一心一路等
分級	爆炸
消防動員	高雄市政府消防局 台南市政府消防局 屏東縣政府消防局 台東縣消防局 嘉義縣消防局 嘉義市政府消防局 新北市政府消防局 台北市政府消防局特種搜救大隊 桃園縣政府消防局特種搜救高級救護隊 台中市政府消防局特種搜救大隊 彰化縣消防局特種搜救大隊 中華民國陸軍第八軍團指揮部 中華民國陸軍步兵訓練指揮部

	陸軍第四地區支援指揮部 中華民國陸軍三九化學兵群 中華民國陸軍五四工兵群 中華民國陸軍七五資電群 中華民國憲兵二〇四指揮部 中華民國海軍陸戰隊
死亡人數	32
受傷人數	321

資料來源：維基百科

https://zh.wikipedia.org/wiki/%E7%88%86%E7%82%B8

第四節　治理

一、中醫理論

從入而言，飲食生冷，很容易導致胃的蠕動減緩，消化功能衰退。腹診的時候，中脘上下發涼、觸探有結、質地堅硬。患者有的有腹脹、泛酸、疼痛、噯氣的症狀，有的則根本沒有症狀，食納正常。西醫做胃鏡檢查大多數正常，個別被診斷爲淺表性胃炎，因爲沒有質的改變，所以不以爲然。而中醫則診斷爲癥瘕，當作隱患必欲除之而後快。

從出而言，現代人大多心浮氣燥，氣聚於上焦，下焦多陰寒。大腸蠕動遲緩，便祕、便難、大便不爽的人比比皆是。這些人腹診時，一般在天樞、大横[165]穴附近有冷結、癥瘕，西醫檢查有的說是有宿便、糞塊，有的也查不出什麼。中醫則以開痞散結、溫化痰濕、通腑活血的方法，以消除癥瘕。

婦人月經，受寒或鬱怒，以至於血當出而未出，容易在小腹肝經潛行處形成癥瘕。西醫有時能發現是卵巢囊腫。患者有自覺疼痛的，也有渾然不覺漸漸腹大的。中醫以癥瘕論治，活血逐瘀，痛下黑色瘀血塊，就能完全根治，且不復發。比做反復手術好得多。

《靈樞・邪氣臟腑病形篇》詳細提到了五臟之積的名稱、形狀和脈象。《難經・五十六難》對此做了詳細闡述：「肝之積，名曰肥氣，在左脅下，如覆杯，有頭足，久不愈，令人發咳逆痎瘧，連歲不已，以季夏戊己日得之。……心之積，名曰伏梁，起齊上，大如臂，上至心下，久不愈，令人病煩心，以秋庚辛日得之。……脾之積，名曰痞氣，在胃脘，覆大如盤，久不愈，令人四肢不收，發黃疸，飲食不爲肌膚，以冬壬癸日得之。……肺之積，名曰息賁，在右脅下，覆大如杯，久不已，令人灑淅寒熱，喘咳，發肺壅，以春甲乙日得之。……腎之積，名曰奔豚，發於少腹，上至心下，若豚狀，或上或下無時，久不已，令人喘逆，骨痿少氣，以夏丙丁日得之。」

---

[165] 位於肚臍兩旁 2 寸、4 寸之穴位，功能治療便祕。

相對於城市

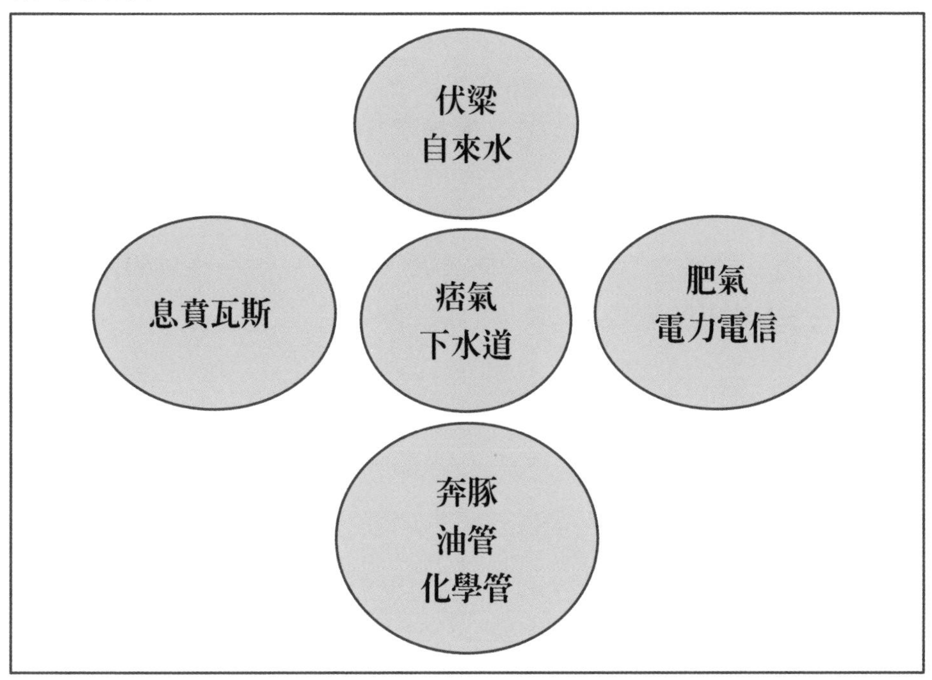

圖 5：城市地下五積示意圖/資料來源：本研究

治法：根據《內經》所提出的治療原則，血實宜決之、菀陳[166]則除之、結者散之、留者攻之、溫則消而去之、實則瀉之、虛者補之[167]。

神志病多有心氣鬱結、積滯，出現類似伏梁症候，所以必刺心下。長期脾胃消化不良多在臍上有積，類似痞氣，必刺中脘、水分。肺氣鬱閉，慢性咳喘，右脅下多有拘急、痰結，必刺梁門[168]、

[166] 語出《素問・湯液醪醴論》。宛，通鬱，即鬱結。陳莝，陳舊鍘碎的草。去宛陳莝，去掉堆積的陳草，在人體指去除鬱結已久的水液廢物，即使用甘遂、牽牛。醫砭，線上醫書《中醫名詞術語辭典》。

[167] 闕麗敏、周淑媚、周珮琪、孫茂峰《中醫古籍應用針灸治療癥瘕積聚的探討》，中醫藥研究論叢，2016 年 9 月，19：2 期。

[168] 肚臍上 4 寸旁 2 寸。

腹哀[169]、章門[170]。

而肝病日久，多在左脅出現腫塊，沿其邊緣淺刺，在期門[171]、日月[172]點按多有良效。

腎藏精血，下焦也納汙垢，最易聚積陰寒，針刺關元[173]是化腎積的絕妙方法[174]。

二、治理技術

1. 建立管線地理資訊系統

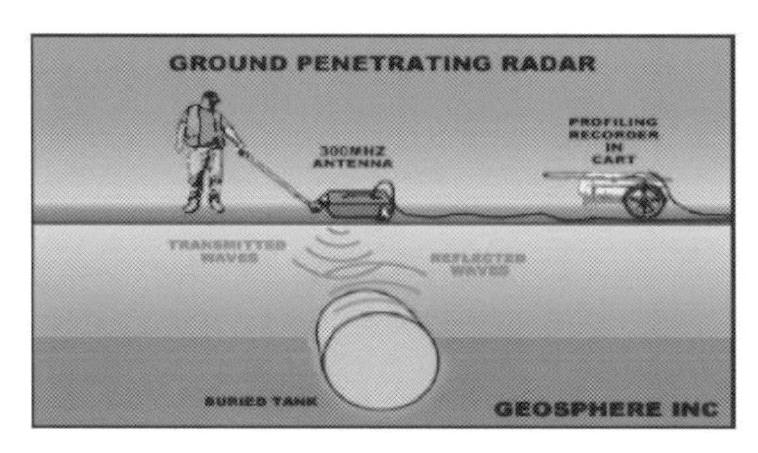

圖6：透地雷達GPR

資料來源：2015公共設施管線資料庫技術研討及成果發表會，台灣地區油氣管線圖資管理系統簡介台灣中油專案小組劉定忠

169 肚臍上 3 寸旁 4 寸。
170 11 肋骨前端下沿處。
171 乳頭下 2 條肋骨，乳頭位於第 4、5 肋骨間。
172 期門下 1/4 寸。
173 肚臍下 3 寸。
174 徐文兵《字裡藏醫學習－－症瘕積聚》，2011 年 4 月 21 日。

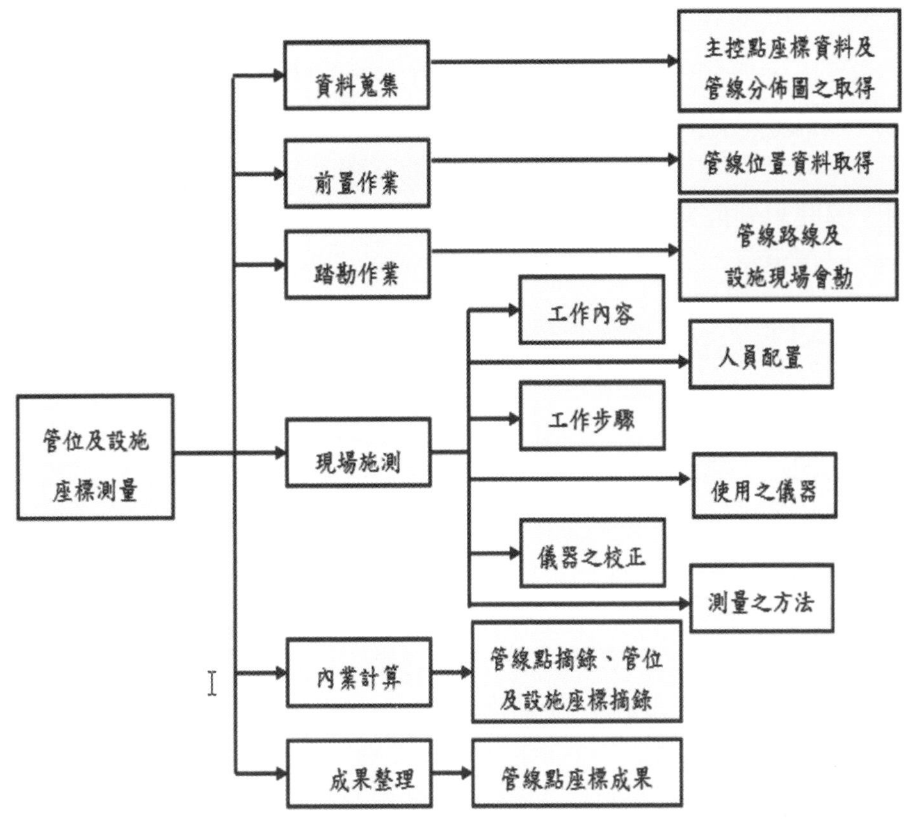

圖 7：管線點座標測量流程/資料來源：同前

2. 共同管道

（1）日本於 1923 年關東大地震後開始使用。

（2）1963 年 4 月制定共同管道法。

3. 治水

地下 43 公尺深的「神田川環狀 7 號線地下調節池」是一條長 4.5 公里、內徑 12.5 公尺的圓形涵洞，可容納 54 萬立方公尺（54 萬公嘓）的洪水。當豪雨使河川漲到一定水位後，便開啓水門讓水排到涵洞裡，等河川水位下降了，再抽取涵洞的水排放回河川。這個調節池耗資 1,010 億日圓（約新台幣 289 億元）建造完成，未建造前 1993 年的一次颱風造成 3,117 戶住宅被沖毀，受害金額高達 160 億日圓，因此只要能應付 3 次水災就值得了。事實上，從 1997 年運用至今，已讓東京都躲過 35 次水患[175]。

第五節　結論

1. 癥瘕積聚是一種病症，指腹內積塊，或脹或痛。癥和積是有形的，而且固定不移，痛有定處，病在臟，屬血分，相對於城市是地下管堵塞；瘕和聚是無形的，聚散無常，痛無定處，病在腑，屬氣分，相對於城市是地下管漏氣氣爆。

2. 城市地下管線：（1）下水道管：雨水管、汙水管、水利管。（2）自來水、瓦斯等管類。（3）電纜管線。（4）輸油管線與工業管線。

3. 城市地下莖診察最嚴重爲（1）水患。（2）氣爆。

4. （1）水患原因：氣候變遷，排水設施不足。（2）氣爆原因：管線埋設雜亂與管理不良。

5. 治理技術：（1）學習瑞典 ICT（資通訊[176]）建立管線地理資訊系統。（2）建立共同管道。（3）管理維護。

---

[175] 2014 年 9 月 30 日中國時報，黃菁菁/東京 29 日電。

[176] 資訊與通信科技（Information and Communication Technology，簡稱 ICT）產業，指其產品（含貨品及服務）之主要目的，必須使資訊的處理與傳播可透過電子工具（包含傳送與顯示）來達成。我國 ICT 產業範圍包括：電子零組件製造業、電腦、電子產品及光學製品製造業、電信業及資訊業等四類。

參考文獻

1. 張家瑞、林鶴斯《地下管線管理瓶頸與未來整體改善策略》，國政分析，2014 年 9 月 18 日。
2. 鄧敏政、李維森、李中生《我國地下管線之安全管理現況介紹》，2016 年災害防救專輯——研判評估篇。
3. 黃玉霖、呂曜志、蕭煥章、周廷彰《如何防止地下管線誤挖與危機處理專案報告》，台中市議會第 2 屆第 6 次定期會，2017 年 10 月 20 日。
4. Ed Nicholas(Nicholas Simulation Services): "The Impact of the Pipe And Ground On Pipeline Temperature Transients. " PSIG Annual Meeting, 24-27 May, Napa Valley, California, 2011.
5. How to isolate, ground and protect your pipeline. https://www.pipeliner.com.au/2016/03/16/how-to-isolate-ground-and-protect-your-pipeline/
6. Dynamic model of a new above-ground pipeline using a Kalman estimator-based system, https://ieeexplore.ieee.org/document/7473551/

第二十四章　城市氣候變遷之預測——以運氣學說推估台灣未來十年變化

The Forecast of Urban Climate Change-Qigong Theory to Predict the Changing in Next Decade in Taiwan

摘要

近年來，氣候變遷是一個重要課題。氣候預測更是首先要研討之項目，可以針對問題預先防範。本文借助我國古人之智慧「五運六氣」推估未來十年台灣氣候變遷情形。本文共分八節。第一節前言，說明「五運六氣」意涵。第二節五運，說明五運之內容。第三節六運，說明六運之內容。第四節運氣相加，說明五運與六氣相加之結果。第五節未來十年之預測，預估台灣未來十年天氣變化情形。第六節與預測之考證，說明與氣象學者預測之比較。第七節氣候變遷因應之道。第八節結論。

關鍵詞：氣候變遷、五運六氣、易經、黃帝內經

第一節　前言

「五運六氣」簡稱「運氣」，這種學說主要在於探討自然界的天時氣候變化與人體之發病、預防及臨床治療之間的關係[177]。

「五運六氣」一詞最早出現在《易經》，是古人解釋自然界氣候變化時專用的名詞，之後《黃帝內經》將五運六氣對人體之影響，歸納整理出一套氣候醫學學說。易言之，就是運用五運和六氣的運動節律及其相互化合，來解釋天體運動對氣候的變化，及天體運動對生物及人類的影響。

五運六氣學的要義。五運[178]就是十天干，有主運、客運之別。甲乙丙丁戊爲陽，己庚辛壬癸爲陰，甲己化合爲土運，乙庚化合爲金運，丙辛化合爲水運，丁壬化合爲木運，戊癸化合爲火運，這就是客運之說。陽爲太過，於人則是病屬實症；而陰爲不及，於人則是病屬虛症；六氣[179]就是十二地支，子丑寅卯辰巳爲陰，午未申酉戌亥爲陽，子午合爲少陰君火，丑未合爲太陰濕土，寅申合爲少陽相火，卯酉合爲陽明燥金，辰戌合爲太陽寒水，巳亥合爲厥陰風木。六氣[180]也有主氣、客氣之別。

---

177 五運六氣，維基百科：https://zh.wikipedia.org/wiki/%E4%BA%94%E9%81%8B%E5%85%AD%E6%B0%A3。

178 五運是指 10 天干（每 10 年）中，每兩年分別屬於五行中的一行。因此一共有五種不同的年運，即木年、火年、土年、金年、水年，其順序是木→火→土→金→水。而每一運有一個「太過之年」和一個「不及之年」，而且是逢「雙」年為太過之年，逢「單」年為不及之年。第一年太過之年，第二年必然是不及之年。這也是大自然平衡力量，這些平衡力量在糾正地球上的天氣變化，防止過激或過偏以致走向滅亡，比如當某一年天氣變化太劇烈了，這些力量就會使下一年的變化緩和，如此萬物才能生長，人類才可以生存。

179 古代六氣稱：陰、陽、風、雨、晦、明（左傳昭公元年）。

180 此外，當該年運出現的時候，那一年的氣候就具有這一行的特點，比如「火」年就有熱的特點，「水」年就有寒的特點，「土」年就有多雨的特點，「金」年就有乾燥的特點，「木」年就有多風的特點。接著，古人發現，單憑一個五運還不足以描述天氣複雜的一面，因為五運只能描述每「年」天氣的變化特點，所以五運六氣的化合，就產生了太過、不及、平氣、復氣[181]、鬱氣、承氣的現象，如此就形成了氣候變化的主因，而人處於天地之中，當然就會有所影響了。本文首先引用運氣學推估方法，再與科學預測比較，結果再做建議。

表 1：天干配五運

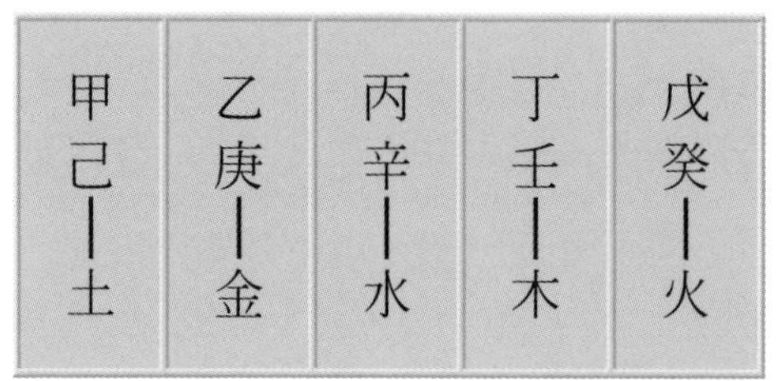

甲己—土	乙庚—金	丙辛—水	丁壬—木	戊癸—火

資料來源：http://www.theqi.com/cmed/intro2.html 五運六氣學說

表 2：地支配五行

寅、卯	巳、午	申、酉	亥、子	辰戌、丑未
木	火	金	水	土

資料來源：http://www.theqi.com/cmed/intro2.html

而對於一年之內更詳細的天氣變化，還需要一個再小一級的概念來描述，於是古人依據對天象的觀察，歸納出六氣的觀念。

[181] 勝復，是指「五運六氣」在一年之中的相勝相制，先勝後復的相互關係。勝即「勝氣」，復即「復氣」。勝是主動的，有強勝的意思；復是被動的，有報復的意思。勝復之氣，即一年中之上半年若有太過的勝氣，下半年當有與之相反的復氣。如上半年熱氣偏盛，下半年當有寒氣以報復之。又如木運不及，金氣勝木，木鬱而生火，火能克金，稱為復。勝復的一般規律是，凡先有勝，後必有所報復，以報其勝。勝復之氣並非每年都有。線上醫書，中醫名詞術語辭典。

表 3：地支配三陰三陽六氣

子午	丑未	寅申	卯酉	辰戌	巳亥
丨	丨	丨	丨	丨	丨
少陰	太陰	少陽	陽明	太陽	厥陰
君火	濕土	相火	燥金	寒水	風木

資料來源：http://www.theqi.com/cmed/intro2.html

第二節　五運

五音建運[182]：在五行屬性歸類中，五音：角徵宮商羽。角屬木，徵屬火，宮屬土，商屬金，羽屬水。

表 4：五運太過與不及表

六甲之歲	甲子、甲戌、甲午 甲申、甲辰、甲寅	濕	為土運太過，土運太過，木剋土而土有餘，則雨濕流行。
六己之歲	己巳、己卯、己丑 己亥、己酉、己未	風	為土不及，土運不及，本氣衰而木氣勝，所以風乃大行。
六庚之歲	庚五、庚辰、庚寅 庚子、庚戌、庚申	燥	為金運太過，金太過則本氣勝，火克金而金有餘，所以金過之歲燥氣流行。

182 〈了解五音建運是什麼？以及了解它的是用來幹什麼的？〉，https://kknews.cc/news/a4abb3n.html。

六乙之歲	乙丑、乙亥、乙酉 乙未、乙巳、乙卯	暑	爲金運不及，金不及，則火克金有餘，所以炎火乃行，火乘金。
六丙之歲	丙寅、丙子、丙戌 丙申、丙午、丙辰	寒	爲水運太過，水太過，則本氣勝，土剋水而水有餘，則寒氣流行。
六辛之歲	辛未、辛巳、辛卯 辛丑、辛亥、辛癸	濕	爲水運不及。水不及，則土剋水而土有餘，則濕乃大行，本氣衰而土乘之。
六壬之歲	壬申、壬午、壬辰 壬寅、壬子、壬戌	風	爲木運太過，木太過，則本氣勝，金剋木，木有餘，則風氣流行。
六丁之歲	丁卯、丁丑、丁亥 丁酉、丁未、丁巳	燥	爲木運不及，木不及，則本氣衰，金剋木，金則有餘，則燥氣大行。
六戊之歲	戊辰、戊寅、戊子 戊戌、戊申、戊午	署	爲火運太過，火太過，則本氣勝，水剋火而火有餘，則炎暑流行。
六癸之歲	癸酉、癸未、癸巳 癸卯、癸丑、癸亥	寒	爲火運不及，火不及，則本氣衰，水剋火而水有餘，則寒乃大行。

資料來源：https://kknews.cc/zh-tw/news/a4abb3n.html

第三節　六氣

六氣指的是厥陰風木，少陰君火，少陽相火，太陰濕土，陽明燥金和太陽寒水，其氣候特性分別爲風、熱、火、濕、燥、寒。它們與四季的對應關係是：

厥陰風木——對應春，春天多風，草木開始發芽。

少陰君火——對應初夏，夏天開始發熱。

少陽相火——對應夏，草木生長茂盛，天氣炎熱。

太陰濕土——對應長夏，高溫多雨。

陽明燥金——對應秋，秋高氣爽，田野山野處處金黃。

太陽寒水——對應冬，流水結冰一派寒氣。

初氣：大寒、立春、雨水、驚蟄，大寒交日起，也就是當年 1 月 20 日起。

氣二：春分、清明、穀雨、立夏，春分交日起，也就是當年 3 月 20 日起。

氣三：小滿、芒種、夏至、小暑，小滿交日起，也就是當年 5 月 20 日起。

氣四：大暑、立秋、處暑、白露，大暑交日起，也就是當年 7 月 22 日起。

氣五：秋分、寒露、霜降、立冬，秋分交日起，也就是當年 9 月 22 日起。

終氣：小雪、大雪、冬至、小寒，小雪交日起，也就是當年 11 月 22 日起到次年 1 月 20 日，也就是第二年的大寒交日。

一、主氣

主時之氣，固定不變。

二十四節氣，由大寒日起，分屬六步之中。

表 5：六步六氣與節序

六步	初	二	三	四	五	終
六氣	厥陰風木	少陰君火	少陽相火	太陰濕土	陽明燥金	太陽寒水
節序	大立雨驚 寒春水蟄	春清穀立 分明雨夏	小芒夏小 滿種至暑	大立處白 暑秋暑露	秋寒霜立 分露降冬	小大冬小 雪雪至寒

資料來源：http://www.theqi.com/cmed/intro2.html

二、客氣

以陰陽氣之多少爲先後次序，每年一氣司令。

厥陰（一陰）→少陰（二陰）→太陰（三陰）→少陽（一陽）→陽明（二陽）→太陽（三陽）。歲半之前，天氣主之，稱爲「司天」，歲半之後，地氣主之，稱爲「在泉」，司天在泉有陰陽屬性，陽司天則陰在泉，陰司天則陽在泉。少陰與陽明、厥陰與少陽，太陰與太陽是相合而輪轉的。

表 6：年支與司天在泉

年支	司天	在泉
子午	少陰　君火	陽明　燥金
丑未	太陰　濕土	太陽　寒水
寅申	少陽　相火	厥陰　風木
卯酉	陽明　燥金	少陰　君火
辰戌	太陽　寒水	太陰　濕土
巳亥	厥陰　風木	少陽　相火

資料來源：http://www.theqi.com/cmed/intro2.html

第四節　運氣相加

客主加臨

氣化的順逆，以客氣爲主。客氣的力量勝過主氣爲順，客剋主、客生主、君位臣三者屬順。主剋客、主生客、臣位君三者屬逆。

1. 順化——氣生運。
2. 天刑——氣剋運。
3. 小逆——運生氣。
4. 不和——運剋氣。
5. 天符——運氣相同。

第五節　未來十年之預測

表 7：五運（五音建運）表

主運 / 客運	壬太角（木）丁少角	戊太徵（火）癸少徵	甲太宮（土）己少宮	庚太商（金）乙少商	丙太羽（水）辛少羽
2019 己亥（不及）	少宮	太商	少羽	太角	少徵
2020 庚子	太商	少羽	太角	少徵	太宮
2021 辛丑（不及）	少羽	太角	少徵	太宮	少商
2022 壬寅	太角（木）	少徵（火）	太宮（土）	少商（金）	太羽（水）

2023 癸卯（不及）	少徵（火）	太宮（土）	少商（金）	太羽（水）	少角（木）
2024 甲辰	太宮（土）	少商（金）	太羽（水）	少角（木）	太徵（火）
2025 乙己（不及）	少商（金）	太羽（水）	少角（木）	太徵（火）	少宮（土）
2026 丙午	太羽（水）	少角（木）	太徵（火）	少宮（土）	太商（金）
2027 丁未（不及）	少角	太徵	少宮	太商	少羽
2028 戊申	太徵	少宮	太商	少羽	太角
2029 己酉（不及）	少宮	太商	少羽	太角	少徵
2030 庚戍	太商	少羽	太角	少徵	太宮

資料來源：本研究

表 8：未來十年（2020-2029）各年五運

年分	五運
2019 己亥	土不及，木克土，風仍大行
2020 庚子	金勝，火克金，但金有餘，燥氣流行
2021 辛丑	水運不及，土克水而土有餘，濕仍大行
2022 壬寅	木運太過，金克木，木有餘，風氣大盛
2023 癸卯	火運不及，水克火，水仍大行
2024 甲辰	土大盛，木雖克土，但濕仍盛行
2025 乙己	金不及，火克金，故火盛行
2026 丙午	水盛，土克水，但仍寒水盛行
2027 丁未	木不及，金克木，燥氣大行
2028 戊申	火盛，水克火，但火仍大行
2029 己酉	土不及，木客土，風仍大行

2030 庚戌	金太過，火克金，但仍燥氣流行

資料來源：本研究

表 9：主氣及主客加臨

主氣／年客氣	初之氣木	二之氣君火	三之氣相火（司天）	四之氣土	五之氣金	終之氣水（在泉）	平氣
2019 己亥	金從	水從	木相得	君火相得	土相得	相火不相得	兼化一半從化
2020 庚子	水相得	木相得	君火順	土相得	相火從	金相得	齊化
2021 辛丑	木相得	君火相得	土相得	相火相得	金相得	水相得	得政
2022 壬寅	君火相得	土相得	相火相得	金相得	水相得	木相得	
2023 癸卯	土不相得	相火逆	金不相得	水不相得	木不相得	君火不相得	得政
2024 甲辰	相火相得	金不相得	水從	木從	君火從	土從	
2025 乙己	金從	水從	木相得	君火從	土相得	相火不相得	得政
2026 丙午	水相得	木相得	君火順	土相得	相火從	金相得	
2027 丁未	木相得	君火相得	土相得	相火相得	金相得	水相得	得政

2028 戊申	君火相得	土相得	相火相得	金不相得	水相得	木相得	天符
2029 己酉	土不相得	相火相得	金不相得	水不相得	木不相得	君火不相得	得政
2030 庚戌	相火相得	金不相得	水從	木從	君火從	土從	

資料來源：本研究

1. **六氣步驟：**（1）查地支表 6 爲司天（三之氣）。（2）對應爲司泉（終之氣）。（3）終之氣左間爲初之氣。（4）三之氣右間爲二之氣。（5）三之氣左間爲四之氣。（6）終之氣右間爲五之氣。又以司天爲主按三陰（厥陰少陰太陰）再三陽少陽陽明太陽順序）。

2. **依本表：**客克主從，主克客不相得，相生同氣相得，君在相火之上順，反之爲逆。

3. **平氣：**運太過而被抑運不及而受助。齊化：太過之年被司天所克。同化：不及之年爲司天所助（相同）。兼化：不及之年爲司天所克（一半）從化。得政：不及知器所不勝之氣來兼化（運克氣）。

表 10：運氣相加表

年分	運氣相加
2019 己亥	氣克運：天刑
2020 庚子	氣克運：天刑
2021 辛丑	氣克運：天刑
2022 壬寅	運生氣：小逆
2023 癸卯	運克氣：不和
2024 甲辰	運克氣：不和
2025 乙巳	運克氣：不和
2026 丙午	運克氣：不和
2027 丁未	運克氣：不和

2028 戊申	運氣相同：天符
2029 己酉	運生氣：小逆
2030 庚戌	運生氣：小逆

資料來源：本研究

表 7 初之氣與表 9 三之氣相加；運生氣小逆；運克氣不合；氣生運順化；氣克運天刑（屬火，仍一凶星）；運氣相同；天符。除 2028 相同外，其餘皆不佳。尤有進者，天干戊癸化火之年[183]（2023、2028）易發生流感傳染（表 11）。

表 11：天干與重大疫情表

時間/年	天干地支	主流行區	病名	死亡人數	備註
1658	戊戌	義大利	流感	6 萬	Influenza 由此被沿用
1742-43	壬戌-癸亥	東歐	流感		涉 90%的東歐人
1918-19	戊午-己未	全球	西班牙流感	2,500 萬	H1N1
1957-58	丁酉-戊戌	全球	亞洲流感	100 萬	H2N2
1968-69	戊申-己酉	全球	香港流感	75 萬	H3N2
1977-78	丁巳-戊午	前蘇聯	俄羅斯流感		H1N1 變異
1988-89	戊辰-己巳	英國	流感		醫院人滿爲患

[183] 冬春及早春為高峰期：北半球 12-2 月，南半球 6-8 月。有時會早一年或晚一年。如 2009 己丑年全球死亡 14,142 人，2012 壬辰年中東疫情死亡 16 人。

1997-98	丁丑-戊寅	香港	禽流感	6	H5N1
2003	癸未	香港	沙士非典	400	04後在東南亞零星爆發
2013	癸巳	中國	流感	35	H7N9
1510	庚辰	歐洲	流感		
1580	庚辰	羅馬	流感	9,000	
1889-90	己丑-庚寅	西歐	俄羅斯流感	100 萬	H2N2
1999-00	己丑-庚辰	歐、美、亞	中度流感		H3N2
2009-10	己丑-庚寅	全球	新型流感	14,142	新型 H7N1
2012	壬辰	中東	新冠狀病毒	16	中東呼吸綜合症

資料來源：穆伽泳主持「時間醫學與流感疫症」，YouTube

表 12：運氣同化表

運氣同化／年分	天符	歲會	同天符	同歲會	太乙天府
2019 己亥	丁亥（木）	辛亥（水）		癸亥（火）	
2020 庚子		丙子（水）	庚子（金）		
2021 辛丑	己丑己未（土）	己丑己未（土）		辛丑（水）	己丑己未（土）
2022 壬寅	戊子戊午戊寅戊申（火）	壬寅（木）戊午（火）	壬寅（木）	癸卯（水）	戊午（火）

2023 癸卯	乙卯乙酉（金）	丁卯（木）乙酉（金）			乙酉（金）
2024 甲辰	丙辰丙戌（水）	甲辰甲戌（土）	甲辰甲戌（土）	癸巳（火）	
2025 乙己	丁巳（木）	癸巳（火）			
2026 丙午			庚午（金）		
2027 丁未				辛未（水）	
2028 戊申		庚申（金）	壬申（木）		
2029 己酉				癸酉（火）	
2030 庚戌					
合計	12-4（太乙天府）	8-4（太乙天府）-2（同天符）	6	6	4

資料來源：本研究（加類歲會辛亥庚申共 28 年）

依據表 7 與表 9。

天符：歲運之氣與司天之氣的五行相符。

歲會：歲運與歲支方位五行（表 2）同屬相會且歲支居五行正位。

同天符：太過的歲運之氣與在泉之氣相會而同化。

同歲會：不及的歲運之氣與在泉之氣相會而同化。

太乙天府：既是天符又是歲會，也就是司天之氣，歲運之氣，歲支（表 2）之氣三者相會合。氣的產生是運與運、運與歲支、運與氣相合，運得某種資助或者制約，結果形成了運的既非太過，又非不及的平氣。

第六節　與預測之考證

據《台灣氣候變遷科學報告——物理現象與機制》[184]重要發現：

1. 全球地表溫度過去百年增加，且未來將持續暖化。

2. 全球與台灣海平面過去數十年有上升的趨勢，台灣全年、夏半年（5-10 月）、冬半年（11-4 月）台灣氣溫時序變化，平均氣溫分別爲 23.1℃、26.7℃、19.6℃。台灣全年平均氣溫百餘年來呈現階段性上升現象。氣候推估研究[185]顯示，台灣未來溫度的變化，相較於基期（1986-2005 年）的平均溫度，在 RCP 4.5（濃度途徑中等）情境下，21 世紀末（2081-2100 年）將可能升溫 1.3-1.8℃；而在 RCP 8.5

184 許晃雄等，台灣氣候變遷推估與資訊平台建置計畫團隊，國家災害防救中心印。

185 「氣候系統數值模式」是推估未來氣候如何變遷的工具。IPCC（政府間氣候變化專門委員會，Intergovernmental Panel on Climate Change）的第五次（2013 年 9 月起陸續發表）評估報告中，科學界定義了 4 組情境，稱為「代表濃度途徑」（RCPs），作為氣候模式進行數值模擬（未來氣候推估）的規範。這 4 組代表濃度途徑是描述 4 種不同溫室氣體排放、空氣污染排放和土地使用條件下的 21 世紀情境。相較於 IPCC 第三次和第四次評估報告所考慮的情境，這 4 種代表濃度途徑所能涵蓋的層面更廣。4 組代表濃度途徑中，RCP2.6 是極低輻射強迫的減緩情境；RCP4.5 與 RCP6.0 是中等穩定化的情境；RCP8.5 是溫室氣體高度排放的情境。在沒有額外限制排放的情形下，將是介於 RCP6.0 和 RCP8.5 的情境。RCP2.6 則代表全球暖化幅度可能維持在比工業革命前的溫度高 2℃以內的情境。

（濃度途徑較差）情境下，21 世紀末台灣的氣溫可能增加 3.0-3.6℃（圖 1）。

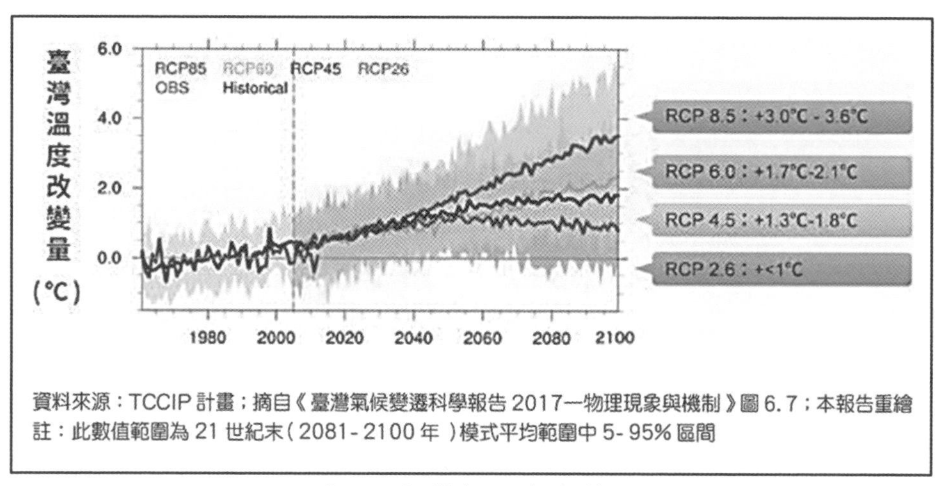

資料來源：TCCIP 計畫；摘自《臺灣氣候變遷科學報告 2017—物理現象與機制》圖 6.7；本報告重繪
註：此數值範圍為 21 世紀末（2081-2100 年）模式平均範圍中 5-95% 區間

圖 1：台灣氣溫未來推估

資料來源：台灣氣候的過去與未來重點摘錄《台灣氣候變遷科學報告——物理現象與機制》

3. 台灣過去百年降雨無明顯變化趨勢（年平均約 2,000mm），但是乾濕季節差異越趨明顯。台灣百年的平均降雨量趨勢變化並不明顯，但是在 1960-2017 年間，枯水年發生次數明顯比前半世紀增加。透過台灣降雨指數（Taiwan Rainfall Index, TRI），可以看到台灣平均降雨量有年代際變遷的趨勢，台灣平均降雨量自 1900 年代開始上升，至 1940 年達到最大值，接下來減少至 1960 年代中期，1960-2000 年間降雨量來回變動，但無明顯的長期變遷趨勢（圖 2）。

單位：mm

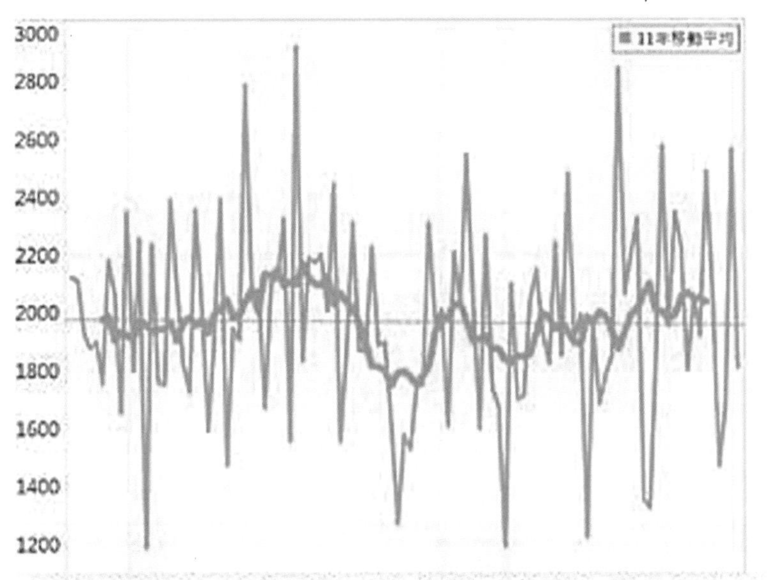

圖 2：台灣年總降雨量

資料來源：台灣氣候的過去與未來重點摘錄《台灣氣候變遷科學報告——物理現象與機制》（參考台灣的降雨變化）

相關氣候推估研究顯示台灣未來降雨量的變化，隨著暖化程度的增加，亦呈現濕季（夏、秋季）降雨增加的特徵。相較於基期（1986-2005 年）的平均降雨量，在 RCP 4.5（濃度途徑中等）情境下，21 世紀末（2081-2100 年）台灣的濕季降雨將增加；在 RCP 8.5（濃度途徑中等）情境下，21 世紀末台灣的濕季降雨將增加 14-20 %。

4. 台灣四季已明顯改變：夏季增長，冬季縮短。

5. 全球與台灣極端高溫發生頻率皆增加，未來極端高溫事件將可能更為嚴重。

6. 台灣未來降雨有兩極化的趨勢，極端多雨與少雨日數皆有增加的趨勢。

7. 未來西北太平洋與侵台颱風個數有減少趨勢，且強颱比例有增加的趨勢。從表 10 得知台灣未來十年之氣候除 2027 年運氣相符外，其餘皆為天行、小逆、及不合之現象與上段文對照之，乃氣候之變遷。

第七節　氣候變遷因應之道

誠如 2018 年 5 月內政部訂頒之《國土計畫》，台灣地區未來正走向乾越乾、濕越濕的極端氣候類型。無論是澇、旱，類似的災害型天氣型態未來發生的機率在增加，且暖化越嚴重明顯。

一、氣候變遷調適策略

1. 水資源領域

指定優先辦理流域治理地區，逐步推動該流域內水資源保育、產業發展、土地使用及其他各領域調適行動。

2. 維生基礎設施領域

（1）檢討公共設施類型並更新基盤設施。全國性維生基礎設施系統應盡量迴避環境敏感地區、加強氣候變遷應變能力、或以最小衝擊方式實施，避免因自然災害衝擊影響全國性公共服務。

（2）地區性維生基礎設施應加速評估轄區內氣候變遷產生的影響，配合發展定位指導、空間發展計畫及環境保護，檢討公共設施之區位、類型及服務功能，逐步更新或轉型公共設施及基盤設施系統。

3. 土地使用領域

（1）增加城鄉發展地區土地使用彈性，使居住及產業發展得以迅速回應氣候變遷引起的社會及市場變遷。

（2）劃設國土功能分區應參考環境敏感地區（資源利用敏感、生態敏感及災害敏感），以因應糧食安全及維護生態多樣性與國土保安。

4. 海岸領域

配合氣候變遷風險及海岸侵淤狀況，調整海岸地區土地使用強度與類型；針對海岸高災害風險地區推動河川及海域綜合性治理方案，減少複合災害發生機會。

5. 能源供給及產業領域

（1）因應氣候及市場變遷與水資源及能源供給的困境，以再生能源及綠能網絡爲基底，加速產業升級及分期分區推動既有產業園區減碳轉型。

（2）加速研擬既有產業用地調適方案，並清查老舊、低度或閒置產業用地，推動產業用地調適之遷移、更新、轉型等整體規劃。

（3）開發計畫迴避自然災害高風險地區或增加衝擊減輕措施，增加該計畫的調節與適應能力。

6. **農業及生物多樣性領域**

（1）指定及建立生態廊道，加速連結各類保護區及開放空間。各級土地使用計畫應規劃整合公私有開放空間並強化綠帶（植生）與藍帶（水域）的連結，提升都市因應極端氣候的調適能力。

（2）推動農漁鄉村地區整體規劃，活化鄉村地區經濟發展，改善公共服務、提升生活環境品質，以及管理農漁村發展所產生的廢棄物與汙水。

（3）加強監測與預警機制並整合科技，提升農林漁牧產業韌性，以維護農業生產資源，確保糧食安全及永續農業；完善自然保護區經營管理、建構長期生態監測體系。

第八節　結論

1. 本文預測（表 10）未來十年台灣之氣候變遷會加劇進行，與學界所推估一致。

2. 2023 癸卯及 2028 戊申，天干戊癸化火之年，易發生流行病，應予注意防範。

3. 氣候變遷對城市之影響是不可否認的，由於城市人口增加、建築密度增加、相對消耗能源也增加[186]。

---

[186] 根據華東師範大學周淑貞學者研究，上海 1875-1979 年共 105 年氣象資料顯示上海比周邊松江平均增加 0.6℃。《上海城市發展對氣候影響》，地理學報，第 38 卷第 4 期，1983 年 12 月，頁 403。

4. 從文獻考證，不乏論證與現實不符，如 2017 年中國醫藥大中獸醫碩士屈家信論文《黃帝內經五運六氣學說與台灣近二十餘年內氣象變化及禽獸疫情相關性探討》一文所言：「根據台灣近 27 年來，遍布於全台包含北、中、南、離島及山區等各地的氣象觀測站，所測得的氣溫累積降雨量以及溼度等數值，無論是以天干太過與不及，與年均溫累積降雨量及年平均溼度等最最高與最低值相比，或者以運氣學說推估狀況與四季的實際氣象表現相比對，或者羅吉斯回歸分析及廣義估計方程等統計學方法加以分析比對，同樣都得到與運氣學說運用天干的陰陽五行屬性所推算出的氣候特色不相符的結果。可得出台灣地區得氣象表現並不符合運氣學說推測結果的結論。」[187]果如是，就是國人行爲[188]導致氣候變遷之結果。

5. 借助氣候之預測以打造韌性城市（Resilient Cities）[189]：回應變化以尋求一新穩定狀態的能力（Response to Changes），並藉由變化保持動態平衡的城市表現（Sustains by Changes）。

6. 根據皇帝外經[190]：陰陽顛倒轉化的規律，「抱神以靜，形將自正」，掌握顛倒之術[191]及陰陽之原（即順應自然）即可化解。荷蘭與水爭地（fight against the water）轉念爲還地於河（room for the water）即爲一例。

---

187 對於天氣預報，只有首先觀察而後根據機理，才能得到結論，而不是根據經年的天干能夠推算。王玉川《運氣探祕》一書，頁 146。

188 例如：增加二氧化碳之排放汙染環境破壞大自然等。

189 〈韌性，城市不任性 I：規劃專業的新思維，從荷蘭經驗談起〉，https://eyesonplace.net/2016/04/13/1697/。

190 張岫峰等編著：皇帝外經，元氣齋，2006 年，頁 28。

191 世人皆以順生，不知順之也有死（如強壯之人不知保身而弱）；皆曰逆死，不知逆之有生（如弱者積極治療）。

參考文獻

1. 楊力《中醫運氣學》，北京科學技術出版社，2018年1月第2版。其中第 23 章〈運氣病因學對溫病、流行病及愛滋病的重大啓示〉、第31章〈運氣氣象學的重大價値〉、第35章《運氣災害學》對本文深具啓發。
2. 屈家信《黃帝內經五運六氣學說與台灣近二十餘年內氣象變化及禽獸疫情相關性探討》，2017年中國醫藥大中獸醫碩士論文。
3. 黃國材《黃帝內經五運六氣學研究》，華梵大學東方人文思想研究所，2000年碩士論文。
4. 裘正《五運六氣探討》，政大哲學系，1995年碩士論文。
5. 王玉川《運氣探秘》，華夏出版社，1993年1月。
6. 李詔堯《黃帝內經氣化宇宙論思想研究》，輔大哲學系博士論文，2008年7月。
7. 〈劉完素應用五運六氣病機學說〉，http://www.uncma.com.tw/~htcma/2c/journal2/P20.htm。
8. 傅迎「五運六氣基礎知識學習（1-6講）」，YouTube。
9. 周淑貞《上海城市發展對氣候影響》，地理學報，第38卷第4期，1983年12月。
10. 明・樓英〈運氣占侯〉載於「醫學綱」，https://ctext.org/wiki.pl?if=gb&res=666636。

第二十五章　祝由科對治療城市居民心理疾病功能之探究

Postscript-the Study of Function of Zhuyoushu on Treatment to Mental Illness for Citizen

摘要

作爲本書以中醫理論爲城市管理理論體系的最後一章，探討久已失傳但現在民間仍有留傳攘病工具——祝由十三科。本文共分十節。第一節前言，說明祝由源頭。第二節何謂祝由。第三節祝由符圖初探。第四節祝由咒法初探。第五節籤詩。第六節信息醫學。第七節能量醫學。第八節圖騰醫學。第九節辟穀。第十節結論。

關鍵詞：祝由十三科、移精變氣、符咒、辟穀

第一節　前言

中醫自元代始，太醫院分爲十三科，至明隆慶年間改爲十一科（1261-1571）。

元代十三科爲：大方脈、雜醫、小方脈、風、產、眼、口齒、咽喉、正骨、金瘡腫、針灸、祝由、禁。

明代十三科爲：大方脈、小方脈、婦人、瘡瘍、針灸、眼、口齒、咽喉、傷寒、接骨、金鏃、按摩、祝由。

1571 年，明代的十三科改爲十一科，增設了痘疹科，改瘡瘍爲外科，接骨爲正骨，去金鏃、祝由與按摩等科[192]。

然而，祝由扮演何種角色？有何貢獻？爲何式微？祝由扮演移精變氣精神醫療角色，對精神疾病有一定療效。因爲明代官方取消第十三科但民間仍保留。

第二節　何謂祝由

一、祝由科的形式[193]

源自《黃帝內經・素問》〈移精變氣論篇〉，其文云：「黃帝問曰：余聞古之治病，惟其移精變氣，可祝由而已。今世治病，毒藥治其內，鍼石治其外，或愈或不愈，何也？岐伯對曰：往古人居禽獸之間，動作以避寒，陰居以避暑，內無眷慕之累，外無伸宦之形，此恬惔之世，邪不能深入也。故毒藥不能治其內，鍼石不能治其外，故可移精祝由而已。當今之世不然，憂患緣其內，苦形傷其外，又失四時之從，逆寒暑之宜，賊風數至，虛邪朝夕，內至五臟骨髓，外傷空竅肌膚，所以小病必甚，大病必死，故祝由不能已也。帝曰：善。」

現在知道的世間流傳的祝由科，就是利用禱告、祝咒的方法治病。舉行祝由科儀式所用的工具稱之爲法器，法器計有鹽米、斧

192 十三科，百度百科：https://baike.baidu.com/item/%E5%8D%81%E4%B8%89%E7%A7%91/60477。
193 〈半失傳的中醫第十三科-祝由，神祕的古巫醫文化！〉，https://kknews.cc/culture/vkl5rrq.html。

頭、鈴、茅草、米篩、符……等。

法師行法前，要有一定的儀式，要設香案奉仙茶鮮花香爐燭台及淨水鍾，拜軒轅老祖、拜太上老君，方桌上供符籙、紙、筆、朱硯、淨水。燒香、畫符、念咒……。

祝由科的承傳與使用講究「五要十戒」，奉軒轅黃帝爲始祖，認爲自己是世間道。下面是「五要十戒」的內容：

1. **五要**：（1）要明白藥性。（2）要略知藥理。（3）要審察病狀。（4）要心靈眼快。（5）要記憶強固。

2. **十戒**：（1）戒貪財無厭。（2）戒遲疑不決。（3）戒鹵莽從事。（4）戒假公濟私。（5）戒褻瀆三光（三光者，日、月、星）。（6）戒無故殺生。（7）戒好色酗酒。（8）戒鋪張揚厲。（9）戒朋比爲奸。（10）戒濫收學徒。

二、祝由原理[194]

1. 祝由的概念

祝由之法，即包括中草藥在內的，借符咒禁禳來治療疾病的一種方法。「祝」者咒也，「由」者病的原由也。「祝由」的概念很廣，包括禁法、咒法、祝法、符法，以及暗示療法、心理療法、催眠療法、音樂療法等，並非僅僅祝其病由而愈其病。有些病原因已明，可是祝之不愈，這說明祝法不起作用，就要改用禁法，或符法，或

194 〈祝由十三科原理探析〉，https://blog.xuite.net/hzj20122/twblog/143456894-%E7%A5%9D%E7%94%B1%E5%8D%81%E4%B8%89%E7%A7%91%E5%8E%9F%E7%90%86%E6%8E%A2%E6%9E%90。

配合藥物治療。

2. 祝由的治病的原理

人食天地之氣以生，內傷於喜怒憂思悲恐驚七情，外傷於風寒暑濕燥火六淫所以生病。然而，黃帝曰：「其無所遇邪氣，又無怵惕之所志，卒然而病者，其何致？」可見古人很早就認識到，除了七情、六淫外，還有尚未被認識的治病因素，那就是「鬼神致病說」，所謂鬼神致病，其實是一種心理因素所致的疾病，鬼神是不存在的。古人云：「吾心無鬼，鬼何以侵之，吾心無邪，邪何以擾之，吾心無魔，魔何以襲之。」故鬼神致病皆由心生。祝由治療疾病的病因大多是心理不健全，故七情、六淫相乘而襲之。有很多種病，是間接由心理因素所致，所以其源在於心。《素問・湯液醪醴論》云：「精神不進，志意不治，故病不可愈。」精神不好沒求生意志病是治不好的，反之人的精神好了，意志力強了，病也更容易好。[195]

「祝由」治療腫瘤是大家公認的，但也局限在心理所致的腫瘤，而並非所有的腫瘤都可以治。有很多器質性病變也是由心理因素所致。所以，這些器官或組織產生的病變祝由亦可治。從氣功的角度講，人體患病無非是心病和身病。心病是祝由治療的範圍，部分身病也屬於祝由治療的範圍，但祝由並非包治一切「心病」，要理解到祝由僅僅是醫學的補充，不是治病的唯一手段。隨著科學技術的不斷發展，有很多種病，已經攻克，但有些病仍未找到合適的治療方法，這也是祝由科流傳幾千年仍未滅絕的原因。歸納之，其機理：（1）以法勝法[196]。（2）避邪。（3）解惑安神。

---

[195] 原文網址：https://kknews.cc/health/333j833.html。

[196] 壓勝法：道教中也時常用厭勝的鎮物來鎮壓「邪魔」，保護生靈不受損害。鎮屋的虎爪、狼頭、門上貼的鐘馗畫像或門神保護全家老小平安。古代貼在門上的桃符就更具代表意義了。

3. 練功與祝由治病療效

祝由治病不用藥或少用藥，而主用祝由師的意念、符咒產生的場來治療各種疾病，因此祝由科對祝由醫師要求很高、很嚴，有很多戒律必需遵守。這些要求實際上就是現代氣功訓練的要求[197]。祝由要求祝由醫師清淨齋戒百日，目的是使內心平靜，心無雜念，意念專一，以達到祝由場純正，沒有邪念濁氣干擾，以提高療效。氣功師較佳的功態就是祝由醫師治病的先決條件，只須看一看，就可以手到病除，咒出病癒，符進病出。祝由醫師必須練氣功來提高自己的人體場，才能借助咒語，符圖使大自然的能量沖射病變部位，排出病邪、濁氣，補充元氣，疏通經絡，調和臟腑功能。沒有相當的氣功底子，用祝由「畫符唸咒」爲人治病，無疑是騙人的。學習祝由法必須練氣功，可以任選合適的功法。以前有功夫底子的可以堅持練以前的功法，尚未學習者或發放外氣不明顯者，就應該練習下面的《祝由氣功醫師速成法》:

坐站均可。兩掌心相對，上下隔開三五厘米，指尖相反。二目垂簾，內視掌中，仔細體察雙掌感應。雙掌輕鬆地緩慢地作磨盤式對稱轉動，幾秒種或幾分鐘後，會有氣的感覺。能否達到速效，關鍵在於是否能將全身放鬆，並將意念集中於掌上仔細體會，有氣感時，進一步體會有無排斥力或吸引力，反覆練此動作 108 次。當練到一定程度時，好像自己全身任督二脈也在開合，直到每一個毛孔（細胞）都在開合，在呼吸，在交換，在代謝，把大自然的清氣、宇宙場收入人體，排出體內的廢物。反覆訓練增強功力，有利於以後運用符圖咒語時手到病除，意到病出，氣到病癒。以上這些訓練動作不但調整自身的生物場，也可調動宇宙場（包括祝由先師們的高能信息物質）進入人體，使氣貫注於指端，直達筆毫，深透墨紙

---

[197] 祝由師訓練要精 7749 天戒齋完成後要過火及刀山。

之中，或以指代筆書符咒於病灶之上。

4. 對祝由醫師的要求

（1）心正無邪，功德高尚，醫風正派，不圖名不圖利。

（2）操作時應全身放鬆，處於氣功狀態，或站或坐，要身體端正。心無雜念，目不旁視。

（3）操作過程應盡量簡單，不要帶有神祕色彩或封建迷信動作，要靈活變通，讓人易於接受。

（4）應懂得中醫基礎理論和一般內科學、解剖學，以便準確地診斷，治療疾病。

5. 對病員的要求

（1）不信氣功，不信祝由者，懷疑祝由醫師和氣功師者不治，勉強者效果亦不理想。

（2）重病，外傷嚴重者，晚期擴散性癌症、遺傳性疾病、心臟病急性發作者，精神病患者不宜治，以免貽誤。

（3）患者全身放鬆，便於調理和溝通信息，尋找病灶，或暴露病灶。

（4）辯證施法，若長期無效，則不要執著，應變通法術，再無效，請轉中醫醫院治療，以免延誤。

6. 祝由科禁法初探

禁者即禁止、防止氾濫發展、控制之意。禁法是以咒語產生的能量、次聲波來限制疾病的發生發展，抑制病灶，使病灶逐漸縮小，直至消失。現代醫學也是這個原理。如抗菌素不是直接殺死細菌，而是抑制病菌生長，久而久之病菌就會死亡，這也是西醫藥的禁法。祝由科中禁法即是祝由醫師用自己良性生物場抑制控制疾病的發生發展，使病灶逐漸消退病癒。

第三節　祝由符圖初探

祝由科的內容極爲豐富，在古時候，在缺醫少藥的環境中，以圖示意，以咒代藥，以符接通信息是最簡單的醫療保健方法。這是古人發現的一種人與宇宙相溝通的能量符號，掌握了這種神祕的能量符號，就可以定向調動宇宙場，爲人類身心健康服務。符圖的主要特點：

1. 有很多是以象形文字構成。

2. 以文字中的篆體構圖。

3. 以疾病的部位、病性構圖如脾胃、水濕病圖中多用「土」字形，心臟、肝臟、肺臟病圖形符中多「火」字形，因爲「土」能生脾胃，可以克水；「火」能溫煦心臟，可以克金，與中醫的五行取類比像有很大關係。

4. 以「鬼」字居多，以「鬼」招「鬼」，即俗話說的「鬼使神差」，其實都是人的意識思維活動。

5. 這些符圖構造滲透、儲存、連接了古代高功夫師、醫學家的高能信息，是宇宙中的物體能量符號，是人與宇宙能量交換的開關。

6. 符圖中呈圈狀、點狀、線條狀、直線、豎線、S 線、口字等，這些都是宇宙能量的符號，「同氣相求」，開關一打開，宇宙能量就會定目標的射入患者病灶。

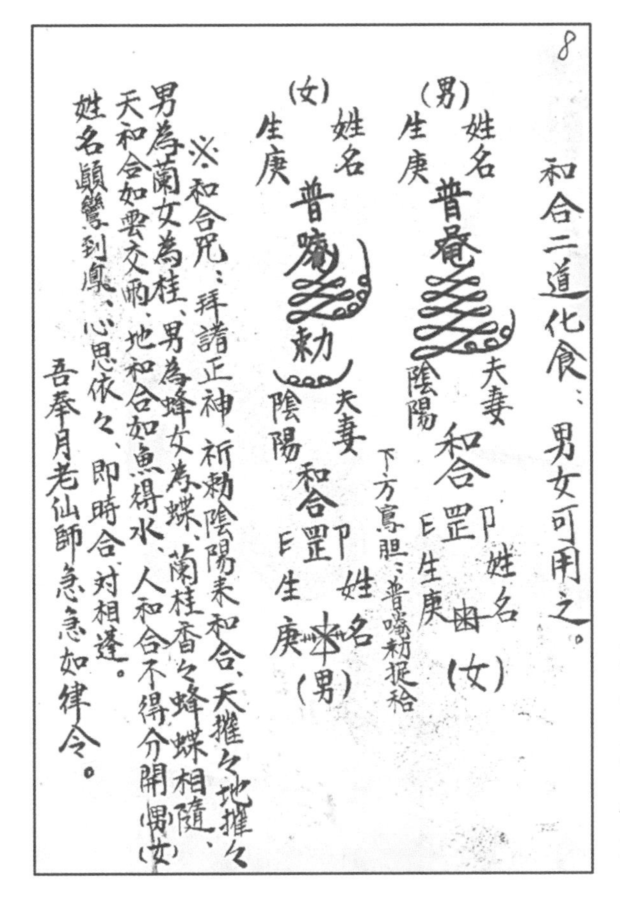

8

和合二道化食：男女可用之。

(男) 姓名 生庚 夫妻 陰陽 和合 姓名 生庚 (女)

(女) 姓名 生庚 夫妻 陰陽 和合 姓名 生庚 (男)

※和合咒：拜請正神、祈勅陰陽来和合、天推々地推々
男為蘭女為桂、男為蜂女為蝶、蘭桂香々蜂蝶相隨、
天和合如雲交雨、地和合如魚得水、人和合不得分開(男)(女)
姓名顛鸞到鳳、心思依々、即時合、対相逢。
吾奉月老仙師急急如律令。

圖 1：和合符
資料來源：阮俊能《中國法術：祕術精華》，滿庭芳出版社，台北，1987 年 3 月。頁 8

第四節　祝由咒法初探

祝者咒也，詛咒就是說最不好聽的話，發出的信息也最不好，可以干擾一個人的場，場受到干擾，大腦就易於失控。所以說咒語威力是相當大的，是最神祕的。祝由醫師要用咒語詛咒病魔，將病魔趕出人體，咒語是具有攻擊性，驅散性的。咒語是練功人練到一定程度時，所發出的特定聲音，這些聲音，以次聲波爲多，對人體可以產生共振，共振效果好就可以達到治療效果。剛開始可以按照特音（咒語）來治病，熟練後，能量高了，就不要特音了（咒語好比枴杖，可以丟掉枴杖），而隨便講的話，講的任何語言都可以治療疾病。但語言必須是良性的，不要有邪念和惡意或病變意念。

第五節　籤詩

一、籤詩意涵

籤詩本文也把它納入符咒科之一。籤詩在現代居民生活中亦占有影響人們心理因素之一。本文借助台北關帝廟行天宮之 100 張籤詩（圖 2），做交叉分析。

籤詩起源於漢代預立吉凶的一種學問。自唐代末年以降，逐漸發展爲廟宇將詩句刻在籤條上，讓信徒禱告後，抽取的型態[198]。

籤詩大抵分爲三種：1. 運籤。2. 年籤。3. 藥籤。

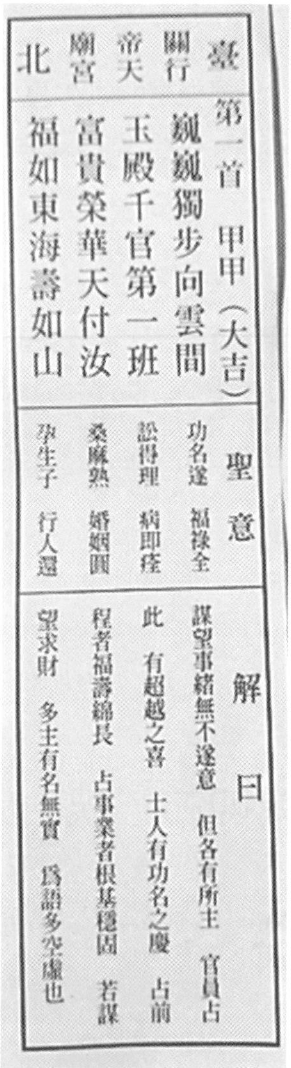

臺北 關帝廟 行天宮

第一首 甲甲（大吉）

巍巍獨步向雲間
玉殿千官第一班
富貴榮華天付汝
福如東海壽如山

聖意

功名遂 福祿全
訟得理 病即痊
桑麻熟 婚姻圓
孕生子 行人還

解曰

謀望事緒無不遂意 但各有所主 官員占此 有超越之喜 士人有功名之慶 占前程者福壽綿長 占事業者根基穩固 若謀望求財 多主有名無實 爲語多空虛也

圖 2：台北關帝廟行天宮籤詩

198 www.countryroad.tw › agri › article_inner。

依據恩主公廟的解釋[199]：「籤」字形似「懺」，當抽到歹籤時，要領悟這是恩主公對我們的慈悲指引，能問心自省，懺悔往日的過錯，即使再小的惡念也不能有，再小的惡事也不能去做；而當抽到好籤時，也不能沾沾自喜，應持續將良心善性落實在生活中。縱使再微小的好事，也要把握時機去做。相信我們諄尋恩主公籤詩的指引時，懺悔改過，修善積德，將能化解眼前的迷惘，開啓轉運的契機，讓未來的人生更加安樂。

二、實證分析

表1即是100個籤依吉凶分爲上吉、中平、下凶。每張有七個子項（功名、財利、疾病、婚姻、訴訟、有子、行人）之配分：1爲吉，0爲凶。

三、小結

1. 吉凶，呈山形，吉33平48凶29（圖3）。

2. 吉凶尺度，呈U型（圖4）。10分占21、9分占7、8分占9、7分占5、6分占4、5分占8、4分占11、3分占7、2分占10、1分占18。

3. 分項論：（1）功名100個占45個。（2）財利占47個。（3）疾病占54個。（4）婚姻占48個。（5）有子占46個。（6）訴訟占55個。（7）行人占48個。

[199] 玄空師父開示路，第四十七講。

表 1：行天宮籤詩分析

	行天宮籤詩分析	2019.10.3							
編號	吉凶	功名	財利	疾病	婚姻	訴訟	有子	行人	小計
1	3	1	1	1	1	1	1	1	10
2	3	1	1	1	1	0	0	0	7
3	2	1	1	1	0	0	0	0	5
4	1	0	0	0	0	0	0	0	1
5	2	0	0	1	0	1	0	1	5
6	1	0	0	0	0	0	0	0	1
7	3	1	1	1	1	1	1	1	10
8	3	1	1	1	1	1	1	1	10
9	3	1	1	1	1	1	1	1	10
10	1	0	0	0	0	0	0	0	1
11	1	0	0	0	0	0	0	0	1
12	2	0	0	1	0	1	1	1	6
13	3	1	1	1	0	1	0	1	8
14	1	0	0	0	0	0	0	0	1
15	2	0	0	0	0	0	0	0	2
16	1	0	0	0	0	0	0	1	2
17	1	0	0	0	0	0	0	0	1
18	2	1	1	0	0	0	0	0	4
19	3	1	1	1	1	1	1	1	10
20	1	0	0	0	0	0	0	0	1
21	1	0	0	0	0	1	0	0	2
22	3	1	1	1	1	1	1	1	10
23	1	0	0	0	0	0	0	0	1
24	2	1	1	0	1	1	0	0	6
25	2	1	1	0	1	1	1	1	8
26	2	1	1	1	1	1	0	1	8
27	2	1	1	0	0	0	0	0	4
28	3	1	1	1	0	1	0	1	8
29	3	1	1	1	1	1	1	1	10
30	2	0	1	0	0	1	0	0	4
31	2	1	1	1	1	1	0	1	8
32	1	0	0	0	0	0	0	0	1
33	2	0	0	0	0	0	0	0	2
34	2	0	1	1	0	1	0	0	5
35	1	0	0	0	0	0	0	0	1
36	3	1	1	1	1	1	1	0	9
37	2	1	0	1	1	1	0	1	7
38	1	0	0	0	0	0	0	0	1
39	1	0	0	0	0	0	0	0	1
40	3	1	1	1	1	1	1	1	10
41	3	0	0	1	1	1	0	1	7
42	2	0	0	0	0	0	0	0	2
43	2	1	1	0	0	0	0	1	5
44	2	1	1	0	0	0	0	1	5
45	2	0	0	1	1	1	1	1	7
46	2	0	0	0	0	0	0	0	2
47	2	0	0	0	0	0	0	0	2
48	2	0	0	1	0	1	0	0	4
49	1	0	0	0	0	0	0	0	1
50	3	1	1	1	1	1	1	1	10

48	2	0	0	1	0	1	0	0	4
49	1	0	0	0	0	0	0	0	1
50	3	1	1	1	1	1	1	1	10
51	3	1	1	1	1	1	1	1	10
52	3	1	1	1	1	1	1	1	10
53	1	0	0	0	0	0	0	0	1
54	2	0	0	0	0	0	0	0	2
55	2	0	0	1	1	1	1	1	7
56	1	0	0	0	0	0	0	1	2
57	2	0	1	1	1	1	1	1	8
58	3	1	1	1	1	1	1	1	10
59	2	0	0	1	1	0	1	0	5
60	3	1	1	1	1	1	1	1	10
61	2	1	1	1	1	1	1	1	9
62	2	1	1	1	1	1	1	1	9
63	2	1	1	1	1	1	1	1	9
64	3	1	1	1	1	1	1	1	10
65	3	1	1	1	1	1	1	1	10
66	3	1	1	1	1	1	1	1	10
67	2	1	0	0	0	1	0	0	4
68	2	1	0	1	1	1	1	1	8
69	2	0	0	0	0	0	0	1	3
70	2	0	0	1	0	1	0	0	4
71	2	1	0	0	1	1	1	0	6
72	1	0	0	0	0	0	0	0	1
73	1	0	0	0	0	0	0	0	1
74	3	1	1	1	0	1	1	1	9
75	2	0	1	1	1	1	1	1	8
76	2	0	1	1	0	1	0	0	5
77	1	0	0	0	0	0	0	0	1
78	1	0	0	0	1	0	1	0	3
79	2	1	1	0	0	0	0	1	5
80	2	0	0	1	0	1	0	0	4
81	2	0	0	1	0	0	0	0	3
82	3	1	1	1	1	1	1	1	10
83	1	0	0	0	0	0	0	0	1
84	2	0	0	0	1	0	0	1	4
85	2	0	0	0	0	0	0	1	3
86	3	0	1	1	1	1	1	1	9
87	2	0	0	0	1	0	1	0	4
88	3	1	1	1	1	1	1	1	10
89	2	0	0	1	1	1	1	0	6
90	2	0	0	1	0	1	0	0	4
91	2	0	0	1	0	0	0	0	3
92	1	0	0	0	1	0	1	0	3
93	2	0	0	0	1	0	1	0	4
94	2	0	0	0	0	1	0	0	3
95	2	0	0	0	0	0	0	0	2
96	3	1	1	1	1	1	1	0	9
97	3	1	1	1	1	1	1	1	10
98	2	1	1	1	1	1	1	0	8
99	3	1	1	1	1	1	1	1	10
100	3	1	1	1	1	1	1	1	10
c合計	100	45	47	54	51	53	46	48	547
說明:	1.福禍互根2.不可躁進3.見機行4.修德至寶5.				知足常樂	6.選用合	7.點燈添油		
資料來源:關帝廟台北行天宮籤詩　本研究統計 (2019.10.10)									

97	3	1	1	1	1	1	1	1	10
98	2	1	1	1	1	1	1	0	8
99	3	1	1	1	1	1	1	1	10
100	3	1	1	1	1	1	1	1	10
c合計	100	45	47	54	51	53	46	48	547
說明:	1.福禍互根2.不可躁進3.見機行4.修德至寶5.				知足常樂	6.選用合	7.點燈添油		
資料來源:關帝廟台北行天宮籤詩　本研究統計 (2019.10.10)									

表 2：吉凶分析

吉凶	小計
1	23
2	48
3	29
合計	100

資料來源：依表 1 製作

表 3：吉凶尺度統計

積分	小計
1	18
2	10
3	7
4	11
5	8
6	4
7	5
8	9
9	7
10	21
合計	100

資料來源：依表 1 製作

第六節　生物能信息醫學[200]

依崔玖教授解釋，宇宙是由波與粒子組成。當身體各部分功能互動時，包括細胞與細胞、器官與器官、個體與個體之間或個體與環境互動時，之間的信息傳遞會以波的共振來顯示，這種波是發自生物體內不同器官系統，不同的細胞組織所形成的電磁場。而任何一個原子，中子與質子只是中間的原子核，電子在旁邊跑，每一個東西的不同能量是因爲電子跑的圈數越多，釋放的能量越大。簡單地說，「每個器官有自己的物理場（電磁場），彼此的互動就是我們說的氣，氣流的方向也就是經絡系統，這都是生物能場。」

崔玖認爲，生物能（Life being）信息醫學可以提供早期診斷，進而全面治療。[201]先對病患做基本的健康檢查，量身高、體重、血壓、脈搏、尿液、血液檢查。再請患者手握銅棒，腳踏銅板，連接在穴檢儀正負兩極，測量患者各特定穴位，總共 40 個點，然後透過電腦記錄。根據崔玖的說法，這可以測出包括肝、心、肺、腸、胃等全身各處的功能現況，甚至比對出細菌數、黴菌數、血濃度、胰導素、體內農藥殘留或輻射量，或子宮頸內膜異位等病理檢查。當數字偏離標準值，表示身體某個地方的功能失衡。

---

200 〈發現生物能的治療力量〉，
https://www.commonhealth.com.tw/article/article.action?nid=64292。

201 〈發現生物能的治療力量〉，
https://www.commonhealth.com.tw/article/article.action?nid=64292。

第七節　能量醫學

我們身體有各種的「能」（音光電熱磁）依靠量來平衡。西方醫學將人當成是一個生物機器，注重的是生理及生物化學方面的問題，著重的是診斷及治療疾病。能量醫學（Energetics）認爲人是個動態的能量系統，著重的是測知能量系統何處受到干擾，如何去除干擾，讓能量流暢無礙，只要能量系統正常運作，疾病自然消除。其他替代醫療有大部分治療結果也是調控了能量系統，跟能量醫學其實是相通的[202]。增加能量方法：多吃素食加強正向意念[203]。

第八節　圖騰醫學——現代的心理學

圖騰（Totem）一詞最早見於 1791 年在倫敦出版的英國商人人類學家龍格所著的《一個印第安譯員兼商人的航海探險》一書中。圖騰廣泛存在於世界各地，包括埃及、希臘、阿拉伯地區、以色列、日本及中國等。圖騰崇拜的對象極爲廣泛，由動植物、非生物及自然現象，其中以動植物爲主，動物又占絕大多數[204]。

圖騰作爲一種思想意識或文化形象，不僅古代有，現今社會也依然存在。現在世界各民族與國家幾乎都有自己的民族圖騰，如：中國的龍、日本的櫻花、韓國跟朝鮮的木槿、蒙古的蒼狼白鹿、新

---

202 〈能量醫學介紹〉，錄於健康醫療資訊網，台大李嘉哲醫師的介紹：https://vitabuty.com/introduction-of-energy-medicine-and-alternative-health-care/。

203 〈採訪能量醫學——馬方傑醫師〉，https://cupid1127.pixnet.net/blog/post/26378429。

204 〈圖騰的起源及其文化意義〉，https://kknews.cc/culture/4pvkmog.html。

加坡的獅子、馬來西亞的馬來虎等[205]。北美洲的辛尼加部落以狼、熊、龜、海狸、鹿、鶴、鷺、鷹八種動物爲圖騰；澳大利亞的卡米拉羅依部落分爲六個氏族，六個民族又分爲二部，一部以且晰、袋鼠、食鼠爲圖騰；一部以游鵡、袋狸、黑蛇爲圖騰；南非洲的只川那人分爲姗族、焦族、猴族、水牛族、象族、豪豬、獅族、藤族等八個圖騰氏族。我國古籍中有關三代以前的圖騰不勝繁舉，其較可信據者，如左昭十七年傳鄭子所述：「昔者黃帝氏以雲紀，炎帝氏以火紀，共工氏以水紀等[206]。」

圖騰的第二個意思是「標誌」。就是說它還要起到某種標誌作用。在原始社會中起著重要的作用，它是最早的社會組織標誌和象徵。它具有團結群體、密切血緣關係、維繫社會組織和互相區別的職能。同時通過圖騰標誌，得到圖騰的認同，受到圖騰的保護。圖騰標誌最典型的就是圖騰柱，在印第安人的村落中，多立有圖騰柱，在中國東南沿海考古中，也發現有鳥圖騰柱。浙江紹興出土一戰國時古越人銅質房屋模型，屋頂立一圖騰柱，柱頂塑一大尾鳩。故宮索倫杆頂立一神鳥，古代朝鮮族每一村落村口都立一鳥杆，這都是圖騰柱的演變而來[207]。

圖騰的第三個作用是「移精變氣」，紓解人的心情、化解困惑、攘病的工具。

圖騰治病原理：1. 假設一個人像一隻鳥。2. 圖騰像一個籠子。3. 當二者旋轉互動時，鳥便在籠中了（圖 3、4、5）。

205 〈早期的人類為什麼會有「圖騰崇拜」〉，https://kknews.cc/culture/4mkroo3.html。

206 〈圖騰的起源及其文化意義〉，https://kknews.cc/culture/4pvkmog.html。

207 原文網址：https://kknews.cc/culture/4pvkmog.html。

圖 3：鳥/資料來源：本研究

圖 4：鳥籠/資料來源：本研究

圖 5：籠中鳥/資料來源：本研究

澳洲土著社會由圖騰崇拜所取代，通常是一種動物或植物。它與整個氏族有奇特關係。弗洛依德（Sigmund Freud）[208]說：「在闡明圖騰的精神分析問題上，研究只能說這些。但是就其本質而言，它們與德國哲學家康德所說『絕對命令』（Absolute Command）相差無幾。」

李登元老師一筆畫帶有圖騰功能。

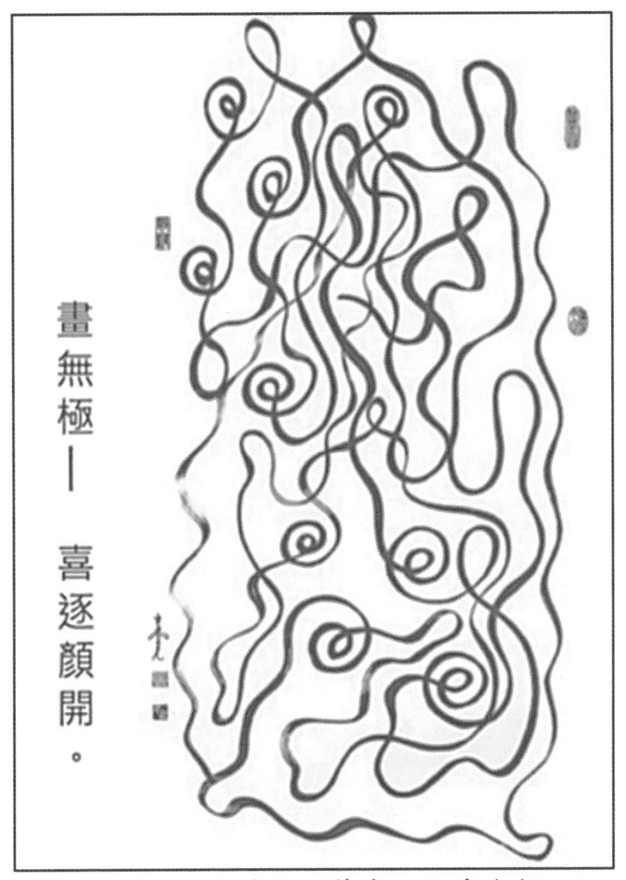

圖 6：李登元一筆畫——畫無極

資料來源：無極會館，著者提供 2019.10.24

---

208 參見中譯本：邵迎生等譯《圖騰與禁忌》Portico Publishing，2007 年，頁 33。

第九節　辟穀[209]

古人常用養生方式，起於先秦，大約與行氣術同時。集秦漢前禮儀論著的《大戴禮記・易本命》說：「食肉者勇敢而悍，食穀者智慧而巧，食氣者神明而壽，不食者不死而神。」是爲辟穀術最早的理論根據。《淮南子・地形》也有類似的記載。而《人間》還載有實例，如記述春秋時魯國人單豹避世居深山，喝溪水，「不衣絲麻，不食五穀，行年七十，猶有童子之顏色。」是爲史籍所載最早之辟穀實踐者。1973 年長沙馬王堆漢墓出土的帛書中有《去（卻）穀食氣篇》，則是現存漢前辟穀服氣術最早的著作。有云：「去（卻）穀者食石韋。……首重、足輕、體軫，則昫（呴）炊（吹）之，視利止。」意謂初行辟穀時往往產生頭重腳輕四肢力的飢餓現象，須用「吹呴」食氣法加以克服。這裡將辟穀與行氣聯在一起，和《莊子・刻意》將行氣與導引聯在一起一樣，似皆表明此三術在先秦時最初存在的狀態，即表明它們之出現是大體同時的。

其功能：1. 除穢。2. 減肥。3. 交換氣體。4. 練氣。

不宜施行避穀之人[210]：1. 患有精神病或有病史以及有家族精神病史者。2. 嚴重神經官能症患者以及嚴重憂鬱症患者，癔症患者。3. 嚴重心臟病患者。4. 臟器動過移植手術者，惡性病變晚期、身體極度衰弱者。5. 身體嚴重瘦弱——僅剩皮包骨頭者。6. 年齡過大（超過 80 歲且體質不好）。7. 年齡過小（處於身體生長發育高峰期）、身體特別差的人。8. 消化系統有特別嚴重潰瘍病患者。9. 內臟經常出血者。10. 心志不堅、性格多疑且不相信者。

好處：1. 通過辟穀，人們可以讓從來沒有享受過休息待遇的胃腸系統得到休息。2. 清理身體宿便及毒素。3. 優化血液系統。4. 自

---

[209] 辟穀，百度百科：https://baike.baidu.com/item/%E9%81%BF%E8%B0%B7。

[210] 盛紫玫《都市人的避穀養生》第 12 章：https://m.wfxs.tw/xs-969646/du-89379275/1.html。

動調整五臟六腑。5. 腦部得到休養。6. 激發身體潛力。7. 激活生命潛能。8. 增加對情緒調控力。

辟穀方法：1. 換食，非五穀換五穀。2. 減餐，三餐變二餐。3. 喝水吃蔬果。4. 挨餓階段。5. 服氣（也叫呑氣）[211]，是指通過呑氣來填實、填充胃腹的虛空，並解決飢餓感問題。6. 恢復（3-7 天）。辟穀方式，也可透過他人被動式。

第十節　結論

1. 吳崑，《黃帝內經素問吳注》：「移易精神，變化藏氣，如悲勝怒，恐勝喜，怒勝思，喜勝悲，思勝恐，導引營衛，皆其事也。凡人用情失中，五志偏僻，則精神併于一藏，爲亢爲害而病生矣。如怒則氣上，恐則氣下，喜則氣緩，悲則氣耗，思則氣結，是爲氣病而生。說疾占之，治者明見其情，爲之祝說病由，言志有所偏，則氣有所病，治以所勝，和以所生，移易精神，變化藏氣，導引營衛，歸之平調而已。」[212]

---

[211] 呑服氣方式：全身放鬆，坐、站、臥均可。張大嘴巴，像喝水一樣，喝入一大口，然後呑到胃裡。呑的時候，要像呑咽東西似的，並且，最好能呑出下咽的響聲，「咕嚕」一聲。就這樣，連續呑幾次，次數不限，呑到有飽脹感為止。注意：呑氣時，不要太快！盡量舒緩一些，輕鬆一些，不要憋氣，盡量自然。呑服氣時間：呑氣時間有兩種，一種是定時呑氣，另一種是應時呑氣。定時呑氣：在辟穀期間，每天早晨呑一次，中午呑一次，晚飯時候呑一次，睡前呑一次；應時呑氣：所謂應時呑氣，有飢餓感的時候呑氣，呑飽了就行。隨時飢餓隨時呑氣，有需求，就滿足！呑服氣環境：首選，空氣清新，迎着東方的日出，呑入生機勃勃的東方升騰之氣；次選，一般空氣清新之地即可；再次，家裡空氣最好的房間。資料來源：同前註。

[212] 吳崑《黃帝內經素問吳注》（明萬曆刻本），卷四，〈移精變氣論篇第十三〉，頁 42-43。

2. 《聖濟總錄》:「上古移精變氣，祝由而已。蓋其俗淳，其性朴，其病微。至誠不二，推病由而祝之，以通神明。故精可移而氣可變也。」[213]

3. 就「非宗教」的方式（心理學或精神醫學）合理化其存在的價值或療效，也可以從傳統學者的論述及現代學者的研究中祝又之法找到共鳴[214]。

4. 城市居民若有本文上述之輔助方法，相信在心理上可得舒解，身體亦得健康，對延壽亦有助也。

5. 明代憨山大師醒世歌[215]可供我人學習憨。(如附錄)

參考文獻

1. 林富士《「祝由」釋義：以「黃帝內經・素問」爲核心文本的討論》，中央研究院歷史語言研究所集刊，第八十三本，第四分，出版日期：2012 年 12 月。
2. 許焯《祝由科（乾）康熙十三年御纂十三科》，乾隆六年印。
3. 阮俊能《中國法術：祕術精華》，滿庭芳出版社，台北，1987 年 3 月。

---

213 《聖濟總錄》卷一九五，〈符禁門・符禁門統論〉，頁 9 下-10 上。

214 林富士《「祝由」釋義：以「黃帝內經・素問」為核心文本的討論》，中央研究院歷史語言研究所集刊，第八十三本，第四分，出版日期：2012 年 12 月，頁 706。

215 憨山德清（1546 年 11 月 5 日－1623 年 1 月 15 日），俗姓蔡，字澄印，號憨山，法號德清，謚弘覺禪師，南直全椒（今屬安徽）人，明朝佛教比丘，傳承臨濟宗，為明代禪宗復興的重要人物，與紫柏真可是至交，為明末蓮柏椒蕅四大高僧之一。

4. 盛紫玫《都市人的避穀養生》，中央編譯局，北京，2015 年 5 月。
5. 魯儀《民間醫學視角下的清代祝由術研究》，南京信息工程大學碩士，2017 年。
6. 邵迎生等譯《弗洛依德：圖騰與禁忌》（Sigmund Freud），Portico Publishing，2007 年。

附錄：一個加油工的奮鬥史——李淳一

一、童年生涯（1944-1965）：小學、初高中及服役

職姓李名淳一，1944 年 12 月 1 日生於台北市，性質樸。世居台北橋，後移居士林、北投、三重。祖父爲鑿井工。父親爲電匠，於 2002 年過世，母作縫紉工於 2000 年過世。職居長，下有弟二，妹四、均已成長分家自居。職育一子一女亦均結婚且長女生一女，次男生二男皆尙在就學。

小學就讀大橋國小成績皆名列前茅，初中及高中就讀省立北商（今國立台北商業大學）在校珠算一級，喜足球並爲校隊隊長。畢業後在台大農學院當助理協助甘俊二教授田間試驗。1963.10 奉召入伍爲陸軍通信兵下士，1965.10 退役，曾在日立公司電視機工廠當會計，後考入中油公司當業務工（加油工）。

二、加油工生涯——十年磨一劍（1966-1976）：夜間部及研究所

擔任加油站業務工期間深感學有不足。於是半工半讀完文化大學市政系五年夜間部大學課業。畢業後有感學不足於是報考政治研究所市政組，經三年於 1973 年取得碩士學位。在此期間最難過者爲上課時間往往與工作衝突，就需與同事換班，好的領班就鼓勵上課去，最感人者爲黃若記學長。八年上課期間只有一日因機車故障沒

去上課外，其餘皆到課。個人認為上課是一種享受。

三、初等公務人員——五年磨一劍（1977-1982）：高考、博士

研究所畢業後以「技術人員任用條例」蒙大隊長林將財先生信賴，進入台北市政府工務局都市計劃勘測大隊擔任技士，辦理信義計畫主要計畫及土地使用分區管制立法，四年後，商調至基隆市政府國宅局擔任企劃課課長，辦理國宅興建。69 年高考都市計畫科榜首，後考上交通大學管理科學研究所博士班，故辭去課長一職。在所修習經濟學、統計學等專業課程，修得學分四年後、因力有未逮，遂放棄學程。

四、中等公務人員——十三年磨一劍（1983-1996）

越一年因生活壓力，故回任公務生涯，蒙伍澤元與張隆盛先生之愛護進入內政部營建署擔任技正，從事住宅建設工作。越十有二年後商調至台灣省政府住都局擔任正工程司，辦理眷村改建事宜。1996 年 11 月參加立法院甄審立法助理，僥幸考上，擔任土地營建法案評估工作。為簡任十二職等研究員。

五、高級公務人員——十三年磨一劍（1997-2010）：博士

初於法制局擔任法案評估，共撰寫 79 篇，後調至圖書館擔任全球法律資訊網（GLIN）主任，又調至經濟委員會擔任簡任秘書。承蒙長官及同仁尤其是李子文局長、羅傳賢局長等之照顧亦半工半讀，於 2000 年考上文化大學中山學術研究所博士班，2004 年 6 月完成博士學位。另外，教學研究工作為職之興趣，職曾於 1988.9 擔任

文大市政系教授土地使用分區管制、於市政專校教授都市計畫、明新科大（2005.2）教授憲法、法學緒論、消費者保護法、國土與環境規劃等課，公務生涯至 2010 年退休，學校亦於 2014 年終止教學工作。在此期間利用業餘修習中醫，並經檢定及格。（後來寫作皆以中醫為本結合都市計畫而成）

六、顧問生涯——八年磨一劍（2011-2019）

退休後適逢佳境工程顧問有限公司召募顧問於是就任，辦理樂山園產業園區開發案。

並從事社會福利工作（曾任照顧精神障礙朋友之台北市心生活協會理事長二屆），並在衛福部與台北市擔任精神疾病防治委員。

七、技師生涯（2020-）

2020 年後辭去顧問職務，自行開業，辦理建台水泥高雄土地都市計畫變更。

八、回顧與前瞻

職一生以勤儉刻苦自學，生涯中從事公務皆以百姓福祉為依歸：在內政部營建署管理國宅業務、簽呈部長同意個人計程車司機可營業登記，在立法院法制局撰寫法案評估頗受委員照顧：例如林政則委員有一次打電話說您的都市計畫法評估報告可否當我的提案。又如章仁香委員問我溫泉法立法，我建議在原住民部落之溫泉要收取回饋給部落。因撰寫建築經理公司之評估報告，建築經理公會派蕭明康秘書長送厚禮也被職所婉拒。在服務台北市心生活協會擔任理事長期間也為精障朋友爭取權益（99.7.13 刪除公務人員任用

法第28條第1項第9款精神疾病不得擔任公務人員之規定)。

展望未來，受上天之眷顧，能平安。也謝謝照顧我的人，特別是內人吳庭安女士。未來將繼續為社會盡棉薄之力。

九、個人著作

(一)學位論文

1. 宜蘭縣工業區位之研究(1976 文大政研所市政組碩士論文導教授：李瑞麟、劉錚錚)。
2. 國土規劃建設政策與基本法建構之研究(2004 文大中山所博士論文指導教授：趙永茂、黃錦堂)。

(二)專書

比較憲法-憲法中的憲法 Comparing Constitutions-Constitution within the Constitutions(104.3已簽約．五南書局待出刊)。

(三)期刊或研討會論文

1. 「台灣高級技術工業區位之研究」(1993發表於台銀季刊)。
2. 台灣住宅環境管理之研究(自刊1986)。
3. 財產權與工作權之補償-以三七五減租條例為例、台北大學法學論叢第五十三期、民國92.12。
4. 退休老人住宅之研究(1987與林沂合著獲內政部獎)。
5. 台灣五大都市之診治-以中醫理論為基礎(2016.11浙江大學)。
6. 法制局評估報告79篇。
7. 都市發展與診斷-運用中醫理論解決都市問題．五南2018.3。

國家圖書館出版品預行編目資料

都市養生 Urban Health／李淳一著. --初版.--
臺中市：白象文化事業有限公司，2023.9
面； 公分
ISBN 978-626-364-081-8（平裝）
1.CST: 都市發展 2.CST: 行政管理
3.CST: 文集
545.1 112010761

都市養生 Urban Health

作　　者　李淳一
校　　對　李淳一
發 行 人　張輝潭
出版發行　白象文化事業有限公司
412台中市大里區科技路1號8樓之2（台中軟體園區）
出版專線：（04）2496-5995　傳真：（04）2496-9901
401台中市東區和平街228巷44號（經銷部）
購書專線：（04）2220-8589　傳真：（04）2220-8505
專案主編　黃麗穎
出版編印　林榮威、陳逸儒、黃麗穎、水邊、陳媁婷、李婕
設計創意　張禮南、何佳諠
經紀企劃　張輝潭、徐錦淳
經銷推廣　李莉吟、莊博亞、劉育姍、林政泓
行銷宣傳　黃姿虹、沈若瑜
營運管理　林金郎、曾千熏
印　　刷　基盛印刷工場
初版一刷　2023 年 9 月
定　　價　500 元